LLAIS Y DOCTOR

Llais y Doctor

Detholiad o waith cyhoeddedig Cymraeg

D. Martyn Lloyd-Jones

GWASG BRYNTIRION

Ⓟ 1999 Elizabeth Catherwood ac Ann Beatt
Argraffiad cyntaf, 1999

ISBN 1 85049 165 8

Cynlluniwyd y clawr gan:
Rhiain M. Davies
(Cain)

Llun y clawr:
D. Martyn Lloyd-Jones yn 32 oed

Cyhoeddwyd gan Wasg Bryntirion
Bryntirion, Pen-y-bont ar Ogwr CF31 4DX
Argraffwyd gan WBC, Pen-y-bont ar Ogwr

Cynnwys

Rhagair

Bu mwy nag un yn ymwneud â pharatoi'r gyfrol hon ac mae diolch yn ddyledus i'r canlynol: i'r Dr E. Wyn James, Caerdydd, am gasglu'r defnyddiau a gwneud y dethol cychwynnol, ac am gynnwys ei lyfryddiaeth o gynnyrch Cymraeg D. Martyn Lloyd-Jones (a welir yn *Y Cylchgrawn Efengylaidd*, Rhifyn Arbennig, 1981, Cyf. 19: Rhif 5); i'r Parch. Ddr Noel Gibbard, Caerdydd, am lunio'r Rhagymadrodd; i Mr Dafydd Ifans o'r Llyfrgell Genedlaethol am waith golygu dechreuol ar y defnyddiau; i Miss Mair Jones am roi llawer o'i hamser i'r gwaith; ac i'r Parch. Edmund Owen am gwblhau'r dethol a'r golygu ac am baratoi'r llyfr i'r wasg.

Dylid cydnabod parodrwydd y Foneddiges Elizabeth Catherwood ac Ann Beatt i ni gyhoeddi pob eitem yn y llyfr, ac am gael rhyddid i ddefnyddio rhai o luniau'r teulu, gan gynnwys llun y clawr. Diolch hefyd i Ymddiriedolaeth Banner of Truth am eu caniatâd i atgynhyrchu rhai o'r lluniau a ymddangosodd yn nau gofiant Iain Murray, *D. Martyn Lloyd-Jones: The First Forty Years, 1899–1939* (1982) a *D. Martyn Lloyd-Jones: The Fight of Faith, 1939–1981* (Caeredin, Banner of Truth Trust, 1990).

Ysgrifau, yn gyfweliadau a phregethau, a ymddangosodd yn *Y Cylchgrawn Efengylaidd* dros y blynyddoedd, ac a ailargraffwyd yn y rhifyn coffa i'r Dr Lloyd-Jones yn 1981, yw'r rhan fwyaf o'r deunydd. Hunangofiant radio yw 'Y Llwybrau Gynt' a welir yn *Y Llwybrau Gynt, Cyf. 2* (Llandysul, Gwasg Gomer, 1972), a sgyrsiau radio yw 'Crefydd a Nodweddion Cenedlaethol' (a ymddangosodd gyntaf yn *Y Drysorfa*, 1943), yr ysgrif ar John Calfin a 'Crefydd Heddiw ac Yfory'. Ceir y tair olaf mewn un gyfrol, sef *Crefydd Heddiw ac Yfory* (Llandybie, Llyfrau'r Dryw, 1947). Cynhwysir hefyd 'Yr Hyn a Gredaf', sef detholion o ddau lythyr a anfonwyd i *Barn* yn Ebrill a Mehefin 1963. Diolchwn i'r pedwar cyhoeddwr hyn ac i'r BBC am eu cydweithrediad parod.

Rhagymadrodd

Ganwyd D. Martyn Lloyd-Jones yng Nghaerdydd yn 1899 a bu farw yn Llundain yn 1981. Pan oedd yn fychan iawn symudodd y teulu i Langeitho yng Ngheredigion, ac yna i Lundain. Er iddo fyw yn Llundain y rhan fwyaf o'i fywyd ni threuliwyd dylanwad Ceredigion arno. Cerddodd yn gyson heibio i gofgolofn Daniel Rowland yn Llangeitho, a thaflodd y gŵr mawr hwnnw ei gysgod ar Martyn Lloyd-Jones ar hyd ei fywyd. Ac yng nghanol berw Llundain ni foddwyd sŵn carnau'r ceffylau ar fferm Llwyncadfor, ger Castellnewydd Emlyn, fferm ei dad-cu o ochr ei fam, lle treuliai'r bachgen ifanc ei wyliau ysgol. Roedd yn Llundain yn ystod y Rhyfel Mawr, 1914 hyd 1918, yn llygad-dyst o ddigwyddiadau arwyddocaol y cyfnod hwnnw. Y ddwy wedd a geir ar ei fywyd yw un rheswm pam y mae *Y Llwybrau Gynt* mor ddifyr. Cawn atgofion am Sasiwn Daucanmlwyddiant Daniel Rowland yn 1913, a hanes ei ymweliadau â Thŷ'r Cyffredin, a'i sylwadau ar fawrion fel Lloyd George ac Asquith. Yn ei arddegau roedd yn dipyn o eilunaddolwr, a chydnebydd Martyn Lloyd-Jones iddo, i raddau, barhau i fod felly. Ychwanega, gyda gofid, 'Ond, och! Mae'r eilunod wedi mynd yn brin.'

Dymuniad Martyn Lloyd-Jones oedd bod yn feddyg, a thorchodd ei lewys i baratoi'n fanwl ar gyfer y gwaith hwnnw. Yn Llundain, Ysbyty St Bartholemew, ei gartref a chapel Charing Cross oedd y tri chanolfan pwysig i'r myfyriwr ifanc. Roedd yn fyfyriwr disglair a dechreuodd ei waith gyda'r enwog Arglwydd Horder. Ymhen blwyddyn ar ôl cychwyn ar ei yrfa, cyhoeddodd y meddyg ifanc ei fod am ddechrau pregethu a bod yn weinidog i'r Arglwydd Iesu Grist. Dyma chwyldro yn wir. Ar ôl i ras achubol Duw gydio ynddo ni fedrai gael tawelwch meddwl nes cymryd y cam hwn.

Dechreuodd ar ei weinidogaeth yn Sandfields, Aberafan, yn 1927, a bu bendith amlwg iawn ar ei waith. Yr un flwyddyn priododd â Bethan, merch Tom Phillips, ei athro ysgol Sul yn

Charing Cross, ac wyres y Parch. Evan Phillips, Castellnewydd Emlyn. Erbyn hyn, argyhoeddwyd y gweinidog ifanc o ddau beth o'r newydd. Yn gyntaf, gwelodd yn glir law rhagluniaeth yn ei fywyd. Roedd y teulu wedi symud tŷ yn aml, llosgwyd un cartref, gwnaeth osgoi rhyfel 1914-1918 oherwydd ei fod yn fyfyriwr meddygol, bu bron i'r teulu symud i Ganada ac yna, ar drothwy ei yrfa fel meddyg, newidiodd Duw holl gwrs ei fywyd. Fel y dywed Martyn Lloyd-Jones ei hun, 'Does dim yn gliriach i mi mewn bywyd na hynny, a llawenychaf yn y ffaith.' (*Y Llwybrau Gynt, Cyf. 2*, t.25). Yn ail, gwelodd Dduw rhagluniaeth yn galw pobl yn bersonol i wneud gwaith arbennig. Credai Martyn Lloyd-Jones i Dduw ei alw yntau i weinidogaeth y Gair, a dyma un o'r pethau a bwysleisiai bob amser wrth sôn am godi dynion i'r weinidogaeth Gristnogol.

Bu 1938 yn flwyddyn arwyddocaol i Martyn Lloyd-Jones. Bu drws Coleg y Bala yn gilagored iddo, ond cafwyd gwrthwynebiad o fewn yr enwad i'w benodi'n Brifathro yno. Cafodd wahoddiad i fynd i gapel Marylebone, Llundain, ond symud a wnaeth i weinidogaethu gyda Dr Campbell Morgan yng Nghapel Westminster, Llundain, cyn dod yn unig weinidog yr eglwys yn 1943. Yno y bu hyd ei ymddeoliad yn 1968, a chymaint â mil pum cant o bobl yn dod i wrando arno'n gyson.

O 1927 hyd 1968, ac yn wir hyd ei farwolaeth, cyhoeddi'r efengyl oedd y baich mawr ar galon Martyn Lloyd-Jones. Rhaid meddwl amdano, yn gyntaf, ac yn bennaf, fel pregethwr grymus. Dylanwadodd ar Gymru (a chyfyngwn ein sylwadau i'n gwlad), mewn sawl ffordd. Dylanwadodd ar y Cymry alltud, oherwydd bu capel Westminster yn gartref i lu o bobl a adawodd eu gwlad. Yr hyn a drawodd Gaius Davies oedd dawn esboniadol gweinidog Westminster: 'Ei briod faes oedd dod â'r meicrosgop yn ôl i bregethu cyfoes.' (Gweler *Y Cylchgrawn Efengylaidd*, rhifyn coffa arbennig, 1981; atgofion J. Hefin Elias yn yr un rhifyn; hefyd Eluned Harrison. 'For Exiles, Home', *Evangelical Magazine of Wales*, Ebrill 1981). Ar ben hyn, cyfoethogodd y pregethwr lu o bobl yn ystod ei ymweliadau mynych â Chymru. Dylanwadodd yn drwm ar y myfyrwyr trwy gynadleddau'r 'Inter Varsity Fellowship' (UCCF yn awr), yn arbennig yn ystod y cyfnod o 1949 hyd 1952, a hefyd gynadleddau Cymraeg y Mudiad Efengylaidd. Enghraifft wiw o hynny oedd ei anerchiadau ar yr Ysbryd Glân yng Nghynhadledd Dinbych, 1955. Ymwelai yn gyson â rhai lleoedd yng Nghymru, megis Llanelli, Caerfyrddin, Merthyr Tudful ac Aberystwyth—bu'n pregethu bob mis Medi yng nghapel Heol Dŵr, Caerfyrddin o 1927 am dros hanner can mlynedd. Drwy ei bregethu wythnosol ledled Lloegr a Chymru cyfoethogwyd y credinwyr, a daeth nifer dda i adnabod y Gwaredwr o dan ei weinidogaeth.

Mae'n amhosibl sôn am ymweliadau Martyn Lloyd-Jones â Chymru, heb gyfeirio at Gynhadledd Flynyddol y Gweinidogion Efengylaidd yn y Bala. Cafodd gyfle yno i dywys trafodaethau ar wahanol faterion. Yn y cyfarfodydd hyn roedd ei synnwyr o hanes yn glir a'i afael ar yr Ysgrythur yn gadarn. Ni fyddai'n hir cyn dod at waith yr Ysbryd Glân, a'r angen am ddiwygiad ysbrydol. Pwysleisiai bwysigrwydd athrawiaeth, ond nid ar draul bywyd; 'Roedd ei glust yn gyson wrth y ddaear, a glywai unrhyw gynnwrf nefol yn rhywle.' Ymhyfrydai yn y ffaith ei fod yn Fethodist Calfinaidd, cyfuniad hapus o gredo a bywyd. Hoffai John Calfin (gweler yr ysgrif ar dudalen 50), Jonathan Edwards a Daniel Rowland. Gŵr y ddeunawfed ganrif oedd Martyn Lloyd-Jones er ei fod yn wybodus iawn hefyd ym maes y Piwritaniaid. Ef a draddodai'r neges yn y cyfarfod olaf yng Nghynhadledd y Gweinidogion. Ei destun yn 1971 oedd 'bywyd', neu yn hytrach y diffyg bywyd grymus a nodweddai eglwysi'r cyfnod. Seiliodd ei neges ar Actau 13:24-42. Awgrymodd beth oedd y methiannau: methu dysgu o'r gorffennol, bod yn rhy broffesiynol, gormod o bwyslais ar amddiffyn y gwirionedd (apologiaeth) ac ar sgolastigiaeth. Ffordd yr Ysgrythur, a'n cyndeidiau, oedd ymostwng gerbron Duw, yr unig un sy'n abl i newid unrhyw sefyllfa anodd (ceir yr anerchiad yn yr *Evangelical Magazine of Wales*, Ebrill 1981, tt.16-22).

Wrth gloddio i drysor yr Ysgrythur, cyflwynai Martyn Lloyd-Jones ei ddarganfyddiadau o un i un, a symud o gam i gam, fel cyflwyno achos mewn llys barn. Gwnâi hynny'n gadarn a llithrig. Nid oedd ei ddull yn nodweddiadol Gymreig. Nid oedd ganddo bennau, storïau ac eglurebau, ar wahân i ambell un, yn arbennig o fyd meddygaeth. Fel y dywedodd y Parch. Emyr Roberts, nid 'rhethregwr' oedd Martyn Lloyd-Jones ond 'areithydd'. 'Gellir, mi dybiaf, ddysgu crefft rhethreg, eithr rhaid ichi fod wedi'ch geni yn areithydd, er nad oes wedyn, bid siŵr, ddim diwedd ar ddysgu'r grefft i wasanaethu'r ddawn' (*Y Cylchgrawn Efengylaidd*, rhifyn arbennig 1981).

Y tu allan i'w bulpud roedd Martyn Lloyd-Jones yn gynghorwr doeth. Bu'n ffrind i nifer fawr o weinidogion yng Nghymru, yn arbennig yn ystod y chwedegau, cyfnod a oedd yn gythryblus yn eglwysig. Roedd yn glir yn ei feddwl ei hun y dylai'r efengyleiddwyr greu eglwysi newydd, a dod at ei gilydd mewn undeb efengylaidd. Nid denu'r ifanc, nid ehangu apêl yr eglwys, ac yn sicr nid ecwmeniaeth y dydd, a ddylai fynd â bryd yr eglwysi. Cynghorodd sawl un i adael ei enwad, ond dylid cofio hefyd iddo gynghori ambell un i beidio â gwneud hynny. Gwneud y peth yn amser Duw a chael tawelwch meddwl ynglŷn â'r cam oedd yn bwysig. Gwnaeth ei safbwynt yn glir mewn dau gyfarfod a gynhaliwyd yn Llundain, un o dan nawdd y Gynghrair Efengylaidd yn 1966, a'r llall o dan nawdd y Cyngor Efengylaidd Prydeinig yn 1967, pan siaradodd ar 'Luther and his Message for Today' (Ceir yr hanes yn fanwl gan Iain Murray, *D. Martyn Lloyd-Jones*, cyfrol 2, Banner of Truth, 1990). Pwysodd arweinwyr y Mudiad Efengylaidd yn drwm arno am gyngor ac arweiniad, a dywed y Parch. J. Elwyn Davies am flynyddoedd cynnar y Mudiad: 'Oni bai fod y Doctor ar gael bryd hynny buasai cymeriad yr efengyl yng Nghymru wedi bod yn dra gwahanol i'r hyn a fu y blynyddoedd canlynol' (*Y Cylchgrawn Efengylaidd*, rhifyn arbennig, 1981, t.11).

Ceir cipolwg yn y gyfrol hon hefyd ar y Cymro cywir. Siaradai ef a'i wraig Gymraeg â'i gilydd; gwyddai beth oedd hi o'r gloch yng Nghymru trwy ddarllen y cylchgronau Cymraeg a thrwy gysylltiadau personol. Mae dadansoddiad Martyn Lloyd-Jones o nodweddion y Sais a'r Cymro wedi ei seilio ar adnabyddiaeth ddofn ohonynt. Roedd yn wladgarwr gwresog, er nad oedd yn genedlaetholwr politicaidd fel Bobi Jones ac R. Tudur Jones (gweler 'Os wyt Gymro' a 'Crefydd a Nodweddion Cenedlaethol').

Mae'n dda cael ysgrifau a phregethau printiedig Cymraeg Martyn Lloyd-Jones mewn un gyfrol. Er mai prin o ran nifer ydynt, roedd yn awdur toreithiog yn Saesneg. Esboniadau yw'r rhan helaethaf o'i gynnyrch. Dylid nodi'n arbennig, *Studies in the Sermon on the Mount* (dwy gyfrol, 1959, 1960; wedi eu hargraffu yn un gyfrol yn 1971, 1976), y gyfres o 11 cyfrol ar y Llythyr at y Rhufeiniaid (*Romans*, 1970-1998), a'r gyfres o 8 cyfrol ar yr Effesiaid (*Ephesians*, 1972-1982). Cafodd yr athrawiaethol sylw ganddo, ac mae cyfrol fel *Authority* (1958), yn grynodeb hwylus o natur awdurdod (cyfieithiad Cymraeg, 1970). Mae *Joy Unspeakable* (1984), yn gyfuniad hapus o'r athrawiaethol a'r profiadol, a dengys y gyfrol, ynghyd â *Revival* (1986), argyhoeddiad dwfn Martyn Lloyd-Jones ynglŷn â gwaith anarferol yr Ysbryd Glân, ym mywyd yr unigolyn, ac mewn diwygiad.

Yn fugeiliol, bu *Spiritual Depression: Its Causes and Cure* (1965) yn gymorth aruthrol i lu o bobl. Maes poblogaidd i bregethwyr yw'r gyfrol *Preaching and Preachers* (1971), a gwnaeth llu ohonynt elwa ar brofiad gweinidog Capel Westminster. Daw ei wybodaeth a'i brofiad meddygol i'r amlwg yn y llyfrynnau, *Conversions: Psychological and Spiritual* (1959), a *The Supernatural in Medicine* (1971). Dengys y gyfrol, *The Puritans: Their Origins and Successors* (1987), wybodaeth feistrolgar Martyn Lloyd-Jones o hanes yr Eglwys Gristnogol. Mae'r enghreifftiau hyn yn ddigon i ddangos pa mor amrywiol a chyfoethog oedd gweithiau ein cyd-Gymro. Mae ei enw wrth dros hanner cant o deitlau, a rhai ohonynt wedi eu cyfieithu i ryw bymtheg o ieithoedd, a bu sawl argraffiad o sawl cyfrol, er enghraifft, deng argraffiad o *Spiritual Depression.*

Am hanes ei fywyd a'i waith yn fanwl gweler Iain Murray, *D. Martyn Lloyd-Jones, The First Forty Years 1899–1939*, a *D. Martyn Lloyd-Jones, The Fight of Faith 1939–1981* (Banner of Truth, 1982, 1990). Ac am ddeunydd llai swmpus, gweler y ddau rifyn coffa, *Y Cylchgrawn Efengylaidd*, Rhifyn Arbennig 1981, Cyf. 19: Rhif 5, a *The Evangelical Magazine of Wales*, Ebrill 1981, Cyf. 20: Rhif 2.

Y tu ôl i'r gwaith mae'r dyn. Wrth ddiolch am Martyn Lloyd-Jones, cofiwn am ŵr praff ei feddwl, duwiol ei rodiad, cadarn mewn dadl a charedig ei gyngor. Credai'r diwinydd Emil Brunner mai Martyn Lloyd-Jones oedd un o bregethwyr mawr yr ugeinfed ganrif. Roedd pregethu yn orfodaeth ddwyfol iddo. Bu fyw i bregethu, ond fel y dywedodd ef ei hun, ni fu byw *ar* bregethu. Nid digon iddo ef oedd sôn am bregethu, na hyd yn oed am athrawiaethau mawr y ffydd. Rhaid i'r bregeth a'r athrawiaeth ein dwyn at y Duw byw. Gŵr Duw-ganolog oedd Martyn Lloyd-Jones. Bydded i'w eiriau fod yn eco cyson yn ein clustiau: 'Y peth cyntaf sy raid i ni ei sylweddoli yw fod Duw yn Dduw byw, Duw sy'n torri i mewn i fywyd yr unigolyn, Duw sy'n torri i mewn i hanes, Duw sy'n anfon deffroad, Duw sy'n gweithredu ac yn gwneud pethau' (t.139). Dyma'r Duw sy'n benarglwydd ar bob eiliad, pob diwrnod, pob mis, pob blwyddyn a phob mileniwm.

NOEL GIBBARD

Y Llwybrau Gynt

Cyhoeddwyd gyntaf yn Alun Oldfield-Davies,
Y Llwybrau Gynt, Cyf. 2 (Llandysul, 1972)[1]

Sut y teimlaf wrth edrych nôl ar yr hen lwybrau? Caf bleser mawr wrth wneud hynny, a chofiaf amdanynt yn glir iawn. Ond carwn bwysleisio un peth—ni fynnwn fyned nôl trostynt am y byd i gyd. Cofiaf i mi fod yn un o ddau yn annerch y plant rhyw dro mewn ysgol ramadeg. Siaradodd y cyfaill oedd gennyf gyntaf, ac mi ddywedodd—yn hollol onest—y rhoesai'r byd i gael bod nôl yn lle'r plant. Yr oedd yn teimlo'n eiddig-eddus ohonynt, ac yr oedd yn edrych nôl gyda hiraeth at yr hen ddyddiau. Pan ddaeth fy nhro, bu'n rhaid i mi ddweud—i fod yn onest hefyd—fy mod yn anghytuno yn hollol â'm cyfaill. Yr oeddwn yn cydymdeimlo â'r plant ond hefyd, o drugaredd, yn medru rhoi cysur iddynt, a'r cysur oedd fod bywyd yn gwella fel yr â ymlaen. Yr oeddwn yn siarad fel Cristion wrth gwrs, a gallwn dystio fel yr apostol Paul gynt fy mod yn ceisio 'anghofio'r pethau sydd o'r tu cefn, ac ymestyn at y pethau o'r tu blaen' (Philipiaid 3:13). Ac nid yn unig yn ceisio gwneud hynny, ond yn falch o wneud hynny. I ddweud y gwir, y broblem fawr i mi ar hyd fy mywyd yw, nid cofio pethau, ond anghofio!

Ond er na fynnwn fynd nôl ac aildeithio'r hen lwybrau, caf ryw gymaint o bleser wrth edrych nôl dros rai o'r golygfeydd. Tra bo dyn â'i olygon ar y dyfodol, ac 'yn cyrchu at y nod am gamp uchel alwedigaeth Duw yng Nghrist Iesu' (Philipiaid 3:14), mae'n gyfreithlon iddo edrych nôl. Y truenusaf o ddynion yw'r sawl sy'n gorfod pwyso ar atgofion i fyw yn y presennol, a heb obaith yn y byd am y dyfodol. Mae gwahaniaeth rhwng bodoli a byw; a gogoniant Cristnogaeth yw ei bod yn rhoi bywyd, a bywyd sydd yn datblygu ac yn cynyddu.

[1]Am wybodaeth fanylach am ffynonellau'r ysgrifau, gweler y Dr D. M. Lloyd-Jones: Llyf-ryddiaeth ar dudalen 156.

Wel, beth yw'r atgofion? Y peth mawr sydd yn sefyll allan yw symud a newid cartref. Erbyn fy mod yn bum mlwydd oed yr oeddem wedi byw mewn tri chartref. Yr oedd dau ohonynt yng Nghaerdydd lle'm ganwyd i. Cofiaf am y cyntaf yn dda iawn— pe bai yn unig am fy mod yn cofio syrthio un tro o ben y grisiau i'r gwaelod. Cofiaf hefyd am fod mewn rhyw ysgol fach breifat lle y cefais hyfforddiant mewn rhywbeth sydd wedi bod yn atgas gennyf fyth oddi ar hynny, sef dawnsio!

Am nad oedd bywyd y dref yn cytuno â iechyd fy nhad, penderfynwyd symud i'r wlad; ac am fod cyfle da wedi dod i werthu'r busnes, fe wnaed hynny; ond am nad oedd lle newydd wedi ymddangos ar y gorwel symudasom i fyw i dŷ preifat reit agos at yr hen gartref. Buom yno am rai misoedd, ac yna symud i Langeitho a minnau yn rhyw bum mlwydd a thri mis oed.

Nid rhyfedd fod y cwbl yma wedi gadael argraff ddofn arnaf, argraff sydd wedi para gennyf ar hyd fy mywyd. Dyma, mae'n debyg, sy'n cyfrif am y ffaith mai testun un o'r pregethau cyntaf a gyfansoddais oedd, 'Nid oes i ni yma ddinas barhaus, eithr un i ddyfod yr ŷm ni yn ei cheisio' (Hebreaid 13:14). Yr oedd hynny'n amlwg i mi ar y lefel naturiol cyn i mi sylweddoli'r gwirionedd ysbrydol. Fel yna oedd hi ar y dechrau, ac fel yna mae hi wedi bod arnaf ar hyd y blynyddoedd. Yr wyf newydd sylweddoli fy mod wedi byw mewn un ar bymtheg o wahanol dai, a hynny heb gyfrif lletry dros dro. Y canlyniad yw fy mod yn ymwybodol iawn bob amser o ansicrwydd ac ansefydlogrwydd bywyd, ac mai 'dieithriaid a phererinion' ydym yn y byd a'r bywyd hwn.

Ond dyma'r coelbren yn disgyn yn Llangeitho, a ninnau fel teulu yn ffurfio cartref newydd—tad a mam a thri o fechgyn. Yn anffodus iawn yr oeddwn, nid yn unig yn rhy ifanc i brofi diwygiad 1904-5, ond hefyd dan yr anfantais o fethu deall Cymraeg. Am reswm arbennig—ac ar un ystyr, un hollol ddamweiniol—er nad oedd fy rhieni yn siarad dim â'i gilydd ond Cymraeg, yr oeddynt wedi'n magu ni yn Saesneg. Cofiaf yn dda iawn ymhen rhyw flwyddyn wedi i ni symud i Langeitho a minnau'n chwarae gyda nifer o blant y tu allan i'r ysgol ddyddiol i mi erfyn arnynt beidio siarad Saesneg â mi mwyach gan ddweud, 'Siarada Gymraeg â fi—rwy'n Gymro nawr!'

Yr oedd bywyd y cartref yn un hapus iawn. Y cof cliriaf sydd gennyf yw fod llond y tŷ o bobl yno bob amser. Y rheswm pennaf am hyn—ar wahân i'r ffaith fod fy nhad a fy mam wrth eu bodd yn croesawu ffrindiau ac eraill i'r tŷ i gael bwyd ac ymgom—oedd mai tŷ busnes oedd ein cartref. Fel siopau eraill yn y wlad yr oeddem yn gwerthu pob math o nwyddau, ac at hyn yr oedd fy nhad yn arloeswr mewn gwerthu peiriannau, megis erydr, *separators*, mashîn lladd gwair a *binders* at y llafur. Ac yn fuan iawn hefyd fe gychwynnodd math o *creamery*— 'hufenfa'. Yr oedd dau was gennym yn mynd o amgylch y wlad i grynhoi ymenyn oedd heb ei halltu. Yna yr oedd y cwbl yn cael ei gymysgu a halen yn cael ei ychwanegu, ac yna yr ymenyn yn cael ei osod mewn bocsys a'u hanfon i wahanol siopau a mentrau cydweithredol yn Sir Forgannwg. Gwerthwyd yr ymenyn dan yr enw 'Vale of Aeron Blend'.

Dywedaf hyn er mwyn esbonio sut yr oedd cymaint o bobl bob amser yn ein tŷ ni. Yr oeddem yn delio nid yn unig â ffermwyr ardal Llangeitho, ond hefyd Tregaron, Llanddewi-brefi, Pen-uwch, Bwlch-llan, Abermeurig, Llwyn-y-groes, a hyd yn oed ymhellach. At hyn byddai trafaelwyr a oedd yn gwerthu gwahanol nwyddau yn galw gyda ni'n gyson, ac yr oedd yn rhaid i bawb gael te neu swper. Nid oes eisiau dweud fod bywyd felly yn un eithriadol o ddiddorol i blant. Cymerem ddiddordeb mawr yn y gwahanol gymeriadau a'u hynodion. Cofiaf sut yr oeddem yn edrych ymlaen yn arbennig iawn at ddyfodiad rhai ohonynt oherwydd eu hymadroddion nod-weddiadol. Er enghraifft, sylw un ohonynt bob amser beth bynnag a ddywedid oedd, 'Be chi'n siarad'. Un arall, 'Cerwch-ôna'. Drachefn, 'Folon marw nawr'.

Does dim sy'n fwy diddorol na chymeriadau gwreiddiol naturiol; yn anffodus mae addysg bron â'u difetha. Cofiaf un prynhawn i mi fod gyda 'nhad yn y trap a'r poni ar ein ffordd i geisio gwerthu *separator* i fferm ryw chwe milltir o Langeitho i gyfeiriad y Mynydd Bach. Dau hen lanc oedd y ffermwyr a'r hynaf, wrth gwrs, oedd y meistr. Yr oedd ef, y meistr, yn fwy ceidwadol na'i frawd ac yn anffafriol iawn i'r peiriant newydd; a'r llall ar y llaw arall yn awyddus iawn i'w gael. Gyda'n bod ni'n gadael yr heol ac yn troi i'r lôn oedd yn arwain i'r fferm, dyma'r brawd ifanca yn ein cyfarch. Yr oedd wedi bod yn ein disgwyl: 'Mr Jones,' meddai, 'does ond un ffordd i chi werthu *separator* yma, a hynny yw i fi siarad yn gryf yn ei erbyn. Yr oeddwn yn awyddus i chi beidio â chamddeall pan y bydda' i'n gwrthwynebu.' Ac yna fe aeth o'r golwg a ninnau yn ein blaen at y tŷ. Dyma'r brawd hynaf yn dod allan a 'nhad yn dechrau ar y fusnes. Ymhen rhyw ddeng munud—a'r cwbl yn ymddangos yn anobeithiol—dyma'r brawd arall yn dod ymlaen a golwg braidd yn sarrug arno, a'i frawd yn gofyn iddo, 'Beth wyt ti'n feddwl am y *separator* yma?' A dyma yntau yn ôl y cynllun yn gwrthwynebu'n gryf. Nid oes eisiau dweud i ni werthu'r *separator.*

Pwnc a oedd yn cael ei drafod yn gyson ar yr aelwyd oedd gwleidyddiaeth. Yr oedd fy nhad yn Rhyddfrydwr selog iawn, ac yn y dyddiau hynny yn edmygydd diddiwedd o Lloyd George—er iddo droi lawn gymaint yn ei erbyn o 1915 ymlaen. Anaml iawn y byddai Tori yn troi i mewn ond yr oedd mam yn bleidiol iawn i'r safbwynt yna. Pan gawsai ryw gymaint o gefnogaeth gan ymwelydd byddai'r ddadl yn boeth iawn. Anodd yw sylweddoli heddiw y ffydd oedd gan ein tadau mewn gwleidyddion. Cofiaf un prynhawn yn union wedi Cyllideb 1909 i mi fod yn y trap gyda'm tad ac un o'n cymdogion gyda ni. Yr oedd hwnnw wedi ei fagu yng nghanolbarth Sir Aberteifi, ac felly'n Undodwr. Cofiaf o hyd am y sioc a gefais pan glywais ef yn sylwi wrth fy nhad ei fod yn sicr y byddai i Lloyd George wneud mwy o les na Iesu Grist am fod gwell cyfle ganddo. Druain ohonynt . . .

Yr oedd Llangeitho fel llawer i bentref arall yn gyfoethog o gymeriadau . . . Un o'r mwyaf gwreiddiol oedd y crydd—neu y 'boot' fel y'i gelwid gan rai. Yr oedd ei weithdy yn llawn bron bob amser, a hynny am lawer rheswm. Un oedd ei fod yn siarad cymaint fel y tueddai i esgeuluso'i waith; a'r unig ffordd i wneud yn sicr y caech ail feddiant o'ch esgidiau oedd aros yn y gweithdy hyd nes y byddai wedi cwblhau'r gwaith arnynt. Yr oedd y crydd yn smociwr mawr, a chanddo am ryw reswm bibell *mersham* . . . Prif nodwedd ei gymeriad oedd ei ddireidi a'i hiwmor cynnil, cyfrwys. Yr oedd yn siaradwr huawdl a châi bleser mawr wrth dynnu coes ambell wladwr syml—ond heb yr un gradd o greulondeb fyth.

Yr oedd yn greadur caredig ac annwyl iawn. Dyma un

esiampl o'i ddawn. Un diwrnod aeth ffermwr at y crydd mewn gofid mawr. Yr oedd ei ferch hynaf wedi methu mewn arholiad yn yr ysgol ganolraddol yn Nhregaron, ac yr oedd hi druan bron â thorri'i chalon. Nid dyna'r tro cyntaf iddi fethu, a bob tro yr oedd yn methu yn yr un pwnc—sef *Algebra*. Nid oedd ef, y tad, yn deall y peth, ac yr oedd wedi dod at y crydd i gael gwybodaeth a chysur. Dyma fe'n cyfarch y crydd gan ofyn, 'Beth yw'r *Algibra* ma ma'r groten yn ffaelu ynddo o hyd? Beth yw e?' A dyma'r crydd ar unwaith yn dechrau esbonio ac yn dweud, 'O! *Algibra!* Meddylia nawr am drên yn gadel Aberystwyth a deg ar hugen o deithwyr ynddo. Mae'n dod i Lanrhystud Road a dau yn mynd mas a un yn mynd miwn. Wedi cyrraedd Llanilar, tri yn mynd mas a neb yn mynd miwn. Trawsgoed, dou yn mynd mas a neb miwn. Strata Florida, un yn mynd mas a neb miwn. Tregaron, pump yn mynd mas a chwech yn mynd miwn. Yna o stesion i stesion nes eu bod yn cyrraedd Bronwydd Arms, lle'r aeth dwsin i mewn, ac o'r diwedd dyma'r trên yn cyrraedd Caerfyrddin. Nawr, dyma'r pwnc, dyma'r broblem, dyma'r cwestiwn—Beth oedd enw'r *guard?*' 'Diar mi,' meddai'r ffermwr, 'does dim rhyfedd fod y groten yn ffaelu druan.' Ac mi aeth adref i gydymdeimlo â'r ferch. Yr oedd y crydd yn graff iawn ac yn adnabod ei gwsmeriaid i'r dim . . .

Ond y cymeriad hoffusaf gennyf fi a'm brodyr oedd Rhys Rowlands, hen lanc tua thrigain oed yn ein hamser ni, a oedd yn byw gyda'i frawd John a oedd yn dipyn hŷn. Ffermwyr oeddynt, ond erbyn hyn yr oedd Rhys yn *relieving officer* a chofrestrydd, ac wedi gadael y fferm ac yn byw mewn tŷ yn y pentref. Dyn byr o gorffolaeth, pen moel, mwstas llawn a hirach na'r cyffredin, cerddwr eithriadol o gyflym a chanddo'r wên fwyaf swynol a chyfareddol, am wn i, a welais erioed. Dyna'r storïwr gorau a adnabûm. Yr oedd wedi perffeithio'i ddawn ar hyd y blynyddoedd, ac fel pob gwir storïwr yr oedd ganddo gof eithriadol am fanylion. Nid oedd unrhyw bwynt fel arfer i'r stori, nac unrhyw wers, dim ond adrodd rhyw ddigwyddiad yn ei hanes; ond yr oedd ei ddawn yn gyfryw nes ein dal megis ar flaenau'n traed a'n gwefreiddio.

Byddai Rhys Rowlands yn troi i mewn i'n tŷ ni bob nos Sul ac eithrio'r mis pan y byddem yn 'cadw'r mis', sef lletya'r pregethwyr dieithr. Gwelaf ef nawr yn dod i mewn a'i lyfr emynau dan ei gesail, ac yn gosod ei het—*bowler hat* bob amser— ar y llawr wrth ei ochr. Yr oedd ar frys mawr, nid oedd amser ganddo i aros—jest galw. Nid wyf yn cofio iddo yfed cwpanaid o de erioed yn ein tŷ ni, heb sôn am gymryd pryd o fwyd . . . Yr oedd fy nhad yn gwybod i'r dim sut oedd ei dynnu allan i ddechrau stori, a ninnau'r bechgyn yn disgwyl yn eiddgar am ei glywed yn dechrau arni. Amhosibl yw rhoi syniad o'i ddawn gyfareddol, ond dyma roi cynnig arni. Soniai fy nhad am rywun, a gofyn iddo a oedd yn ei adnabod. 'Ie, stopiwch chi nawr,' meddai Rhys, 'ma siŵr o fod pymtheg mlynedd oddi ar hynny. Ond wi'n cofio'n iawn fy mod i'n gorfod mynd i Dregaron, ar ddydd Mawrth ym mis bach, rwy'n credu oedd hi. Beth bynnag, mi benderfynes roi'r gaseg fach felen odd gyda ni ar y pryd yn y trap—merch yr hen gaseg wine fuodd gyda ni am flynydde, ac wrth y march *hackney* odd gyda'r hen Ddafydd'—fy nhad-cu oedd yn byw yn Llwyn-cadfor oedd hwnnw ar y pryd—'Beth odd i enw e? Beth bynnag, mi rho's hi yn y trap; ac wi'n cofio pan o'n i'n cerdded lan i'r rhiw ma, fod hi'n bwrw ryw law mân ôr.' Dywedai beth fel yna gyda'r fath bwyslais a theimlad nes ein bod bron â dechrau crynu gan oerfel. Yna fe âi ymlaen i ddweud ei fod wedi pasio hwn a hwn. Yna fe gaem ddisgrifiad o'r poni neu'r goben neu'r ceffyl oedd gan hwnnw, ac nid yn anfynych y manylion am linach y creadur. Yn dilyn hyn byddai'n rhoi crynodeb o sefyllfa ariannol y gŵr hwn, neu'n dweud rhyw stori am ei garwriaeth â rhyw ferch neu'i gilydd neu rhywbeth felly. Ac yn y blaen, ac yn y blaen, yn llythrennol am awr neu ddwy—ac weithiau ragor—nes o'r diwedd yr oedd wedi cyr-raedd Tregaron a chyfarfod â'r gŵr a enwyd gan fy nhad ar y cychwyn. Yna rhoesai ddisgrifiad o'r dyn yma—ei olwg, a'i wisg, ac yn y blaen . . .

Rhaid dweud un stori amdano am ei bod yn llythrennol wir. Yr oedd wedi bod yn y 'ffynhonne', sef Llanwrtyd, un flwyddyn, ac wedi syrthio mewn cariad â merch oedd yn byw yno. Yr oedd wedi cael tipyn o'i chwmni ac yn teimlo'n sicr mai hi fyddai'n wraig iddo. Yn ogystal â bod yn deg ei golwg yr oedd, fel y dwedid, 'poced fach' ganddi hefyd. Ond wedi dychwelyd tua thre yr oedd Rhys mewn anhawster—y cwestiwn oedd sut oedd ysgrifennu ati a pharhau'r garwriaeth. Nid oedd ef yn ddigon o sgolor i ysgrifennu drosto'i hun, neu beth bynnag, i wneud hynny heb ddieithrio'r fwynwen. Doedd ond un peth i'w wneud, a hynny oedd gofyn i'w weinidog a'i gyfaill i ysgrifennu ati yn ei enw ef a throsto. A dyma'r gweinidog yn cymryd at y gwaith; ond wedi peth amser—heb yn wybod i Rhys druan—yn dechrau ysgrifennu ar ei ran ei hunan. Diwedd y stori oedd i'r gweinidog briodi'r ferch. Erbyn ein dydd ni, hi oedd gwraig barchus ac annwyl iawn ein gweinidog. Beth am Rhys druan? Maddeuodd i'r ddau, ac nid oedd neb yn y capel yn meddwl mwy o'r gweinidog nag ef. Bu'r wraig farw tua 1909, a phan ddaeth amser y gweinidog i ffarwelio â'r byd, tua 1919, bu farw ym mreichiau Rhys Rowlands. Coffa da amdano.

Adeg Nadolig 1918, yn union wedi diwedd y Rhyfel Byd Cyntaf, perswadiodd fy nhad yr hen greadur annwyl i ddod i aros gyda ni am ryw bythefnos yn Llundain. Yr oeddem yn gobeithio y byddai iddo deithio yn ei drowsus byr pen-lin—brits du a gwyn *check*, ac felly y bu. Cawsom wledd o siarad a storïau. Un prynhawn yr oedd fy mrawd Vincent a minnau'n ceisio dangos tipyn o Lundain iddo. Yr oeddem gogyfer ag Abaty Westminster ac yn ceisio tynnu ei sylw at yr adeilad hynafol byd-enwog. Ond ar yr un pryd, digwyddodd fod fen neu gart o eiddo bragdy enwog a dau geffyl mawr trwm (*shire*) yn ei dynnu yn mynd heibio. Yr oedd y gystadleuaeth yn hollol annheg. Dyma Rhys yn troi ei gefn ar yr Abaty a chyda'i lygaid yn pefrio dyma fe'n dweud, 'Bois bach, dyna chi ddou geffyl smart. Yr oedd yn werth i fi ddod i Lunden i'w gweld nhw.' Fe awn i lawer pellach nag o Lundain i Langeitho i glywed Rhys Rowlands yn dweud stori unwaith eto. Beth yw teledu a radio i'w cymharu â pheth fel yna!

Beth am grefydd Llangeitho? Yr ateb yw mai crefydd a chrefydda yn unig oedd yno—nid Cristnogaeth. Dyn deddfol, moesol oedd ein gweinidog—hen ysgolfeistr. Nid wyf yn cofio iddo bregethu'r efengyl erioed, ac nid oedd syniad am efengyl gan neb ohonom. Edrychai ef a'r pen blaenor, John Rowlands, arnynt eu hunain fel ysgolheigion. Yr oedd y ddau wedi bod allan o gydymdeimlad yn llwyr â'r Diwygiad, ac yr oeddynt ill dau nid yn unig yn wrthwynebus i unrhyw bwyslais ysbrydol, ond hefyd hyd yn oed i bopeth poblogaidd. Edrychid ar rai a ddaeth adref ar eu gwyliau o Sir Forgannwg, pan fyddent yn sôn eu bod wedi cael eu hachub, fel penboethiaid neu ynfydion o'r Sowth. Nid oedd cyrddau blynyddol yn perthyn i'r capel, na'r pregethwyr mawr yn cael eu gwahodd. Ni fuasem wedi clywed Dr John Williams a Thomas Charles Williams oni bai i'r Sasiwn gael ei chynnal yn Llangeitho ym Mehefin 1913. Yr unig reswm am hynny oedd bod y Sasiwn wedi hawlio dod yno er mwyn dathlu daucanmlwyddiant geni Daniel Rowland. Er bod cofgolofn i Daniel Rowland yno, yr oedd ei ddylanwad wedi diflannu ers blynyddoedd—ac 'Ichabod' wedi'i ysgrifennu ar draws y cwbl, o'r safbwynt ysbrydol. Er bod cynulleidfaoedd mawr yn dal i ymgynnull ar y Sul, fore a hwyr, grym traddodiad yn unig a oedd i gyfrif am hynny. Yr oedd Llangeitho wedi colli tân a gorfoledd y Diwygiad Methodistaidd i'r un graddau ag y mae Westminster Abbey yn amddifad o fywyd a gwefr yr Eglwys Fore—'Y gogoniant a ymadawodd o Israel' (1 Samuel 4:21-22).

Mae'n rhaid i mi sôn am y man arall sydd â lle mawr iawn yn f'atgofion fel plentyn hyd nes i mi gyrraedd tair ar ddeg oed—a hwnnw yw Llwyncadfor. Dyna enw cartref fy nhad-cu ar ochr fy mam. Yno yr awn i dreulio'r gwyliau i gyd, ar wahân i adeg y Nadolig—ac nid oedd dim yn rhoi mwy o bleser i mi na hynny. Fferm gymharol fawr yw Llwyncadfor, yn agos i Gastellnewydd Emlyn, ond yn y dyddiau hynny nid fferm yn unig oedd yno: yr oedd Llwyncadfor yn *stud farm*, sef fferm i fagu ceffylau. Yr oedd fy nhad-cu yn arbenigwr yn y mater hwn. Wedi dechrau gyda'r cobyn Cymreig, dechreuodd gadw ceffylau trwm neu gart (*shires*), ac yna ceffylau ysgafn (*hackneys*). Efe oedd yn gyfrifol am ddod â'r ddau deip olaf i Sir Aberteifi . . . F'awyddfryd i a'm huchelgais yn y dyddiau hynny oedd cael bod yn *groom* a threuliais f'amser yno yn cario bwcedeidiau o ddŵr ac o fwyd i'r ceffylau. Weithiau cawn y pleser eithriadol o eistedd yn y *four-wheeler* gyda'm hewythr Tom, ac yntau yn ymarfer un o'r goreuon ar gyfer y Sioe fawr— y *Welsh National* neu'r *United Counties* yng Nghaerfyrddin neu'r *Bath and West* yn Lloegr. Cofiaf i mi arwain droeon rai o'r ceffylau mwyaf tawel i Stesion Henllan i'w gosod mewn *box* ceffylau i fynd gyda'r trên i un o'r sioeau mawr yna. Byddent yn cyflogi trên iddynt hwy eu hunain—gan nifer y ceffylau a oedd ganddynt yn cystadlu. A bron yn ddi-ffael yr oeddynt yn cipio'r wobr flaenaf ym mhob dosbarth a llawer o wobrau eraill hefyd . . .

Cofiaf am fy mrest yn chwyddo gan falchder yn y sioeau, dyweder yn Aberystwyth neu Gaerfyrddin, neu Gastellnewydd Emlyn, o weld ceffylau Llwyncadfor yn ennill y cwpanau a'r medalau, a'r rhosglymau yn cael eu gosod ar eu gwarrau. Cofiaf yn arbennig am un march *hackney* a fagwyd yno ac a alwyd yn 'Emlyn Model'. 'Emlyn' oedd yr hyn a elwid yn *stud name*. Pan anwyd yr ebol yma gwelodd fy nhad-cu gyda'i grafifter arbennig fod yna rywbeth anghyffredin yn perthyn iddo. Y bore cyntaf, pan y'i gwelodd, dywedodd wrth ei fab, Tom, 'Fe alwn ni hwn yn "Model", oherwydd chewn ni ddim byd gwell na hwn.' Ac felly y bu. Ni chafodd Model unrhyw wobr erioed ond y blaenaf, a hynny nid yn unig yng Nghymru ond hefyd ddwy neu dair blynedd yn olynol yn Sioe Cymdeithas *Hackneys* Llundain, yn yr *Agricultural Hall*. Wedi hynny gwerthasant ef i Lywodraeth Sbaen am wyth can gini—arian mawr iawn yn y dyddiau hynny.

Nid oes, i mi, unrhyw greadur sydd yn dod yn agos at geffyl mewn urddas a mawredd. Pe bai rhywun yn gofyn imi, 'Pa sŵn garech chi glywed eto?' buaswn yn gofyn am gael clywed sŵn march *shire* o ryw ddeunaw llaw o uchdra, newydd ei bedoli ar gyfer sioe, yn cerdded yng ngofal dyn ar hyd stryd galed, ac yn torri nawr ac eilwaith i ryw hanner trot, ac yna'n cerdded eto'n ffurfiol a rheolaidd ac urddasol. Gwneled y seicolegwyr a fynnant o'r ffaith, ond roedd clywed y sŵn yna yn cael yr un effaith yn union arnaf â gwrando ar fiwsig Mozart. Mae'r atgof ohono yn rhoi gwefr i mi o hyd; ond fel mae gwaetha'r modd nid wyf wedi clywed y sylwedd ers blynyddoedd. Pe bai rhywun arall yn gofyn i mi 'Beth garech chi weld?' buaswn yn ateb ar unwaith, 'Gweld nifer o *hackneys* mewn harnais yn cystadlu am wobr yn un o'r prif sioeau'. Pwy all ddisgrifio urddas y creaduriaid hardd hyn â'u pennau a'u cynffonnau i fyny, yn codi eu pedair troed yn uchel, ac yna'n bwrw'r rhai blaen ymlaen—yr hyn a elwir yn '*action*'. Os nad yw gweld peth felly yn brawf diymwad o fodolaeth Duw, mae'r unigolyn yn bechadur dall.

Nid yw dyn â'i holl glyfrwch yn medru cynhyrchu dim byd hafal . . .

Wel, dyna'r llwybrau gynt hyd nes y cyrhaeddais ddeng mlwydd oed. Yna ym mis Ionawr 1910, ar yr ugeinfed o'r mis, yn oriau mân y bore, fe losgodd ein cartref i'r llawr. Rhagluniaeth Duw yn unig sy'n gyfrifol am y ffaith fod bywydau fy nhad a'm brawd Vincent a minnau wedi eu hachub. Cefais i fy nhaflu gan fy nhad o un o ffenestri'r llofft i freichiau tri o ddynion a oedd yn sefyll yn eu crysau nos ar yr heol. Yna cawsant ysgol i'm tad a'm brawd i ddod lawr arni. O drugaredd yr oedd mam a'm brawd hynaf oddi cartref. Dysgais unwaith yn rhagor nad oes i ni ddinas barhaus, a hefyd wers ychwanegol sef fod hyd yn oed y Cristion yn cael ei achub weithiau yn gorfforol yn ogystal ag yn ysbrydol 'megis trwy dân' (1 Corinthiaid 3:15) . . .

Yn 1911 llwyddais i ennill ysgoloriaeth i'r ysgol ganolraddol yn Nhregaron a dechreuais fel disgybl yno ym mis Medi. Beth a ddywedaf am Dregaron a'r amser y bûm yno yn yr ysgol? Dyma'r pethau sy'n sefyll allan yn y cof. Y cyntaf yw syniad o oerfel. Tregaron, i mi o hyd, yw'r lle oeraf ar wyneb y ddaear. Mae hyn i'w briodoli wrth gwrs i'r ffaith fod y dref yn gorwedd rhwng Cors Caron a'i lleithder a bwlch Cwm Berwyn yn y mynyddoedd sydd fel rhyw fath o dwndis yn tynnu gwyntoedd oer y dwyrain ar y lle—y cwbl mor wahanol i Langeitho sy'n nythu'n glyd yn nyffryn Aeron a'r bryniau caredig yn ei gysgodi bron o bob cyfeiriad. Ond rhaid bod yn deg â Thregaron, er i mi ddioddef cymaint yno. A barnu yn ôl safon cylchrediad y gwaed yn y corff, yr wyf y truenusaf o ddynion, ac o ganlyniad wedi dioddef cryn anhwylustod bob gaeaf ar hyd f'oes. Yn blentyn dioddefais yn gyson bob blwyddyn oddi wrth losg eira, neu 'maleithe' fel y dwedem yn ein hardal ni. Ond os oedd hynny'n wir am Langeitho a chysuron cartref, yr oedd bron â bod yn annioddefol yn Nhregaron lle'r oeddwn yn aros mewn llety o fore Llun hyd amser te ddydd Gwener. Cofiaf nawr am y llosgfa ddychrynllyd ac yna'r cosi a oedd bron â'm gyrru'n wallgof, a hynny nid yn unig ar y ddwy law ond hefyd ar fysedd fy nhraed. Fedrwn i ddim rhedeg na chwarae er mwyn lleihau'r dolur oherwydd y boen; doedd dim i'w wneud ond dioddef.

Ond, at hyn, mae'n rhaid ychwanegu fy mod ar yr un pryd yn dioddef o glefyd arall llawer gwaeth, a mwy poenus, sydd wedi fy ngoddiwes ar hyd y daith—sef hiraeth. Da gennyf ddweud wrth fy nghyfeillion yn Nhregaron nad wyf yn eu dal hwy, na'r lle, yn gyfrifol am hyn. Beth sydd yn cyfrif amdano? Ni all y seicolegwyr roi'r ateb. Credaf fod hyn eto, fel cylchrediad y gwaed, yn perthyn i gyfansoddiad dyn, ac yn cael ei benderfynu i raddau gan gydbwysedd gweithrediad y *ductless glands*. Boed hynny fel y bo, ond peth ofnadwy yw hiraeth, a'r teimlad o unigrwydd ac o amddifadrwydd ac anhapusrwydd sy'n deillio ohono. Mae'n anodd diffinio hiraeth—ond i mi, golyga'r ymdeimlad fod dyn allan o'i gynefin a'r hyn sy'n hoff ganddo. Dyna paham y gellir ei deimlo ynghanol twr o bobl, a phrydferthwch natur.

Amser digon anhapus i mi oedd y tair blynedd yn Ysgol Sir Tregaron, a hynny'n unig oherwydd yr hiraeth hwn. Yr oedd gennyf ffrindiau mynwesol yno, fel Dai Williams ac eraill, ac yr oeddwn yn hoffi'r gwersi . . . ond! Cofiaf fel pe byddai ddoe amdanaf yn eistedd yn ein côr ni yn y capel yn Llangeitho cyn yr oedfa ar nos Sul, a'r meddwl yn dod i mi'n sydyn fel hyn— 'Yr amser yma nos fory mi fyddaf yn y llety yn Nhregaron'—ac ar unwaith dyna fi lawr yn y dyfnderoedd. Ac os felly ar nos Sul a mi yn mynd gartref o'r oedfa, beth am fod yn Nhregaron a'r maleithiau ar ben y cwbl!

Bob dydd Mawrth cynhelid marchnad yn Nhregaron, ac unwaith y mis y farchnad fisol. Yr oedd hyn cyn dyddiau *marts* wrth gwrs. Byddai 'nhad a llawer o ffermwyr ardal Llangeitho yn Nhregaron felly bron bob dydd Mawrth. Yn lle rhoi cysur i mi, ychwanegu at y dolur a wnâi'r ffaith hon. Byddwn weithiau yn mynd yn y trap a'r poni gyda 'nhad hyd at Bont Trecefel, rhyw filltir tu allan i'r dre, er mwyn ceisio lleddfu tipyn ar y boen, er y gwyddwn, fel y meddwyn druan, mai gwaethygu pethau yr oeddwn, am fod yn rhaid i mi ei adael a throi nôl ar fy mhen fy hun. Weithiau byddwn yn sefyll yn agos i'r ysgol i gael edrych ar rai o'r ffermwyr yn mynd adref—a minnau'n gorfod aros yn Nhregaron . . .

Mae'r diffyg neu'r broblem yma wedi glynu wrthyf ar hyd y blynyddoedd. Cofiaf yn dda iawn, a ni yn yr Unol Daleithiau yn

1947, i mi orfod gadael fy ngwraig a'm merch ieuengaf yn
Boston ar nos Lun i deithio drwy'r nos a'r bore a'r prynhawn
canlynol mewn trên i siarad mewn cynhadledd. Yr oeddwn i
ddisgyn o'r trên mewn stesion yn Indiana, ac yno byddai cyf-
eillion yn fy nghyfarfod mewn modur. Fel y digwyddodd hi
gwnaeth y cyfeillion gamgymeriad yn yr amser gyda'r can-
lyniad fy mod wedi cael fy hunan mewn stesion fach yng
nghanol y wlad a neb yno—yn weladwy beth bynnag—ond
myfi. Yr oedd y glaw yn tywallt, a chymylau duon uwchben yn
bygwth taranau—a dyma fi ar amrantiad nôl yn Nhregaron ac
yn teimlo'n gywir fel y gwneuthum ddegau o weithiau yn y
llety ar nos Lun. Credwch fi neu beidio, ond edrychais ar yr
amserlen oedd ar y mur i weld a oedd trên cyfleus nôl i Boston.
Yn ffodus nid oedd—neu rwy'n ofni y buaswn wedi troi fy
nghefn ar y gynhadledd.

Yr wyf wedi dadlau'n gryf ar hyd y blynyddoedd fod rhieni
sy'n anfon unrhyw blentyn dan rhyw bedair ar ddeg oed i ysgol
breswyl yn droseddwyr, ac yn euog o greulondeb erchyll.
Buaswn yn eu cosbi'n drwm—yn wir, yn gwahardd ysgolion
preswyl yn gyfan gwbl. Nid anghofiaf fyth amdanaf yn teithio
nôl mewn trên o Plymouth i Lundain rhyw dro. Cyraeddasom
Newton Abbott, a dyma ddynes yn dod â dwy ferch fach i
mewn i'r cerbyd lle'r oeddwn yn eistedd. Yr oedd yn amlwg fod
y plant yn teithio'n ôl i ysgol breswyl wedi'r gwyliau. Wedi
gosod y merched mewn seddau, dyma'r fam allan, ac yn sefyll
ar y platfform nes y byddai'r trên yn cychwyn. Dyma'r trên yn
dechrau symud a'r ferch fach leiaf yn dal i edrych ar ei mam yn
hiraethus a'r dagrau yn llanw'i llygaid, a dyma'i chwaer yn
dweud wrthi'n siarp—a bron crio'i hunan, *'Don't look at her, you
fool'*. Nid oes arnaf gywilydd cyfaddef fy mod wedi codi'r llyfr
yr oeddwn yn ei ddarllen i guddio fy wyneb, ac wedi crio
gyda'r merched bach. Yr oeddwn nôl yn Nhregaron yn y llety
unwaith eto, ac mi gefais gryn drafferth i adfeddiannu fy
hunan-lywodraeth. Credaf na chaf lwyr waredigaeth o'r dolur
yma hyd nes y cyrhaeddaf y wlad lle cawn 'gwrdd heb fyth
ymadael mwy'. . .

Mae sôn am 1913 yn fy ngorfodi i gyfeirio at ddau beth arall
tyngedfennol a ddigwyddodd yn fy hanes. Y cyntaf oedd mai

26

dyna'r flwyddyn y penderfynais fod yn feddyg. Nid wyf yn hollol siŵr beth a ddylanwadodd arnaf i wneud hyn. Yr oedd y ffaith fod tad-cu fy mam—tad ei thad—yn feddyg, yn un elfen mae'n sicr, ond credaf fod fy edmygedd o Dr David Davies, Birch Hill—un o blant yr ardal a oedd wedi dod adref i ddilyn ei alwedigaeth—hyd yn oed yn gryfach. Beth bynnag, fy syniad personol i oedd bod yn feddyg, ac mi gefais bob cymeradwyaeth a chefnogaeth gan fy rhieni.

Y peth arall gwir bwysig yn 1913 oedd bod ein capel wedi gwahodd Sasiwn Haf y Methodistiaid Calfinaidd i Langeitho. Fel y dywedais eisoes, daucanmlwyddiant genedigaeth Daniel Rowland oedd i gyfrif am hyn. Gadawodd y Sasiwn yna argraff ddofn arnaf. Nid oeddwn wedi gweld na chlywed pregethu ar y maes o'r blaen, ond oherwydd nifer y bobl a ddisgwylid cynhaliwyd y prif gyfarfodydd mewn cae ar waelod, ac ar yr ochr chwith, i'r gwaered sy'n arwain i lawr i Langeitho o gyfeiriad Tregaron. Yr oedd llwyfan wedi ei adeiladu a phulpud ar y blaen i'r pregethwyr, a seddau i'r prif weinidogion o'r tu cefn iddo. Ac yna eisteddai'r gynulleidfa o ryw bedair i bum mil ar feinciau yn wynebu'r pregethwr.

Cofiaf yn dda iawn am y cyfarfod i ddathlu geni Daniel Rowland ar y prynhawn dydd Mercher, pryd y cawsom anerchiadau gan y Dr Thomas Charles Williams, y Dr John Morgan Jones, Caerdydd—yr hanesydd—Dr John Williams, Brynsiencyn, a'r Parch. W. E. Prytherch, Abertawe. Yr unig beth a gofiaf o'r anerchiadau oedd eglureb Mr Prytherch. Rhoddodd yr hanes i ni am ddyfodiad y ceir tram trydan i Abertawe. Disgrifiodd sut yr oeddynt wedi gosod y rheiliau ar yr heolydd, ac yna wedi gosod pyst mawr i fyny, ac yna wedi cysylltu'r rhain â'i gilydd gyda gwifrau. Yna fe osodwyd cerbyd hardd ar y rheiliau—cerbyd â nifer o seddau ynddo i fyny ac i lawr, a lle i ryw ddeugain o bobl eistedd. 'Ond, meddai Mr Prytherch, 'er bod y cwbl yna'n berffaith, nid oedd dim yn symud. Ond daeth dydd mawr yr agoriad, a dyma aelod o'r teulu brenhinol yn dod i Abertawe, a'r unig beth a wnaeth hwnnw oedd tynnu ar raff i ollwng postyn mawr oedd ar ben y cerbyd yn rhydd, a dyma'r olwyn fechan ar flaen y postyn yn erbyn y wifren ac ar unwaith dyma'r cerbyd yn dechrau symud. Beth oedd yr esboniad? O! yr oedd y rheiliau a'r cerbyd yn hollol barod, a'r pŵer trydanol cryf yn y gwifrau, ond yr oedd yn rhaid eu cysylltu â'i gilydd cyn y gellid cael unrhyw symudiad ar ran y cerbyd. Dyna wnaeth Daniel Rowland—cysylltu'r eglwys yn ei pharlysdod â grymusterau'r Ysbryd Glân.'

Cofiaf hefyd am yr oedfa bregethu olaf nos Iau, a'r Dr T. C. Williams a John Williams yn cydbregethu. Nid oeddwn wedi gweld na chlywed yr un ohonynt o'r blaen, ac fe'm swynwyd ganddynt—nid yn unig gan y pregethu huawdl, ond yn enwedig gan eu personoliaethau mawreddog. Ymddangosai'r Dr T. C. Williams i mi fel y dyn harddaf ei wedd a welais erioed; a dywedaf hynny yr awron. Am y Dr John Williams, does ond un gair addas—pendefigaidd. Gwelaf ef yn awr yn crychu ei dalcen, a chofiaf amdano yn disgrifio sut y dringodd ef a rhyw gyfeillion i ben yr Wyddfa, i gael gweld toriad y wawr, a sut, wedi disgrifio'r olygfa, yr ynganodd y geiriau '"*Magnificent*" medd y cyfaill; "Ardderchog" meddwn innau', ac yna yn myned yn ei flaen i floeddio'r geiriau:

> *Gwawrddydd, gwawrddydd yw fy mywyd*
> *Gweld y wawrddydd 'rwyf yn iach.*

Fe wnaeth y Sasiwn yna rywbeth rhyfedd i mi, ac o bosibl y peth pwysicaf oedd iddo ennyn ynof ddiddordeb yn y Tadau Methodistaidd sydd wedi para a chynyddu hyd heddiw.

Ar nos Sul ym mis Ionawr 1914, a'm brodyr a minnau yn darllen fel arfer wedi swper, dyma'n rhieni yn dod i mewn i'r ystafell a'n tad yn dechrau dweud fod ganddo rywbeth eithriadol o bwysig i'w ddweud wrthym, a'i fod yn siŵr y byddem yn derbyn y cwbl fel dynion. Y neges oedd ein bod i adael Llangeitho am byth a hynny'n fuan. Yr oedd anawsterau wedi codi yn y fusnes, ac nid oedd dim i'w wneud ond gwerthu'r cyfan a wynebu ar fywyd o'r newydd. Wrth edrych nôl yn nhermau heddiw, gwelaf yn eglur iawn fod dwy elfen ar yr argyfwng—ehangu'r fusnes yn ormodol a than gyfalafu. Yr oedd y fusnes yn ei gwahanol agweddau wedi tyfu'n rhy fawr, a'r peiriannau yn brin o arian, ac yn araf iawn yn talu biliau. Nid oedd Bwrdd Marchnata Llaeth na chwotâu na chymorthdaliadau yn y dyddiau hynny. Mae'n amlwg fod fy nhad ryw ugain mlynedd a rhagor o flaen ei amser. Yr oedd hefyd, o egwyddor, yn gwrthod bargeinio yn ôl y dull arferol—a rhwng y cwbl yr oeddem mewn argyfwng, a doedd dim i'w wneud ond ceisio casglu'n dyledion a gwneud ocsiwn. Felly, ym mis Chwefror buwyd yn gwerthu'r cyfan am ddeuddydd yn Neuadd y Jiwbili—popeth—y ceffylau, y cwbl oedd yn y siop, a hyd yn oed dodrefn ein cartref, ac eithrio rhyw fân bethau. Daeth hyn fel sioc fawr i ni fel bechgyn, ond cofiaf mai'r prif adwaith oedd ein bod yn teimlo her y sefyllfa, a'n bod yn barod i wneud unrhyw beth i gynorthwyo. Cofiaf i mi ddweud y byddwn yn barod i roi heibio'r syniad o fod yn feddyg, a dechrau paratoi i fod yn glerc mewn banc pan fyddwn yn ddigon hen.

Ond yr oedd fy nhad wedi trefnu cwrs arall. Y bwriad oedd i ni ymfudo i Ganada a dechrau bywyd newydd yno. Yr oedd ef yn bwriadu mynd yno ar unwaith wedi'r ocsiwn, i baratoi'r ffordd. Yr oedd hefyd yn bwysig fod fy mrawd Harold yn eistedd ei Senior CWB. Felly yr oeddynt wedi trefnu fod mam a ninnau'r bechgyn yn byw mewn rhan o dŷ a oedd yn agos i'r ysgol yn Nhregaron ac yna, tua diwedd Gorffennaf, i hwylio am Ganada. Y foment fwyaf torcalonnus i mi yn y cyfan oedd y bore pan ffarweliodd ein tad â ni, a chychwyn ar ei daith. Wedi hynny, yr oeddem yn ceisio dyfalu pa fath fywyd a gawsem yng Nghanada, ac yn chwarae â gwahanol ddrychfeddyliau. Ond cyn pen tri mis yr oedd yn eglur nad oeddem i fyw yng Nghanada. Ysgrifennai fy nhad yn gyson rhyw ddwywaith yr wythnos o Winnipeg, lle'r oedd yn aros gyda brawd i mam. Byrdwn ei lythyrau oedd ei fod yn gweld yn glir iawn nad oedd gobaith iddo ef yno. Yr oedd ef erbyn hyn dros ei hanner cant ac yn methu dod o hyd i waith teilwng. Ei ddedfryd ar y sefyllfa oedd: 'Gwlad ardderchog i bobl ifanc, a chyfle braf i'r bechgyn ond anobeithiol i ddyn o'm hoedran i.' Daliodd ati i wneud ei orau mewn gwahanol fân swyddi, ond erbyn diwedd mis Mai penderfynodd ddod nôl i Brydain a cheisio ailddechrau bywyd yn Llundain.

Ofer yw ceisio dyfalu beth a fyddai fy hynt pe baem wedi ymsefydlu yng Nghanada. Nid yw hynny wedi poeni dim arnaf, oherwydd fy mod wedi credu erioed gyda Shakespeare, '*There's a divinity that shapes our ends . . .*' neu, yn well, 'Rhaid bod rhyw ragluniaeth ddistaw . . .' Does dim yn gliriach i mi mewn bywyd na hynny, a llawenychaf yn y ffaith.

Penderfynwyd fy mod i i fynd i Lundain i gyfarfod â nhad pan fyddai ef yn glanio o'r llong oedd i gyrraedd y *Surrey Docks* yn Llundain o Ganada. Fe'm dewisiwyd i, mae'n debyg, am fod mwy o ddoniau ymarferol yn perthyn i mi nag i'm brodyr. Aethant hwy ill dau gyda mam i aros yn Llwyncadfor tra byddem yn chwilio am fusnes yn Llundain. Felly, ar ddydd Sadwrn, 1 Awst 1914, rhoddodd mam fi ar y trên yn Nhregaron, a theithiais wrthyf fy hunan i Paddington. Yno yr oedd perthnasau yn cwrdd â mi, ac ar ddydd Llun, 3 Awst, cyrhaeddodd fy nhad, a dyma ni ein dau yn dechrau arhosiad o ryw ddeufis gyda brawd i mam a'i deulu yn Bermondsey tra'n chwilio am fusnes ac am gartref.

Er nad oeddwn ond llencyn ifanc yr oeddwn yn teimlo'r tyndra yn yr awyrgylch. Y cwestiwn mawr oedd—a fyddai rhyfel yn torri allan? Cofiaf i ni gerdded nos Lun y 3ydd, i'r Elephant & Castle a gweld pobl yn dorfeydd ar hyd y strydoedd. Dydd Mawrth, aeth fy nhad â mi i Westminster yn y bore. Llwyddasom i ymuno â'r dorf a oedd wedi ymgynnull yn Downing Street, ac yno y buom am oriau, yn cael cipolwg ar y gwahanol aelodau o'r Cabinet oedd yn mynd i mewn ac allan o rif 10. O'r diwedd cyrhaeddodd y foment yr oeddem yn disgwyl amdani, sef gweld drws rhif 10 yn agor. Mr Asquith yn dod allan, yn mynd i mewn i'w fodur, a chychwyn am y Senedd lle'r oedd i wrando ar Syr Edward Grey yn gwneud ei ddatganiad bythgofiadwy. Cofiaf y wefr a deimlais o weld y gŵr hwn oedd yn gymaint o arwr gan fy nhad, y gŵr yr oeddwn wedi clywed cymaint o sôn amdano. Yr unig siomedigaeth y diwrnod hwnnw oedd na chawsom olwg, am ryw reswm, ar 'y dyn bach', sef Lloyd George.

Aethom bob dydd yn union wedi brecwast i gyfeiriad Westminster a sefyll y tu allan i Palace Yard, neu Downing Street, i gael golwg ar y mawrion. A buom yn hynod o lwyddiannus. Amhosibl yw ceisio disgrifio pobl Llundain yr adeg honno. Yr oedd twymyn rhyfel wedi gafael yn gryf ynddynt, ac yr oeddynt yn canu ac yn chwifio baneri bach a mawr. Ysbryd hyderus oedd ynddynt, a sicrwydd y byddem yn gorchfygu'r Almaenwyr mewn ychydig o amser. Clywsom rywfodd fod catrawd o'n milwyr ni, a oedd ar fin croesi i Ffrainc, i wneud gorymdaith drwy'r ddinas gan ddechrau yn agos i'r Tŵr.

Aethom yno yn gynnar, a chawsom olwg arnynt yn martsio heibio yn eu cotiau cochion a'r band yn chwarae '*It's a long way to Tipperary . . .*' Yr oedd y bobl bron â cholli arnynt eu hunain yn eu brwdfrydedd, a'r rhan fwyaf yn bloeddio ac yn curo dwylo, eraill yn torri allan i ganu, a llawer yn wylo. Gwelsom lawer o ddynion ifainc yn penderfynu ymuno â'r fyddin ar unwaith, ac yn datgan hyn wrth eu cyfeillion. Dyna gipolwg ar rai o'r '*Old Contemptibles*'. Gwelsom Lord Kitchener droeon, ond nid oedd ef a'i wyneb twp, a'i lygaid bustachaidd, yn arwr gennym.

Dyddiau rhyfedd, dyddiau ofnadwy—ni fu dim yr un fath oddi ar hynny. Druain o'm tad a'i gyfoeswyr, a'u hedmygedd diddiwedd o'r gwladweinwyr hynny. Mae'n dda gennyf nad ydynt yn fyw i ddarllen llyfrau fel dyddiaduron C. P. Scott a ddarllenais yn ddiweddar, a chael darganfod nad oedd fawr ond clai yn nhraed eu heilunod.

Dyddiau brawychus oedd y dyddiau hyn i mi; yr oeddwn yn falch fy mod yn rhy ifanc i orfod wynebu'r sefyllfa yn bersonol. Nid wyf erioed wedi deall meddwl a chyfansoddiad dynion sy'n gweld rhamant mewn rhyfel ac sy'n awyddus i ymuno â byddin a chael cyfle i ymladd a lladd. Fe allai mai'r hyn sy'n cyfrif am fy nheimladau yw'r ffaith fy mod bron â bod yn hollol amddifad o wroldeb corfforol. Ar yr un pryd, teimlaf nad oes dim yn diraddio mwy, ac yn taflu cymaint o sarhad ar y natur ddynol, na '*sergeant-major*' yn bloeddio ac yn sgrechian ar nifer o filwyr. Casbeth gennyf yw gweld milwyr yn gwneud '*goose-step*'. Y ffaith fy mod wedi dechrau fel myfyriwr meddygol yn un ar bymtheg mlwydd oed a'm hachubodd rhag y dynged atgas yna. Erbyn hynny yr oedd prinder meddygon, a hynny i'r fath raddau, fel bod bechgyn a oedd wedi dechrau ar eu cwrs, ond wedi ymuno â'r fyddin, yn dod yn ôl o Ffrainc i ailymaflyd yn eu cyrsiau meddygol. Yr wyf wedi diolch ganwaith na fu raid i mi fyw mewn '*barracks*' erioed. Mi fyddai hynny yn waeth hyd yn oed na bod yn grwt yn y llety yn Nhregaron . . .

Yn y dyddiau hynny yr oeddwn yn mynychu Tŷ'r Cyffredin yn weddol aml, am ein bod yn byw o fewn rhyw hanner milltir o'r Senedd. Bûm yn ffodus ddigon i glywed rhai o'r dadleuon mwyaf. Yr oeddwn yno ar nos Lun ym mis Mehefin 1916 a chlywais John Redmond, Lloyd George, Syr Edward Carson, John Dillon ac Asquith, yn trafod cwestiwn Iwerddon mewn dadl fawr o 8.15 p.m. hyd at 11 a.m. Yr oeddwn yno hefyd ar brynhawn Llun arall yn Nhachwedd 1917, i glywed y ddadl fawr ar gynllun Lloyd George i sefydlu cyngor militaraidd rhyngwladol yn Versailles, a gosod Syr Douglas Haig dan awdurdod Marshall Foch. Yr oedd llawer yn meddwl y byddai i Asquith gael yr oruchafiaeth ond nid felly y bu. Gwelaf Lloyd George y funud hon yn estyn ei fys at Asquith, ac yn dweud gyda grym deifiol: '*Speeches are no substitute for shells*'. Pan ddaeth 11 Tachwedd 1918 a'r unfed awr ar ddeg, mi es ar unwaith o'r ysbyty i gyfeiriad Westminster. Clywais, wedi cyrraedd yno, fod aelodau Tŷ'r Cyffredin yn bwriadu croesi'r ffordd i gyfarfod byr o ddiolchgarwch yn eglwys St. Margaret's. Cefais, fel llawer eraill, ganiatâd gan blismon i sefyll i weld yr orymdaith, a thua thri o'r gloch dyma nhw'n dod, a Lloyd George ac Asquith yn cydgerdded yn y blaen. Ym mis Rhagfyr sefais ar fy nhraed am yn agos i bedair awr i gael cipolwg ar yr Arlywydd Woodrow Wilson o'r Unol Daleithiau yn mynd heibio mewn cerbyd agored gyda'r brenin Siôr y Pumed. Yr oeddwn yn dipyn o eilunaddolwr yn y dyddiau hynny, ac yr wyf wedi para felly i raddau. Ond, och! Mae'r eilunod wedi mynd yn brin.

Y ddau beth mawr yn fy mywyd y dyddiau hynny, ar wahân i'r bywyd diddorol gartref, oedd Ysbyty St. Bartholomew a Chapel Charing Cross. Y peth pwysicaf yn y capel i ni'r dynion ifanc oedd dosbarth ysgol Sul fy nhad-yng-nghyfraith—y Dr Tom Phillips. Yr oedd y dadlau yn frwd ac weithiau'n ffyrnig bob prynhawn Sul, ac yn aml iawn efe a minnau oedd y prif siaradwyr. Yr wyf wedi dadlau llawer, ac â llawer o ddynion ar hyd fy mywyd, ond gallaf dystio na welais ei ragorach o ran cyfrwystra a chyflymder meddwl. Ef a'm brawd Vincent, a'r Dr David Phillips y Bala, yw'r tri dadleuwr gorau a gyfarfûm i, ac mae fy nyled i'r ddau gyntaf yn fawr iawn. Nid oes dim yn well i hogi'r meddwl, ac i ddysgu dyn i feddwl yn glir ac yn drefnus, na dadlau, ac yn enwedig dadlau ar bynciau diwinyddol ac athronyddol.

A sôn am feddwl yn glir, credaf mai'r meddyliwr craffaf a chliriaf a adnabûm oedd fy hen athro, yr Arglwydd Horder.

Hyn oedd i gyfrif yn bennaf am ei lwyddiant eithriadol fel meddyg. Yr oedd yn sylwedydd trwyadl, ac wedi iddo gasglu ei ffeithiau, byddai'n ymresymu nes cyrraedd ei ddiagnosis. Cyfeiriai'r bardd T. S. Eliot ato fel 'The Little Genius'. Er fy mod wedi rhoi llawer o'r mater sydd yn y bywgraffiad ohono gan ei fab o dan y teitl yna—ac yntau yn garedig wedi cydnabod hynny—teimlaf awydd weithiau i ysgrifennu llyfryn arno. Yn yr ysbyty hefyd, cefais y fraint o adnabod, a gweithio gyda'r enwog Syr Bernard Spilsbury. Os yw diffiniad Thomas Carlyle o athrylith yn gywir—'An infinite capacity for taking pains'—yna yr oedd Spilsbury yn athrylith. Nid oedd ganddo feddwl clir a bywiog fel yr eiddo Horder—ei gryfder ef oedd manylder ei ymchwiliadau. Nid oedd dim yn ormod o drafferth iddo ac ni chymerai ddim yn ganiatâol. At hyn, pan fyddai'n rhoi ei dystiolaeth mewn llys, ni fedrai unrhyw fargyfreithiwr—hyd yn oed yr enwog Marshall Hall—beri iddo gynhyrfu, na drysu. Atebai'n dawel ac yn foneddigaidd a daliai at y ffeithiau yr oedd yn sicr ohonynt, gan osgoi pob damcaniaeth. Trysoraf o hyd y llythyr caredig a anfonodd ataf pan glywodd fy mod yn cefnu ar y gwaith meddygol ac yn dechrau bywyd newydd fel gweinidog gyda'r Methodistiaid Calfinaidd. Nid oedd yn deall, ond dywedai ei fod yn sicr fod hyn yn iawn i mi gan fy mod wedi dod i'r penderfyniad yna. Tebyg oedd barn Syr Thomas Dunhill, prif lawfeddyg y teulu brenhinol ar y pryd, pan ddywedodd wrthyf: 'I always felt that you were more interested in people than in diseases, and that medicine would never hold you.'

Wel, dyna gipolwg ar y llwybrau gynt hyd ddechrau 1927. Yr hyn sy'n ofynnol mewn llwybr yw ei fod yn arwain i ffordd. Crwydrais a chyfeiliornais a blinais ar lawer o lwybrau, ond yr oeddwn yn ymwybodol bob amser, fel Francis Thompson, fod 'Gwaedgi'r Nefoedd' ar fy nhrac. O'r diwedd fe'm daliodd, ac fe'm dygodd at 'Breswylydd mawr y berth' yr hwn sy'n abl i 'ychwanegu nerth i ddringo'r creigiau serth, heb flino mwy'. Credaf mai Ef hefyd a drefnodd fod prif lwybr fy mywyd i groesi llwybr yr un a foddlonodd, ac a ildiodd o'r diwedd, i fod yn wraig i mi. Felly ar yr wythfed o Ionawr 1927, dechreuasom gydgerdded ar hyd y 'Ffordd sy'n arwain i'r Bywyd'.

Ein Hunig Obaith

D. M. Lloyd-Jones mewn adolygiad
yn *Yr Efengylydd*, Ionawr 1929

Imi nid oes dim sydd mor niweidiol a dinistriol i wir les Cristnogaeth na chysylltu tröedigaeth â rhyw gyfnod arbennig mewn bywyd. Does dim dwywaith nad yw'r ddysgeidiaeth hon yn gyfrifol am yr holl ganolbwyntio ar y 'bobl ifainc' sy'n nodweddu ein gwaith eglwysig y dyddiau hyn, ac sy'n peri i lawer gweinidog a blaenor ddweud gyda gofid: 'Y bobl ifainc a'r plant yw'n hunig obaith—rhaid inni ganolbwyntio arnynt.' Mae'r fath osodiadau a'r fath gred yn dangos diffyg ffydd ac yn gosod terfynau ar allu Duw. Nid yw'r efengyl yn cydnabod y fath derfynau—y mae gobaith hyd y diwedd, hyd yr unfed awr ar ddeg. Mae cymaint o obaith heddiw i'r canol oed ac i'r hen ag sydd i'r bobl ifainc. Hwyrach ein bod yn fwy anodd dysgu moesoldeb ac ethig i'r bobl hŷn, neu ddysgu ein mympwyon a'n chwiwiau ni ynghylch y bywyd Cristnogol, ond i'r Un sy'n cynnig 'cymorth i'r digymorth' a 'gobaith i'r diobaith' nid oes y fath wahaniaethau. Yn wir, pechod parod y rhan fwyaf o'r rhai sy'n ymwneud â gwaith Cristnogol yw canolbwyntio ar un oedran arbennig neu ar un gwirionedd arbennig yn hytrach na thraddodi 'holl gyngor Duw' i bawb yn ddiwahân, pwy bynnag neu beth bynnag y bônt.

Mae canolbwyntio ar yr ifainc yn rhan fawr o athrylith a llwyddiant Pabyddiaeth, ond yn sicr mae hyn yn wrthwynebol hollol i athrylith Protestaniaeth. Un peth yw cynhyrchu dyn crefyddol a duwiolfrydig—fe all dynion wneud hynny—ond fe gymer gallu Duw yn Iesu Grist i gynhyrchu Cristion, ac nid oes unrhyw derfyn ar y gallu hwnnw.

Crefydd a Nodweddion Cenedlaethol

Tair sgwrs radio a gyhoeddwyd yn *Y Drysorfa*, 1943, ac
yna yn *Crefydd Heddiw ac Yfory* (Llandybie, 1947)

I

Cyn dod at y mater, carwn ddweud dau beth, fel gair o
ragymadrodd. Y cyntaf yw nad oes obaith i mi, mewn tair
pennod fer, ddelio'n drwyadl â rhai agweddau ar y broblem fel
yr amlygir hwynt ym mywyd Cymru a Lloegr. Yr ail beth yw
egluro sut y deuthum i ddewis y testun. Y mae'n ganlyniad
profiad o bedair blynedd a hanner o weinidogaethu yn
Llundain ac yn Lloegr. Cyn hynny yr oedd fy mywyd crefyddol
wedi ei dreulio mewn cylchoedd Cymreig, fel aelod eglwysig,
ac fel gweinidog. Ni wyddwn fawr am fywyd crefyddol y
Saeson, er fy mod yn adnabod llawer o Gristnogion yn eu plith.
Ond ers pedair blynedd a hanner yr wyf, fel math o alltud o
Gymru, yn cael cyfle i sylwi ar fywyd crefyddol y Sais. Ar y
cychwyn fe'm trawyd gan y ffaith fod yna wahaniaeth mawr
iawn, os nad gwahaniaeth hanfodol, rhwng y ddau fath o
fywyd, ac fel yr â amser heibio, gwelaf a theimlaf hyn fwyfwy.
Ac fel y mae'r sylweddoliad o'r gwahaniaeth yn cynyddu,
gwelaf hefyd nad mater o ddiddordeb yn unig yw hwn, ond un
sydd mor bwysig ag i haeddu ein hastudiaeth fanwl.

Y mae'n ymwneud â sylfeini ein crefydd, fel y ceisiaf ddangos.
Ond efallai mai'r ffordd orau inni ddangos yr hyn sydd yn fy
meddwl yw i mi ddyfynnu geiriau a ddarllenais mewn cylch-
grawn adnabyddus Saesneg sydd yn adolygu llyfrau bob
wythnos. Adolygiad oedd hwn ar lyfr President John A.
Mackay, Coleg Diwinyddol Princeton, yr Unol Daleithiau, yn
dwyn y teitl *A Preface to Christian Theology*. Wedi dweud mai
brodor o'r Alban yw Dr Mackay, ac wedi dyfynnu rhai o'i eiriau
ar yr athrawiaeth fod natur dyn yn llygredig, dywed y gŵr sy'n

adolygu, *'He is here, rightly or wrongly opposed to the tradition of English religion, a tradition which has lately won a rather grudging praise even from Barth, after seeing the response of the "natural" Englishman in the purgatory of the last few years—a tradition that God loves the virtues of the natural man, and does not desire that they should be negated or destroyed, but rather that they should be the basis of a supernatural superstructure. This Christian humanism, the basis of so much that is good and gracious in English Religion, is not in line with Dr Mackay's thorough-going Calvinism.'* Fe welir y pwyslais a osodir ar *'English Religion'* a'r awgrym mai'r hyn sydd i gyfrif am Galfiniaeth Dr Mackay yw'r ffaith ei fod yn hannu o'r Alban. A yw yn iawn sôn am grefydd Lloegr a chrefydd yr Alban, a chrefydd Cymru hefyd? Fel yr wyf wedi crybwyll eisoes, y mae ffrwyth fy sylwadaeth o Gymru a Lloegr wedi fy ngorfodi i gytuno ei bod yn gywir i siarad felly.

Beth ynteu yw'r ffeithiau? Ym mha ffyrdd y mae crefydd Cymru a Lloegr yn gwahaniaethu? Ceisiaf nodi rhai ohonynt, y rhai pwysicaf i'm tyb i . . . Ond wrth alw eich sylw at y ffeithiau byddaf wrth gwrs yn siarad yn gyffredinol am Gymru a Lloegr, a hynny heb bwysleisio'r gwahaniaeth sydd yn bod rhwng y De a'r Gogledd yn y ddwy wlad. Yn y fan yma diddorol iawn yw sylwi bod y gwahaniaeth rhwng y De a'r Gogledd yn fwy o lawer nag y mae yng Nghymru. Hefyd y Gogleddwyr yn Lloegr, megis pobl Newcastle-on-Tyne, sydd debycaf i ni'r Cymry.

Gadewch inni edrych yn frysiog ar y pethau sy'n ein taro.

Yn gyntaf dyna'r bregeth. Rhaid yw i Gymro ddechrau gyda'r bregeth, ac wrth drafod y materion yma, carwn ddweud mai'r Ymneilltuwyr fydd gennym mewn golwg yn y ddwy wlad yn fwyaf arbennig. Sylwer ar y lle a roddir i bregethu yn y ddwy wlad. Nid oes eisiau treulio amser i'ch atgoffa mai'r bregeth yw canolbwynt pob oedfa yng Nghymru. Ni fu pobl erioed yn credu mwy mewn pregeth, ac yn hoffi gwrando ar bregethu i'r fath raddau â ni. Ac er ein bod wedi dirywio'n ddiweddar, cywir yw dweud amdanom o hyd fod yn well gennym wrando ar bregeth nag ar unrhyw ffurf arall o siarad. Cyrddau pregethu yw'r cyrddau mwyaf nodweddiadol o fywyd crefyddol Cymru. Y bregeth yw'r peth mawr ac ni chaniateir iddi gael ei gwthio o'r neilltu nac i fod yn israddol i unpeth arall.

Ond beth am Loegr? Ar unwaith fe deimlir bod yna wahaniaeth. Ni chlodforir y bregeth fel y cyfryw i'r un graddau ag a wneir yng Nghymru. Ni theimlir yr un awydd na'r un disgwyliad am y bregeth yn awyrgylch ei hoedfaon. Gosodir cymaint o bwys ar bethau eraill nes gofidio ambell Gymro o bregethwr na chaiff amser i roi ei neges i'r bobl. Medraf ddangos hyn gliriaf wrth gymharu cyrddau ar y Sul, ac efallai ar y nos Sadwrn cynt a'r dydd Llun canlynol hefyd. Ac fe geir nifer o oedfaon pregethu gydag un neu ddau o weinidogion gwadd yn pregethu. Yn Lloegr cynhelir y cyfarfodydd ar ddiwrnod yn yr wythnos. Gwahoddir gweinidog dieithr, ac yn y prynhawn bydd oedfa bregethu. Yna ceir te, ac wrth y byrddau siaredir gan nifer o weinidogion y dref neu'r cylch. Yn yr hwyr cynhelir yr hyn a elwir yn 'Gyfarfod Cyhoeddus'. Ceisir cael rhyw ŵr amlwg yn y cylch megis y Maer neu'r Arglwydd-Faer i gymryd y gadair ac i roi anerchiad. Yn aml ceir adroddiad o waith y flwyddyn gan ysgrifennydd yr eglwys. Yna fe ofynnir i'r gŵr gwadd roi anerchiad—nid pregeth—wedi i'r côr ganu. Disgwylir iddo siarad ar bynciau'r dydd— problemau politicaidd, moesol ac yn y blaen—heb godi testun o'r Beibl. Bydd y gwrandawyr—nid y gynulleidfa—yn dangos eu cymeradwyaeth o'r hyn a ddywedir trwy guro dwylo. Yna fe ddiolchir i bawb gan y gweinidog. Y mae meddwl am awyrgylch llai cydnaws ag ysbryd ac anian Cymru yn annichonadwy.

Ond beth am y math o bregethu? Nid oes eisiau ymhelaethu ar y mater hwn yn awr, am fod y radio wedi ein cynefino â phregethu Seisnig. Mewn gair, gallwn ddweud bod yn rhaid i'r Cymro newid llawer ar ei ddull arferol i fod yn bregethwr radio cymeradwy; tra nad oes angen i'r Sais wneud dim ond yr hyn a wna yn wastadol yn ei bulpud. Nodweddion pregeth Saesneg o'i chymharu â phregeth Gymraeg yw mai pregeth fer—ugain munud fel arfer—yw hi, traethawd yn hytrach na phregeth, llai esboniadol na'r bregeth Gymraeg, ac yn rhoi'r argraff fod y mater neu'r pwnc wedi ei ddewis o flaen y testun. Y mae'n amserol yn ei diddordeb ac yn llai athrawiaethol. Ond efallai mai yn y traddodi y gwelir y gwahaniaeth mwyaf. Fel rheol bydd gan y pregethwr Seisnig ei bregeth wedi ei hysgrifennu'n llawn ar y pulpud, ac fe'i darllena'n weddol fanwl. Mae ei arddull yn dawel ac nid amcana at areithyddiaeth. Ni chwyd ei lais ac ni welir mohono'n taro'r Beibl na'r pulpud â'i law. Y canlyniad yw na wŷr y Saeson fawr am yr hyn a elwir gennym yn oedfa fawr—rhywbeth i'w gofio ac i sôn amdano am flynyddoedd, ac efallai am dragwyddoldeb.

Wedyn dyna le *mudiadau* ym mywyd crefyddol y ddwy wlad. Dyma beth eto sydd yn ein taro â syndod, sef bod y Sais yn hoffi mudiadau. Does dim sydd yn fwy nodweddiadol o'i fywyd crefyddol. Gadewch i mi enwi rhai ohonynt. Sylwch nad enwadau yw'r pethau hyn ond mudiadau sydd â'u haelodau yn perthyn i'r gwahanol enwadau. Teimlaf weithiau nad oes diwedd ar eu nifer. Dyma nhw: Cyngor yr Eglwysi Rhyddion; Mudiad Cristnogol y Myfyrwyr, a mudiadau eraill cyffelyb ymhlith y myfyrwyr; y *Christian Endeavour Movement;* y *Brotherhood Movement* sydd yn cynnal cyrddau i ddynion yn unig ar brynhawn Sul; Mudiad y *Sisterhood;* y mudiad sydd yn gysylltiedig â'r enw *Keswick Convention* ac sy'n cynnal cynadleddau ar hyd y wlad. Cynhelir cyrddau Keswick ym mhob tref bron yn Lloegr yn gyson—cyrddau i ddyfnhau'r bywyd ysbrydol ac i bwysleisio'r gwirionedd am sancteiddhad. Faint o Gymry a glywodd erioed am yr *Advent Testimony Fellowship* sydd hefyd yn cynnal cyfarfodydd bron ymhob tref yn Lloegr i bwysleisio'r gwirionedd am ailddyfodiad Crist? Yna meddyliwch am fudiad grŵp Rhydychen a fu mor boblogaidd ychydig flynyddoedd yn ôl, a hefyd y *Crusaders' Union Movement* i fechgyn a merched—mudiad gwir boblogaidd a lluosog yn Lloegr heddiw. Yna, mae'r *Children's Special Service Mission* yn rhifo'i aelodau wrth y miloedd. A dyna'r *Young Life Campaign,* a nifer mawr o gymdeithasau er cynnal a hyrwyddo'r gwaith cenhadol mewn gwledydd tramor. Bûm un tro yn annerch cyfarfod yn y Goldsmith's Hall yn Llundain o dan nawdd y *Federation of Christian Unions* sydd yn cynnwys un ar bymtheg o wahanol gymdeithasau, ac yn eu plith y *Bankers' Christian Union,* y *Journalists' Christian Union,* ac er syndod i rai ohonoch, y *Stock Exchange Christian Union.*

Nawr y pwynt sydd gennyf yw bod y pethau hyn yn ddieithr i ni fel Cymry. Gwyddom am rai ohonynt, ac i raddau maent yn bodoli yng Nghymru, ond a siarad yn gyffredinol, nid ydynt wedi cael gafael yng Nghymru erioed. Yn wir, fe achwyna'r awdurdodau sydd yn gyfrifol am sawl un ohonynt oherwydd hyn. Nid yw'r mudiadau yma na'r syniad am fudiadau yn gydnaws â'n hysbryd fel crefyddwyr. Tuedd y Sais yw ffurfio mudiadau i gynrychioli ac i bwysleisio athrawiaethau unigol, ac i rannu Cristnogion yn ôl eu hoedran a'u safleoedd cymdeithasol. Ar y llaw arall gesyd y Cymro'r pwyslais ar y ffaith mai gwahanol agweddau o'r un gwirionedd mawr yw pob athrawiaeth unigol a gwell ganddo hefyd roi mynegiant i'w holl fywyd crefyddol yng nghylch yr eglwys y perthyn iddi.

Y mae'r un peth yn wir am barodrwydd y Sais i drefnu ac i gael trefniadaeth. Nid yw'r cymdeithasau dirwestol wedi llwyddo erioed yng Nghymru i'r un graddau ag yn Lloegr, ac anfynych iawn y clywir sôn am y *Lord's Day Observance Society* a mudiadau cyffelyb. Nid ydym fel Cymry yn hoffi nifer o fân gymdeithasau i drefnu ar gyfer y gwahanol faterion hyn.

Hefyd fe welir gwahaniaeth mawr yn yr ysgol Sul yn y ddwy wlad. Rhywbeth i blant yw'r ysgol Sul gyda'r Saeson, ac i raddau helaeth iawn i blant y tlodion yn unig. Ni wyddant ddim am holi'r ysgol, nac am adrodd a holi'r pwnc, nac am y dadlau brwd yn y dosbarth ac ar ddiwedd yr ysgol sydd, neu a oedd, mor nodweddiadol o'r ysgol Sul yng Nghymru. Wedyn syniad y Sais am ddosbarth beiblaidd yw gweinidog yn rhoi anerchiad o'r pulpud. Nid oes neb yn gofyn cwestiwn ac nid oes dim dadlau. Ac yn lle treulio wythnosau ar un adnod fe gymerir paragraff ar y tro.

Dyna fraslun o'r sefyllfa heddiw. Beth am y gorffennol? Fe welir bod gwahaniaeth mawr bob amser rhwng y ddwy wlad. Nid yw Lloegr yn wlad y diwygiadau crefyddol fel yr oedd Cymru. Aeth diwygiadau 1904–5 a 1859 heibio bron heb gyffwrdd â hi, heb sôn am y nifer o ddiwygiadau bychain a fu yn ystod hanner cyntaf y bedwaredd ganrif ar bymtheg. Ond i fynd yn ôl i'r ddeunawfed ganrif, ai damwain yw'r ffaith mai George Whitefield oedd y ffefryn yng Nghymru ac nid John Wesley— Whitefield yr areithydd dihafal â'r ddiwinyddiaeth Galfinaidd? Beth sydd i gyfrif am y pethau hyn? Pa le sydd i waed ac i genedlaetholdeb mewn perthynas â chrefydd? A yw'r dyn naturiol yn penderfynu neu yn dylanwadu ar gred ac ar safbwynt y dyn newydd yng Nghrist Iesu? Ac os felly, i ba raddau? Dyna'r cwestiynau sydd yn codi . . .

II

Ceisiaf ddelio yn unig â rhai o egwyddorion sylfaenol y pwnc.

Cymru a Lloegr sydd bennaf yn ein meddyliau ni, ond fe welir yr un broblem yn y ffaith fod yna duedd i'r gwledydd yn Ne Ewrop lynu wrth y grefydd Gatholig, tra mae'r gwledydd gogleddol bron yn ddieithriad yn Brotestannaidd. Hefyd fe honna rhai mai'r hyn sydd yn cyfrif am ddiwinyddiaeth John Calfin yw'r ffaith ei fod yn Ffrancwr a oedd yn byw yn y Swistir. Gwelant yn eu gyfundrefn ddiwinyddol olion o hoffter y Ffrancwr o resymeg, ynghyd â dylanwad bywyd oer a chaled tref Genefa. Tueddant hefyd i esbonio'r Galfiniaeth sydd wedi nodweddi bywyd crefyddol yr Alban oddi ar ddyddiau John Knox yn yr un modd. A yw'r gosodiadau hyn yn gywir?

Y peth cyntaf sydd gennym i'w wneud yw darganfod beth yw dysgeidiaeth y Beibl ar y mater. Pa oleuni sydd yno ar y pwnc? Beth am yr Hen Destament? Fe'n trewir yno ar unwaith gan y ffaith fod y genedl Iddewig yn sefyll allan ar wahân i bawb arall. Hi yn unig sydd yn addoli'r 'unig wir a bywiol Dduw'—y Duw byw, tra mae'r cenhedloedd eraill yn parhau o dan orthrwm aml-dduwiaeth. Beth sydd i gyfrif am hyn? Ai canlyniad rhinweddau arbennig a oedd yn perthyn i'r Iddewon yw hyn? Ai eu hoffter o'r gwirionedd sydd yn eu gyrru i chwilio am Dduw? A oes yma enghraifft berffaith o nodweddion cenedlaethol yn penderfynu natur crefydd? Dyna a ddywed llawer sydd yn ymddiddori yn yr hyn a elwir yn *Seicoleg Crefydd* ac yn natblygiad crefydd. Ond y mae hyn yn hollol groes i ddysgeidiaeth yr Hen Destament ei hunan. Yr hyn a bwysleisir yno yw'r hyn a wna Duw. Yr egwyddor fawr yw datguddiad. Duw sydd yn creu'r genedl i'w bwrpas ei hun, efe sydd yn ei harwain i'r gwirionedd, ac yn ei thrwytho yn y gwirionedd. Ac y mae Duw yn gwneud hyn, nid oherwydd ei rhinweddau, ond yn hytrach er ei holl ffaeleddau a'i phechod a'i gwendid. Nid gogoniant yr Iddew a saif allan yn yr Hen Destament ond gogoniant Duw.

Ond beth am ddysgeidiaeth y Testament Newydd? Yr adnod a ddaw i'r meddwl ar unwaith pan gyfyd cwestiwn crefydd a chenedlaetholdeb yw Colosiaid 3:11—'lle nid oes na Groegwr nac Iddew, enwaediad na dienwaediad, Barbariad na Scythiad, caeth na rhydd: ond Crist sydd bob peth, ac ym mhob peth.' A yw'r apostol Paul yn dibrisio'r holl ffiniau rhwng y cenhedloedd hyn, ac yn difodi'r holl nodweddion cenedlaethol a berthyn i wahanol adrannau'r teulu dynol? Fel y ceisiaf ddangos maes o law, y mae yna adnodau eraill yn yr epistolau yn ein gwahardd rhag tynnu'r fath gasgliad. Dweud y mae'r apostol nad yw'r pethau sydd yn ein gwahaniaethu fel cenhedloedd yn cyfrif o gwbl o safbwynt ein hiachawdwriaeth dragwyddol. Yr oedd yr Iddew yn credu mai'r ffaith ei fod yn Iddew, yn ddisgynnydd o Abraham, a oedd yn penderfynu cwestiwn ei iachawdwriaeth. Ac am hynny yr oedd yn dirmygu'r cenedl-ddyn. 'Na!' meddai Paul beunydd, 'mae pawb yn un gerbron Duw, pawb yn golledig a than farn; a thrwy ffydd yng Nghrist yn unig yr achubir pawb.' O safbwynt ein perthynas â Duw nid yw cenedlaetholdeb na nodweddion cenedlaethol, na safle, na chyfoeth, na galluoedd nac un peth arall yn cyfrif o gwbl. Mae pob gwahaniaeth yn diflannu yn y fan yma a phob 'canolfur y gwahaniaeth' yn cael ei ddatod. Fe'n bernir fel eneidiau ac nid fel deiliad o wahanol wledydd. Nid oedd yr Iddew hyd yn oed, mewn safle mwy manteisiol na neb arall yn ôl dysgeidiaeth yr apostol.

'Ond tybed,' medd rhywun, 'nad ydych yn mynd yn rhy bell? Beth am ddysgeidiaeth Paul o'r nawfed dros yr unfed bennod ar ddeg yn yr Epistol at y Rhufeiniaid? Onid yw'r apostol yma yn dysgu yn un peth fod i'r Iddewon le arbennig iawn yn nhrefn Duw?' Yr ateb i'r gosodiad hwn yw mai bwriad yr apostol yn y penodau hyn yw, nid clodfori'r Iddewon fel Iddewon na dadlau dros eu hawlfreintiau fel pobl, ond yn hytrach gysoni'r hyn y mae wedi'i ysgrifennu eisoes am gyfiawnhad trwy ffydd yng Nghrist yn unig, a hynny i bawb, ag addewidion Duw yn yr Hen Destament. Oherwydd fe ymddangosai i rai fel pe byddai'r efengyl yn diddymu'r hen gyfamodau. Dyna'r broblem, ac am y rheswm hwnnw, ac ar y tir hwnnw'n unig, y mae'r Iddewon fel cenedl yn cael eu henwi.

Ond edrychwn ar honiad arall, sef fod Paul yn Rhufeiniaid 9:2-3 yn dangos fod rhaniadau cenedlaethol yn cyfrif o hyd yn ei feddwl ac yn ei galon. Yno dywed fod iddo 'dristyd mawr, a gofid di-baid' i'w galon. 'Canys mi a ddymunwn fy mod fy hun yn anathema oddi wrth Grist dros fy mrodyr, sef fy nghenedl yn ôl y cnawd'. Sut mae esbonio'r geiriau llosg a thwymgalon hyn? Onid gwlatgarwr pybyr sydd yn siarad ac yn rhoi mynegiant i genedlaetholdeb bur? Y ffordd i wynebu'r cwestiwn hwn eto yw i ni gadw'n llygaid ar y cysylltiadau a hefyd weithredu'r egwyddor bwysig mewn esboniadaeth, sef fod yn rhaid inni esbonio yn y fath fodd ag i fod yn gyson â dysgeidiaeth yr Ysgrythur ym mhobman arall. O wneud hyn, a chofio bod y ffaith ei fod 'o genedl Israel, o lwyth Benjamin, yn Hebrewr o'r Hebreaid,' ymhlith y pethau y mae Paul yn eu hystyried yn golled er mwyn Crist, fe welwn mai'r hyn sydd yn esbonio teimladau'r apostol tuag at wrthodiad ei gyd-wladwyr o'r efengyl yw hyn: Mae eu sefyllfa hwy yn fwy torcalonnus, nid am eu bod yn Iddewon fel y cyfryw, ond oherwydd y breintiau a gawsant. Yr oeddynt hwy eisoes yn credu mewn un Duw, tra'r oedd y cenhedloedd yn addoli duwiau gau. Nid yn unig hynny, ond iddynt hwy y rhoes Duw y datguddiadau a'r Ysgrythur. Mwy na hynny, yr oeddent hwy'n disgwyl y Meseia ac yn edrych amdano. Ac eto, er iddo ddod allan ohonynt ac ymddangos yn eu plith, gwrthodent ef. O bob cenedl, yr oeddent ar drothwy'r deyrnas, ond eto'n gwrthod dod i mewn, tra'r oedd y cenhedloedd eraill yn tyrru at y Gwaredwr. Nid yr Iddew ym Mhaul sydd yn siarad, ond y Cristion. Nid wyf am ddiystyru teimladau naturiol Paul fel Iddew yn gyfan gwbl; dweud yr ydwyf eu bod yn hollol israddol ac yn gwbl ddarostyngedig i'w sêl a'i deimladau fel Cristion.

Gwelwn yn eglur, felly, nad oes a fynno gwahaniaethau mewn nodweddion cenedlaethol o gwbl â'r pwnc mawr canolog—ein hiachawdwriaeth. Gwelwn, hefyd, fod gosod mwy o bwys ac o arbenigrwydd ar y pethau hyn, nag ar y ffaith fod pob dyn, o bob llwyth ac o bob iaith, yn enaid colledig gerbron Duw, ac felly heb hawl i unrhyw ymffrost, yn hollol groes i ddysgeidiaeth yr Iddew mawr yma a ddaeth yn apostol y Cenhedloedd.

Ond o bwysleisio'r gwirionedd mawr hollbwysig hwn, rhaid inni ochel rhag tynnu'r casgliad nad oes a fynno nodweddion cenedlaethol â chrefydd o gwbl. Oherwydd y mae yna ddarnau eraill yn nysgeidiaeth yr apostol sydd yn ein gwahardd rhag gwneud hynny. Yn wir, does gennym ond cymharu'r gwahanol epistolau a ysgrifennwyd ganddo i weld ar unwaith fod y gwahaniaethau naturiol hyn yn chwarae rhan go bwysig yn y bywyd crefyddol. Nid yw ei arddull yr un fath bob amser. Y mae'n amrywio yn ôl anghenion yr eglwysi y mae'n ysgrifennu atynt. Mae'n amlwg i bawb sydd wedi darllen yr epistolau, fod y Galatiaid yn hollol wahanol i'r Corinthiaid, a'r rheini yn wahanol iawn i'r Rhufeiniaid, ac yn y blaen . . .

Ond mwy na hyn, y mae'n amlwg fod yr anawsterau a'r problemau oedd yn blino dynion unigol a'r eglwysi yn codi i raddau helaeth o'u tymheredd ac o'u nodweddion cenedlaethol. Problemau dyn sydd yn dueddol i lwfrdra ac i fod yn wan-galon ac i golli gobaith yw eiddo Timotheus bob amser. Peryglon pobl dwymgalon yw peryglon y Galatiaid. Ac y mae'r apostol yn gorfod cymhwyso'r gwirionedd i gyfarfod â'r amrywiaeth hwn. Ond rhaid inni beidio â chyfyngu hyn i waith yr apostol fel athro a hyfforddwr eglwysi, oherwydd yr oedd yr un peth yn wir am ei waith fel efengylwr. Dywed wrth y Corinthiaid, 'Ac mi a ymwneuthum i'r Iddewon megis yn Iddew, fel yr enillwn yr Iddewon; i'r rhai dan y ddeddf, megis dan y ddeddf, fel yr enillwn y rhai sydd dan y ddeddf; i'r rhai di-ddeddf, megis di-ddeddf . . . fel yr enillwn y rhai di-ddeddf'. Ymhellach dywed, 'mi a ymwneuthum yn bob peth i bawb, fel y gallwn yn hollol gadw rhai.'

Sut y mae cysoni'r pethau hyn â'r gosodiad mawr cyntaf? Awgrymaf yr egwyddorion a ganlyn:

Y mae'r gwirionedd yn un ac yn ddiwahân i bawb. Duw yng Nghrist drwy'r Ysbryd Glân sydd yn achub. Nid oes dim arall yn cyfrif yn y fan hon. Gan fod yna rhaid i bawb gael eu haileni, ffolineb yw sôn am nodweddion cenedlaethol.

Ond nid yw'r iachawdwriaeth na'r ailenedigaeth yn dileu nodweddion naturiol a chenedlaethol. Y dyn neu'r enaid sydd yn cael ei aileni ac nid ei nodweddion, na'i alluoedd na'i dymheredd. Nid cynhyrchu nifer o bobl yn hollol ac yn gywir yr un fath â'i gilydd megis stampiau y mae'r efengyl. Mae'r bersonoliaeth fel y cyfryw yn aros yr un. Gwelir hyn yn eglur iawn ym mywyd Paul. Yr un oedd y sêl a'r brwdfrydedd a'i gyrrai i erlid ac i ladd Cristnogion cyn ei dröedigaeth, â'r hyn a'i nodweddai fel pregethwr yr efengyl ac apostol Iesu Grist wedi hynny. Mae nodweddion cynhenid personoliaeth dyn yn aros yr un—y peth sydd yn cyfnewid yw'r meistr sydd yn eu rheoli a'r cyfeiriad a roddir iddynt. Y dyn ei hun sydd yn feistr yn y bywyd naturiol; Crist sydd yn Feistr yn y Cristion, ac arno.

Gan fod y nodweddion hyn yn aros, y mae'n dilyn fod ein hamgyffrediad ni o'r gwirionedd yn debyg o amrywio. Gallwn ddisgwyl hefyd weld gwahaniaeth yn yr *adwaith* i'r gwirionedd. Byddwn yn gwahaniaethu yn y ffordd yr apelia'r un gwirionedd mawr atom. Drwy'r meddwl yn bennaf i un; drwy'r galon yn bennaf i'r llall; a thrwy'r ewyllys yn bennaf i arall. Y mae'r efengyl yn ymwneud â'r meddwl, y galon, a'r ewyllys ym mhob Cristion: yn y pwyslais a roddir ar y gwahanol agweddau y mae'r gwahaniaeth. Gwelir llawer o amrywiaeth yn amgyffrediad dynion o'r gwirionedd, ond nid oes neb yn cael ei achub gan ei amgyffrediad o'r gwirionedd ond gan Dduw.

Felly gwelwn fod nodweddion cenedlaethol yn dylanwadu ar fywyd crefyddol dynion. Hefyd y mae'n bwysig inni gofio hyn am o leiaf dri o resymau: Yn gyntaf, wrth gyflwyno'r efengyl i ddynion er eu hachub. Yn ail, i'n dysgu bod peryglon arbennig yn ein hwynebu ni ar sail ein nodweddion arbennig. Cwyd gwendid dyn yn aml o'i gryfder. Yn drydydd, y mae cofio'r pethau hyn yn holl-bwysig mewn perthynas â phob mudiad am aduniad crefyddol rhwng sectau neu wledydd. Tybed hefyd nad yw hyn yn dangos yr alwad arbennig sydd yn dod inni, a'r cyfraniad arbennig a ddisgwylir oddi wrthym, mewn dyddiau fel hyn pan yw'r byd yn wallgof a dynion yn eu ffolineb yn edrych i bobman ond at y Duw byw am iachawdwriaeth.

III

Gwelsom . . . fod nodweddion cenedlaethol yn debyg o ddylanwadu ar ein hamgyffrediad ni o'r gwirionedd, er nad oedd iddynt le o gwbl ym mater ein hiachawdwriaeth. Gwelsom hefyd ei bod yn bwysig inni gofio hyn am o leiaf dri o resymau, sef wrth gyflwyno'r efengyl i ddynion er eu hachub, i'n dysgu bod yna beryglon arbennig yn ein hwynebu ar sail ein nodweddion arbennig, a hefyd mewn perthynas â chwestiwn aduniad crefyddol rhwng sectau.

Ceisiwn wneud defnydd o'r egwyddorion hyn . . . er mwyn

dod o hyd i esboniad o'r gwahaniaeth mawr rhwng bywyd crefyddol y Cymro a'r Sais y buom yn sylwi arno yn y rhan gyntaf. Gobeithio hefyd y byddwn, ar yr un pryd, yn tynnu casgliadau, ac yn dysgu gwersi a fydd yn gymorth inni wrth wynebu cyflwr crefyddol Cymru heddiw.

Y broblem sy'n ein hwynebu felly yw penderfynu beth yw nodweddion cenedlaethol arbennig y Cymro a'r Sais. Ac er mwyn gwneud hyn, rhaid yw inni amcanu at ddadansoddiad yn nhermau seicoleg o natur y Cymro a'r Sais. Gwnawn hyn, nid er mwyn dangos rhagoriaethau'r naill na'r llall, ond er mwyn pwysleisio'r gwahaniaeth hanfodol sydd rhyngddynt. Byddwn, wrth gwrs, yn siarad yn gyffredinol gan na chaniatâ amser inni fod mor drwyadl ag y carem.

Hwyrach mai'r peth gorau yw inni gychwyn gyda'r syniad sydd yn bur gyffredin, ac yn enwedig ymhlith y Saeson, mai'r gwahaniaeth mawr rhwng y Cymro a'r Sais yw bod y Cymro yn cael ei reoli gan ei deimladau a'i serchiadau ac felly'n an-sefydlog, gwamal, a chyfnewidiol, a'r Sais, am ei fod yn cael ei reoli gan ei reswm a'i feddwl, yn sefydlog, ac yn gadarn, ac yn haeddu ein hymddiriedaeth. Beth am y dyfarniad hwn? Yn un peth, y mae'n hollol anghywir. I weld hynny, does gennym ond cymharu pregethu'r ddwy wlad. Fel y gwelsom, y mae'r bregeth Gymraeg yn gryfach ac yn ddyfnach, yn fwy diwinyddol ac iddi fwy o rychwant na'r bregeth Saesneg. Ond y mae hyn yn fwy gwir eto am emynau'r ddwy wlad. O'u cymharu â'r emynau Cymraeg, y mae'r emynau Saesneg yn llai athrawiaethol a gwrthrychol, ac yn troi ac yn aros ym myd profiad a theimlad. Nid oes iddynt yr un mawredd ac urddas, a methant â chyfleu'r un syniad o'r tragwyddol a'r anfeidrol ag a wna'r emynau Cymraeg. Mae eu rhychwant yn llai ac nid oes iddynt yr un corff cadarn . . .

Y mae ffeithiau felly'n profi'n eglur fod y syniad cyffredin yn hollol anghywir. Ond y peth sy'n ein diddori yw ceisio darganfod o ble y tarddodd y syniad hwn a phaham y mae mor gyfeiliornus. Yr hyn a roes fod iddo yw'r ffaith fod y Cymro yn ymddangos yn fwy teimladwy ac yn barotach i ddangos, ac yn fwy tebyg o ddangos, ei deimladau na'r Sais. Ar y ffaith hon yn unig y seilir y farn gyffredin, a'm cyhuddiad pennaf yn ei herbyn, felly, yw ei bod yn hollol arwynebol. Ei methiant mwyaf yw peidio â gweld mai'r gwahaniaeth hanfodol rhwng y Sais a'r Cymro yw bod y naill yn gymeriad hollol syml a'r llall yn gymeriad cymhleth ac iddo nifer o haenau. Ond gadewch inni edrych arnynt yn fwy manwl.

Y peth trawiadol yng nghymeriad y Sais yw bod popeth sydd ynddo yn agos iawn i'r wyneb. Nid oes dyfnder na dyfnder-oedd yn ei gymeriad. Anodd iawn yw penderfynu pa un ai'r ewyllys ai'r teimladau ai'r meddwl sydd nesaf i'r wyneb. Mwy na hyn y mae'r gwahanol adrannau wedi eu cyplysu â'i gilydd ac wedi eu gwau yn ei gilydd yn glos. Y canlyniad yw bod yna unoliaeth yn ei gymeriad a bod patrwm ei fywyd yn un syml. Pan symudir ef o gwbl fe symudir y dyn i gyd, a phan weithreda unrhyw ran ohono, fe weithreda'r cwbl. Byddaf bob amser, wrth feddwl am gymeriad y Sais, yn cael fy atgoffa am yr hyn sydd yn wir am y calonnau sydd yn ein cyrff. Mae yna ddeddf neu reol mewn perthynas â churiad neu weithrediad y galon a elwir yn '*all or none law*', hynny yw, os bydd unrhyw ran o'r cyhyr yn gweithredu, mae'r cwbl yn gweithredu. Nid yw'r galon byth yn gweithredu'n rhannol. Felly hefyd y mae'r Sais yn ei fywyd.

Pe bawn yn cael fy ngorfodi i ddweud bod un rhan ohono yn nes i'r wyneb na rhyw ran arall, byddwn yn enwi'r ewyllys. Parod iawn yw'r Sais i weithredu, a hoff ganddo feddwl am-dano'i hun fel dyn ymarferol. Am ei deimladau, y gwahaniaeth rhyngddo a'r Cymro yw'r gwahaniaeth rhwng emosiwn a sentiment. Nid oes dyfnder i deimladau'r Sais; ni ŵyr beth yw cael ei gorddi gan deimladau ac nid yn aml y meistrolir ef ganddynt. Am ei feddwl, y peth sy'n ei nodweddi yw ei fod yn drwgdybio rhesymeg a dadleuon a systemau. Honna ei fod yn cael ei reoli gan ei reswm, ac eto, cas ganddo ddiffiniadau a ffiniau clir ac eglur. Nid yw yn hoffi cyfundrefnau, a gwell ganddo ddarganfod gwirionedd ym mhob cylch drwy wneud nifer o arbrofion. *Empiricist* rhonc ydyw sy'n symud yn ofalus heb wybod yn gywir i ba gyfeiriad, ond eto'n hollol hapus yn ei feddwl ei hun y bydd iddo weithredu'n iawn ym mhob argyfwng. Cred yn ei reddf i ddarganfod, ac i wneud yr hyn sy'n iawn, ac er iddo gyfaddef ei fod yn aflêr, ymffrostia yn y ffaith ei fod yn cyrraedd ei nod yn y diwedd.

Y pethau hyn sy'n esbonio'r ffaith fod diwinyddiaeth gyda'r

Sais yn israddol i athroniaeth ac mai lliw Arminiaeth sydd ar y ddiwinyddiaeth sydd ganddo. Ar sail y pethau hyn hefyd hawdd yw deall paham y mae'r Sais yn hoffi mudiadau, a beunydd yn barod i gychwyn rhywbeth newydd. Perygl y Sais yn grefyddol felly yw dilyn crefydd fach arwynebol heb iddi gynnwys fawr athrawiaeth o gwbl; crefydd sy'n pwysleisio ewyllys da a gwneuthur daioni; crefydd sy'n dysgu brawdgarwch ac yn ceisio cynhyrchu dynoliaeth dda. Mewn gair, perygl parhaus y Sais yw cytuno â Matthew Arnold i ddiffinio crefydd fel *'morality touched by emotion'*. Ac os yn uniongred, ei berygl yw methu cadw cydbwysedd rhwng y gwahanol agweddau i'r gwirionedd, a'r gwahanol athrawiaethau, a rhedeg i ormodedd yma ac acw.

Ond beth am y Cymro? Mae'n hollol wahanol. Nid cymeriad wedi ei wau yn glos, ac ar batrwm syml sydd yma. Nid yw'r gwahanol adrannau i gyd nac ar yr wyneb nac yn agos iawn i'r wyneb. Fe welir yn hytrach nifer o wahanol haenau sydd heb fod mewn cysylltiad organig â'i gilydd. Mae pob haen yn sefyll allan yn glir ac yn eglur, ac i raddau helaeth iawn yn hollol annibynnol ar y lleill. O ganlyniad, nid yw'r *'all or none law'* yn gweithredu yma, ac y mae'n bosibl i un haen fod yn effro tra bo'r llall yn cysgu. Nid oes yr un unoliaeth yn ei fywyd ag sydd ym mywyd y Sais. Yr haen sydd nesaf i'r wyneb ac yn fwyaf amlwg yw'r teimladau. Er mwyn arbed amser, gosodwn y dychymyg hefyd yn y fan yma. Y mae'n hawdd cyffwrdd â theimladau'r Cymro a dihuno'i ddychymyg. Y mae'n barod i gael ei symud gan huodledd ymadrodd, neu gan ganu a cherddoriaeth, neu gan brydferthwch. Mae ei adwaith i'r pethau hyn yn gyflym ac yn ei fynegi ei hunan yn allanol ac yn amlwg i bawb.

Cred llawer mai dyna'r gwirionedd i gyd am y Cymro. Y rheswm am hynny yw eu bod yn meddwl bod ei gymeriad wedi ei wau ar yr un patrwm syml ag eiddo'r Sais. Yn y peth yma mae cymeriad y Cymro yn wir dwyllodrus. Oherwydd haen gymharol denau ar yr wyneb yw teimladau'r Cymro ac oddi tani mae'r haen drwchus, gadarn—y bwysicaf a'r cryfaf yng nghymeriad y Cymro—sef y meddwl. Yr hyn sydd yn nodweddi'r meddwl yw ei hoffter o resymeg ac o ddiffiniadau. Rhaid yw iddo gael popeth yn glir ac yn eglur ac yn drefnus.

Dilyna'r ddadl i'r pen a mynn gael cysondeb. Nid ymgyrraedd at y gwirionedd trwy arbrofion a wna'r Cymro ond ceisio profi a dangos beth yw'r gwirionedd. Os yw'n anturiaethus yn ei ddychymyg, nid yw felly yn ei feddwl. Gwell ganddo awdurdod a chyfundrefnau sydd yn gosod y gwirionedd allan yn eglur ym mhob pwynt ac yn cysoni'r cwbl â'i gilydd. Saif diwinyddiaeth felly o flaen athroniaeth gyda'r Cymro ym myd crefydd, a bydd ei ddiwinyddiaeth yn dilyn naill ai system John Calfin neu eiddo'r eglwys Gatholig. Nid yw *via media* aneglur Eglwys Loegr nac Arminiaeth yn ddigon cyfundrefnol i'r Cymro, ac ni fedr ddeall pobl sy'n ffurfio mudiadau yn unig er mwyn pwysleisio un athrawiaeth arbennig. Mae cyfanrwydd yn hollbwysig iddo, a'r elfen hon mewn Calfiniaeth a Chatholigiaeth sy'n apelio ato.

I lawr yn y gwaelod y mae'r ewyllys, ac nid hawdd yw ei chyrraedd. Gwell gan y Cymro feddwl a dychmygu a dadlau na gwneud. Cwyd hyn o'r ffaith ei fod yn naturiol ddiog a hefyd yn casáu cyfnewidiad. Mae'n geidwadol iawn ei ysbryd ac yn hoffi'r traddodiadol. Fe welir hyn yn eglur iawn ym myd gwleidyddiaeth. Ni cheir fyth yng Nghymru yr hyn a elwir yn *landslides* mewn etholiadau cyffredinol fel a geir yn Lloegr. Y mae bywyd politicaidd Cymru fel pob rhan arall o'i bywyd yn fwy sefydlog o lawer na bywyd y Saeson. Yn y byd crefyddol fe welir hyn yn y ffaith ein bod yn hwyrfrydig i fabwysiadu dulliau newydd ac i gychwyn mudiadau. Anodd iawn yw cyrraedd ewyllys y Cymro ac ni chaiff yr efengylwyr sy'n gosod prawf ar y cyfarfod ar ddiwedd y bregeth ac yn hoffi rhifo nifer y dychweledigion fyth yr un llwyddiant yng Nghymru ag a gânt yn Lloegr. Rhaid cael rhywbeth anghyffredin i symud ewyllys y Cymro.

At y cwbl gellir dweud am y Cymro ei fod yn perthyn i'r hyn a eilw'r seicolegwyr yn '*twice-born type*'. Y mae ynddo elfen gref o'r prudd a'r athrist a gwna'r ofnadwy apêl fawr ato. Ni wyr neb yn well am yr hyn a olyga Miguel de Unamuno pan sonia am '*the tragic sense of life*'.

Yn wyneb y pethau hyn, hawdd yw gweld beth yw peryglon y Cymro yn grefyddol. Yn un peth, tuedda i hoffi pregethu a siarad fel y cyfryw ac i ymfodloni ar fwynhau'r ffordd y cyflwynir y gwirionedd ar draul y gwirionedd ei hunan. Perygl arall iddo yw bod yn *doctrinaire* ac ymddiddori yn y gwirionedd yn hollol ddamcaniaethol. Allan o hyn cwyd perygl mwya'r ysgol Sul, sef ymhyfrydu mewn dadlau a diwinydda a throi o amgylch y gwirionedd heb ddod ato'n iawn a heb ei wynebu'n onest ym myd yr ewyllys. Ac am fod y teimladau mor agos i'r wyneb, ein perygl yw ein perswadio ein hunain ein bod mewn gwirionedd yr hyn y carem fod, ac anghofio mai ofer yw inni golli dagrau a chael hwyl fawr a chael ein symud gan huodledd y bregeth os na symudir ni i edifeirwch ac i gasáu pechod a'i adael, ac i ymgysegru'n hollol i'r Arglwydd Iesu Grist. Os mai tuedd y Sais yw cymysgu rhwng moesoldeb a chrefydd, perygl y Cymro yw bod yn grefyddol heb fod yn Gristnogol.

Credaf, felly, mai angen pennaf Cymru yw pregethu mawr diwinyddol ac athrawiaethol fydd yn pwysleisio penarglwyddiaeth Duw, hagrwch pechod, ansicrwydd bywyd, y farn a thragwyddoldeb, gogoniant Person yr Arglwydd Iesu Grist, a diogonolrwydd ei waith achubol trosom ar y groes, yr atgyfodiad a'r gobaith gwynfydedig.

Dyna'r unig wirionedd a all gynhyrchu pregethu mawr ac a rydd sail i huodledd ysgubol. Ni wna dim llai y tro chwaith i feddwl clir a threfnus y Cymro na mynegiant clir fel yna o'r *drefn* i faddau pechod.

Y gwirionedd mawr yna'n unig hefyd a'i harswyda ac a'i dychryna i 'ffoi rhag y llid a fydd' ac i chwilio am ymgeledd yn y Gwaredwr bendigedig, ac i fyw y bywyd sanctaidd. I gyrraedd ewyllys y Cymro, ni wna dim y tro ond nerth a gallu Duw, fel y mae yn efengyl Crist. Ond y mae'r efengyl hon ar yr un pryd yn ddigon mawr i ateb holl ofyniadau meddwl a rhesymeg, i ddiwallu'r syched am gyfanrwydd ym myd y deall, a hefyd i'n symud i eigion ein bodolaeth. Ni wna dim llai y tro i'r Cymro, ac os yw am fynegi pob rhan o'i bersonoliaeth, a gweithredu ym mhob agwedd o'i gymeriad, rhaid yw iddo gredu a derbyn efengyl dragwyddol Mab Duw.

John Calfin

Sgwrs radio a gyhoeddwyd yn
Crefydd Heddiw ac Yfory (Llandybie, 1947)

Does dim sy'n fwy arwyddocaol o'r cyfnewidiad mawr ddigwyddodd ym myd diwinyddiaeth yn ystod yr ugain mlynedd diwethaf na'r lle a'r sylw mawr a roir heddiw i'r gŵr mawr o Genefa sydd yn wrthrych y bennod hon.

Hyd tuag ugain mlynedd yn ôl doedd fawr o sôn amdano, a phan sonnid amdano fe wneid hynny er mwyn ei ddirmygu a thaflu sarhad arno. Edrychid arno fel person meistrolgar, caled a chreulon, a dywedid amdano mai ef oedd awdur y system ddiwinyddol fwyaf haearnaidd a gormesol a welwyd erioed. Prif effeithiau ei waith ym myd crefydd yn ôl y dyb hon oedd gosod a chadw pobl mewn cyflwr o gaethiwed ysbrydol, ac mewn byd ehangach, agor y ffordd i gyfalafiaeth. Fe gredid felly fod ei ddylanwad yn hollol ddrwg ac nad oedd o unrhyw ddiddordeb yn y byd ond fel enghraifft, os nad anghenfil, yn yr amgueddfa ddiwinyddol a chrefyddol.

Ond nid dyna'r sefyllfa heddiw. Yn hytrach, y mae mwy o sôn amdano nag sydd wedi bod ers canrif bron, ac mae Calfin a Chalfiniaeth yn ganolbwynt i lawer dadl a thrafodaeth ddiwinyddol. Hwyrach mai'r deffroad a'r diwygiad diwinyddol a gysylltir ag enw Karl Barth sydd i gyfrif am hyn yn bennaf, ac edrych ar bethau yn allanol. Ond y mae'n rhaid esbonio Barth a'i safbwynt hefyd. Beth a'i gyrrodd yn ôl at Calfin? Ei ateb ef ei hun yw na chawsai esboniad boddhaol ar fywyd, ac yn enwedig ar broblemau'r ugeinfed ganrif yn unman arall, nac angor i'w enaid a'i ffydd yn rhyferthwy'r storm. Beth bynnag yw'r esboniad, y ffaith yw bod cymdeithasau Calfinaidd yn cael eu ffurfio yn y wlad hon, yn yr Unol Daleithiau a Chanada, Awstralia a Seland Newydd a De Affrica, heb sôn am yr hyn a oedd yn wir am wledydd yn Ewrop cyn y rhyfel. Fe gynhaliwyd Cynhadledd Galfinaidd Ryngwladol yng Nghaeredin yn 1938 a chynhaliwyd dwy gynhadledd gyffelyb yn America yn ystod y rhyfel [Ail Ryfel Byd]. At hyn cyhoeddir cylchgronau yn gyson i drafod pynciau a phroblemau o safbwynt dysgeidiaeth Calfin. Ac eleni [1944] y gwerslyfr a astudir yn New College, Caeredin, yn y dosbarthiadau diwinyddol, yw *Institutiones* y Ffydd Gristnogol gan John Calfin. Byddai'n dda gennyf pe medrwn ychwanegu bod yna fudiad cyffelyb yng Nghymru.

Y mae'r amser yn addas, felly, i ni fwrw golwg eto ar y dyn hwn sydd wedi dylanwadu i'r fath raddau ar fywyd y byd.

Beth am y dyn ei hun? Fe'i ganwyd yn Noyon yn Picardie yn 1509. Ni wyddom fawr am ei dad a'i fam, ond bod ei fam yn nodedig am ei duwioldeb. Dangosodd Calfin o'r cychwyn fod iddo alluoedd meddyliol y tu hwnt i'r cyffredin. Pabyddion oedd ei rieni, wrth gwrs, a'u bwriad naturiol oedd paratoi eu bachgen talentog ar gyfer gyrfa ddisglair yn yr Eglwys. Maes ei astudiaeth felly oedd athroniaeth, diwinyddiaeth, y gyfraith a llenyddiaeth. Er ei fod yn rhagori ymhob maes, ei hoff fyd oedd llenyddiaeth, ac fe'i gwelwn yn ddwy ar hugain oed ym Mharis fel myfyriwr dyneiddiol a'i brif uchelgais mewn bywyd oedd ennill clod iddo'i hun fel llenor. Yr oedd yn ddisgybl mor eithriadol fel y byddai'n aml yn darlithio i'w gyd-efrydwyr yn lle'r athrawon, ac yr oedd ei fuchedd a'i ymarweddiad yn y dyddiau hynny yn nodedig am ei sobrwydd. Yn wir, yr oedd mor hoff o bwysleisio'r nodyn moesegol fel yr enillodd iddo'i hun y llysenw *The Accusative Case*. Ond fel Luther o'i flaen, a John Wesley a llaweroedd eraill ar ei ôl, nid oedd moesoldeb yn ddigon i ddiwallu syched ei enaid. Pan oedd yn dair ar hugain oed fe gafodd y profiad o dröedigaeth efengylaidd ac fe newidiwyd cwrs ei fywyd yn gyfan gwbl. O weld y gwirionedd efengylaidd a phrofi ei rym yn ei enaid, cefnodd ar Eglwys Rufain a daeth yn Brotestant. Nid oes amser i ddilyn ei hanes, ond gwyddys iddo dreulio gweddill ei oes bron yn llwyr yn Genefa fel gweinidog yr efengyl. Llafuriodd yno o 1536 hyd ei farw yn 1564, ac eithrio'r blynyddoedd 1538 i 1541 pan y'i gyrrwyd allan gan yr awdurdodau i Strasbourg.

Dyn tenau oedd Calfin, o daldra cyffredin, a chanddo dalcen uchel a llygaid treiddgar. Bregus iawn fu ei iechyd ar hyd y blynyddoedd am ei fod yn dioddef gan y fogfa. Anodd iawn oedd ei berswadio i fwyta na chysgu. Er bod iddo ysbryd

meistrolgar, tystiolaeth y rhai a'i hadwaenai orau oedd na bu
dyn mwy gostyngedig a sanctaidd. Ei brif amcan mewn bywyd
oedd clodfori Duw, ac i hynny yr ymroes yn llwyr heb gymryd
unrhyw drugaredd ar ei gorff a'i holl adnoddau. Hoffai feddwl
amdano ei hun fel llenor Cristnogol a phe dilynai ei duedd ei
hun byddai wedi cyfyngu ei waith i hyn. Ond bu cyfaill yn ei
fygythio â barn Duw os na byddai iddo bregethu, a'r canlyniad
oedd, yn ôl yr awdurdod pennaf ar ei fywyd, ei fod wedi
pregethu bob dydd ac weithiau ddwywaith y dydd yng
Ngenefa am bum mlynedd ar hugain. Oherwydd y fogfa,
siaradai yn araf ac ni ellir ei ddisgrifio fel areithydd huawdl.
Rhaid peidio â meddwl amdano ychwaith fel pregethwr a
apeliai yn unig at y meddwl a'r deall. Torrai rhyw dynerwch
dwyfol i mewn i'r oedfaon yn fynych nes trechu'r gynulleidfa.

Ond fe gofia'r byd amdano nid yn gymaint fel pregethwr ond
fel awdur trigain namyn un o gyfrolau trwchus. Ysgrifennodd
ddeg ar hugain o esboniadau ar lyfrau'r Beibl, gan gynnwys y
Testament Newydd i gyd ac eithrio'r ail a'r trydydd o Epistolau
Ioan a llyfr y Datguddiad. At hyn ysgrifennai lythyrau yn
ddibaid ac y mae pedair mil ohonynt wedi eu cyhoeddi. Cafodd
gyfle diddiwedd hefyd mewn oes mor hoff o ddadleuon i
ddefnyddio ei allu anghymarol fel dadleuwr. Ni fu neb tebyg
iddo erioed am ddefnyddio'r cleddyf main (y *rapier*), a phan
ychwanegir at hyn ei ddawn arbennig mewn Rhesymeg, fe
welir o bosibl yr ymrysonwr mwyaf a welodd y byd erioed.

Pan gofiwn hefyd ei fod mewn ymryson neu mewn
ymgynghoriad parhaus gydag awdurdodau Genefa am gyflwr
moesol a chymdeithasol y dref, nid ydym yn synnu iddo farw
pan nad oedd ond pymtheg a deugain oed. Y dirgelwch yw sut
y llwyddodd i wneud cymaint mewn cyn lleied o amser. Ni ŵyr
neb ym mha le y mae ei fedd ond hyd ddiwedd amser fe erys ei
gofgolofn, sef ei brif gyfraniad i lenyddiaeth ddiwinyddol—
Institutiones y Ffydd Gristnogol. Ysgrifennodd hwn pan oedd
yn bump ar hugain oed ac fe'i cyhoeddodd gyntaf yn Genefa yn
1536, ond bu Calfin wrthi yn ychwanegu ato ac yn ei adargraffu
ar hyd ei fywyd.

Dyma yn ddiddadl ei gampwaith. Yn wir, fe ellir dweud nad
oes yr un llyfr wedi cael y fath ddylanwad ar ddyn ac ar hanes
gwareiddiad. Nid gormod yw dweud chwaith mai'r

Institutiones a achubodd y Diwygiad Protestannaidd. Oher-wydd dyma *Summa Theologica* Protestaniaeth a'r datganiad cliriaf a mwyaf cyflawn a gafodd y ffydd Efengylaidd erioed.

Yn yr *Institutiones* fe welwn le Calfin yn y Diwygiad Protestannaidd. Perthyn i'r ail do o'r diwygwyr y mae ef. Yr oedd Luther bron â gorffen ei waith cyn i Calfin ddechrau. Luther oedd y Seren Fore. Luther, yn llaw Duw, a ddechreuodd y mudiad. Luther yw arwr mawr y Protestaniaid; yr hyn a'i nodwedda ef yn fwyaf arbennig yw ei wreiddioldeb a'i feiddgarwch a'r elfen ddeinamig ynddo. Mynydd llosg oedd Luther yn taflu syniadau eirias allan i bob cyfeiriad heb fawr o drefn nac o system. Ond ni all syniadau fyw a pharhau heb gorff, ac angen mawr y mudiad Protestannaidd yn nyddiau olaf Luther oedd diwinydd a'r gallu ganddo i drefnu ac i fynegi'r ffydd newydd mewn system. Ac fe'i cafwyd yng Nghalfin. Fe ellir dweud, felly, mai ef a achubodd Brotestaniaeth trwy roi corff o ddiwinyddiaeth iddi yn ei *Institutiones*. Ac o'r fan hon y tarddodd ffydd a diwinyddiaeth y rhan fwyaf o'r eglwysi Protestannaidd. Dyma asgwrn cefn y deugain namyn un o Erthyglau Eglwys Loegr, a Chyffes Westminster sydd yn rheoli cred eglwysi Presbyteraidd yr Alban, yr Eglwys Bresbyteraidd yn yr Unol Daleithiau ac ymhob gwlad arall. Ar yr *Institutiones* y seiliai'r Piwritaniaid eu ffydd ac ni ellir esbonio hanes y Swistir a'r Is-Almaen ond yn y cysylltiadau hyn.

Gair yn unig am ei athrawiaeth. Prif nodwedd Calfin yw ei fod yn seilio popeth ar y Beibl. Nid cyfuniad o athroniaeth Aristotl a'r Ysgrythur sydd ganddo ef, a'r cyntaf bron mor bwysig a'r ail fel yn *Summa* Sant Thomas o Acwin. Y Beibl i Calfin yw'r unig awdurdod ac ni fynn unrhyw athroniaeth ond yr hyn sydd yn deillio o'r Ysgrythur. Yn yr *Institutiones* y ceir am y tro cyntaf ddiwinyddiaeth feiblaidd, yn hytrach na diwin-yddiaeth ddogmatig. Nid rhesymu mewn ffordd anwythol (*inductive*) a wna Calfin, fel y Pabyddion, ond tynnu casgliadau a gweithio allan mewn ffordd ddiddwythol (*deductive*) yr hyn a ddysgir yn y Beibl. Nid ychwanegiad at reswm yw datguddiad ac ni ellir rhesymu yn iawn y tu allan i ddatguddiad.

Iddo ef y gwirionedd mawr canolog a hollbwysig oedd pen-arglwyddiaeth Duw a gogoniant Duw. Rhaid dechrau yma ac o'r fan hon y tardd popeth arall. Duw o'i wirfodd ac yn ôl ei ddoethineb anfeidrol a greodd y byd, ond daeth pechod i mewn. Ac oni bai am ras Duw, ni buasai gobaith i'r byd. Creadur wedi syrthio yw dyn, a'i feddwl yn elyniaethus tuag at Dduw. Y mae'n gwbl analluog i'w achub ei hunan ac i'w gymodi ei hun â Duw. Byddai pawb yn golledig oni bai fod Duw yn ethol rhai i gadwedigaeth, a hynny yn hollol ddiamodol. Trwy farwolaeth Crist yn unig y mae'n bosibl achub y rhai hyn, ac ni fedrent hwy weld na derbyn yr iach-awdwriaeth oni bai bod Duw trwy ras anorchfygol yn yr Ysbryd Glân yn agor eu llygaid ac yn eu perswadio (nid eu gorfodi) i dderbyn y cynnig. A hyd yn oed wedi hynny, Duw sydd yn eu cynnal ac yn eu cadw rhag syrthio. Y mae eu cadwedigaeth, felly, yn sicr am ei fod yn dibynnu, nid arnynt hwy a'u gallu, ond ar ras Duw. Casgliad o'r etholedigion yw'r Eglwys. Y mae hi felly yn rhydd ac nid oes yr un brenin arni ond yr Arglwydd Iesu Grist, ac, am hynny, fe hawlia ryddid ysb-rydol perffaith a chyflawn.

Am y byd y tu allan i'r Eglwys, byddai wedi ei ddinistrio gan bechod yn fuan oni bai fod Duw trwy ras cyffredinol yn ei gadw ac yn gosod terfynau ar ganlyniadau pechod. Byd Duw yw'r byd o hyd ac y mae hyd yn oed pechod a Satan dan reolaeth Duw yn y pen draw. Cyn seiliad y byd yr oedd gan Dduw ei bwrpas anfeidrol ac fe welir y pwrpas hwn yn cael ei weithio allan yn raddol, ond yn sicr, drwy'r Hen Destament, ac yn enwedig ym mywyd Israel. Ond yn bennaf fe'i gwelir yn Iesu Grist a'r hyn a wnaeth pan oedd ar y ddaear, a'r hyn y mae'n parhau i'w wneud ar hyd y canrifoedd. Ni fedr dim atal y pwrpas, ac yng nghyflawnder yr amser fe ddaw 'teyrnasoedd y byd yn eiddo ein Harglwydd ni a'i Grist ef; ac efe a deyrnasa yn oes oesoedd.' Yn y cyfamser rhaid dysgu dynion mai byd Duw yw'r byd, mai rhodd Duw yw pob gallu sydd gan ddyn, fod dynion i gyd yn un fel pechaduriaid gerbron Duw ac nad oes gan frenin na neb arall hawl i dra-arglwyddiaethu ar ei gyd-ddyn. Y mae'n rhaid wrth drefn, y mae'n rhaid wrth ddisg-yblaeth. Y mae gan ddyn hawl i ryddid ond nid i ben-rhyddid. Dyna hanfod ei ddysgeidiaeth. Fe'i gweithiodd allan yn fanwl i gynnwys pob agwedd ar fywyd.

Yn ystod ei fywyd yn Genefa fe berswadiodd yr awdurdodau i weithredu'r syniadau hyn ac ni bu tref debyg iddi erioed. Nid yw Mark Pattison yn defnyddio gormodiaith pan ddywed, '*He was the means of concentrating in that narrow corner a moral force which saved the Reformation and indeed Europe. It may be doubted if all history can furnish another instance of such a victory of moral force.*' Nid rhyfedd fod dynion craff heddiw mewn byd fel hwn yn troi'n ôl at broffwyd Genefa. Beth ond ei ddysgeidiaeth ef a all achub ein byd? Dyma'r ddysgeidiaeth: 'Yr Arglwydd sydd yn teyrnasu; cryned y bobloedd.' 'Yr Arglwydd sydd yn teyrnasu; gorfoledded y ddaear.' 'Soli Deo Gloria.'

Crefydd Heddiw ac Yfory

Tair sgwrs radio a roddwyd yn 1943 ac a gyhoeddwyd
yn *Crefydd Heddiw ac Yfory* (Llandybie, 1947)

I

Un o'r cwestiynau cyntaf, os nad y cyntaf, y byddai ein tadau
yn ei ofyn i'w gilydd wrth gyfarfod oedd 'Sut mae'r achos
gyda chi?' Stad a chyflwr crefydd oedd y peth pwysicaf iddynt
hwy, a hynny nid am eu bod wedi ymneilltuo oddi wrth y byd,
ond am eu bod yn credu bod crefydd yn penderfynu ac yn
rheoli cyflwr cymdeithas. I'r Cristion dyna'r sefyllfa o hyd, a'r
cwestiwn pwysicaf o hyd yw 'Sut mae'r achos?' Nid wyf yn
petruso dweud mai hwn yw'r cwestiwn pwysicaf hyd yn oed
mewn dyddiau fel y rhain, oherwydd yr hyn sydd yn hynodi'r
Cristion ac yn ei wahaniaethu oddi wrth bawb arall yw ei fod
yn edrych ar bopeth o safbwynt crefydd ac yn chwilio am
esboniad i bopeth yn yr un man. Fe welwn hyn, er enghraifft,
mewn perthynas â'r rhyfel hwn. [1939-45] Y rhyfel a'r pethau
echrydus sy'n ganlyniadau iddo sy'n blino'r mwyafrif. Ond y
peth sy'n blino'r Cristion yw bod y fath beth yn bosibl o gwbl
mewn byd sydd wedi eu greu gan Dduw. Ac mewn perthynas
â'r ymgais i esbonio beth yw achos y rhyfel fe welir yr un
gwahaniaeth. Edrycha'r lliaws am resymau politicaidd,
economaidd a seicolegol, ac yn y blaen, ond i'r Cristion nid oes
ond un esboniad boddhaol, sef pechod a gwrthgiliad y
bobloedd oddi wrth Dduw a'i ffordd Ef.

A'r un fath yn gywir wrth edrych i'r dyfodol. Nid faint o
fwyd a dillad ac arian ac addysg a llawer o bethau eraill a gawn,
nid y math o dai y byddwn yn byw ynddynt sydd ar feddwl y
Cristion ac yn ei flino, er ei fod yn gwybod ac yn caniatáu bod y
pethau hyn yn gyfreithlon, ond yn hytrach pa fath ddynion a
fyddwn, a beth a wnawn â'n bywydau.

Ac nid cwestiwn academig yw hwn, ond cwestiwn hollol
ymarferol am y rhesymau a ganlyn:

Yn gyntaf, byd Duw yw hwn, ac nid byd dyn. Mae yna ddeddfau a rheolau mewn bywyd. Gwnaeth Duw ddatganiad o'i ffordd Ef o fywyd i'r Israeliaid yn y Ddeddf, ac yn bennaf trwy Iesu Grist a'r Testament Newydd. Os am gael ein bendithio a mwynhau bywyd hapus, rhaid inni ufuddhau i ddeddfau Duw. Ar y llaw arall dengys y Beibl yn hollol eglur fod 'ffordd troseddwyr yn galed'.

Yr ail reswm yw, nad rhywbeth preifat yn unig yw crefydd dyn—nid yn unig yr hyn a wna dyn â'i unigrwydd, chwedl Whitehead. Fe ddechrau yn y fan yna, ond effeithia ar holl gysylltiadau bywyd. Y rheswm crefyddol, felly, i bopeth; ac o ganlyniad, nid oes yr un cwestiwn yn bwysicach nac yn fwy perthnasol na'r hen gwestiwn sydd erbyn heddiw yn destun doniolwch a gwawd, 'Sut mae'r achos?' Ond y peth sy'n gwneud y cwestiwn yma'n daer y dyddiau hyn yw cyflwr y byd. Ar lawer cyfrif fe ellir dweud na bu cystal cyfle i bregethu'r efengyl ers canrifoedd, a hynny am y rheswm na bu'r byd erioed mewn mwy o benbleth. Ond i weld gwir arwyddocâd y sefyllfa bresennol rhaid inni edrych arni yn wyneb yr honiadau a'r haeriadau a wnaed yn ystod y ganrif a aeth heibio. Fe'n dysgwyd bod dyn yn cyflym ddatblygu i gyfeiriad perffeithrwydd trwy rym pwerau a oedd yn gynhenid ynddo ef ei hun, ac nad oedd gennym ond rhoi iddo addysg a chyfle i ddefnyddio'i alluoedd i wneud byd perffaith. Ni bu hyder y ddynoliaeth erioed yn gryfach. Nid oedd gan ddyn ddim i'w wneud ond credu ynddo'i hunan. Rhywbeth oedd yn perthyn i'r gorffennol ac i fabandod y ddynoliaeth oedd crefydd. Yn wir, nid oedd dim yn fwy gelyniaethus i wir fywyd na'r gred mewn Duw. Mae pawb yn gyfarwydd â'r syniadau ac nid oes angen imi ymhelaethu.

Ond dyma ddau ryfel byd-eang mewn chwarter canrif a phethau'n digwydd ar gyfandir Ewrop rhwng y ddau ryfel na bu sôn amdanynt ers canrifoedd lawer. Nid oes fawr o sôn erbyn heddiw am ddatblygiad—mae'r gobeithion wedi gwywo a'r breuddwydion wedi diflannu. Ofn ac ansicrwydd sydd ym mynwesau dynion erbyn hyn ac yn ôl y rhai sydd mewn sefyllfa i farnu, prif nodweddion meddwl y dynion a'r merched sydd yn y lluoedd yw amheuaeth ac ansicrwydd ac amharodrwydd i gredu'r hyn a ddywedir gan y gwleidyddion. Y gair mawr heddiw yw rhwystredigaeth, ac y mae ysbryd anobaith ar led.

Os na olyga hyn fod pobl yn barotach i wrando ar neges yr efengyl fe ddengys fod yna gyfle eithriadol i bregethu'r neges.

Ond y cwestiwn yw: a yw'r eglwys yn gweld y cyfle ac yn barod i achub maintais arno? Beth yw stad crefydd yn ein plith? Beth yw cyflwr yr Eglwys?

O edrych ar yr Eglwys yn gyffredinol, yn anffodus nid oes yr un anhawster i ateb y cwestiwn. Ni bu adeg mor hesb a chaled ers dwy ganrif. Mae'r ystadegau yn unig yn profi hyn. Mae nifer yr aelodau eglwysig yn lleihau o flwyddyn i flwyddyn, a nifer y rhai a elwid gynt yn 'wrandawyr' bron wedi diflannu'n llwyr. Cynulliadau bychain yw'r rheol bron ym mhobman, ac fe'n synnir pan welwn ar aml i gapel, 'adeiladwyd yn y flwyddyn a'r flwyddyn, helaethwyd mewn blwyddyn arall.'

Yr un peth a welir yn yr ysgol Sul a oedd gynt mor boblogaidd a phawb yn edrych ymlaen ati, ac yn paratoi ar ei chyfer. Ac am y cyfarfod gweddi, a'r seiadau, a'r cyfeillachau, gŵyr pawb mai eiddil a gwan ydynt bron ym mhobman, a bod llawer eglwys erbyn heddiw yn methu cynnal y naill na'r llall.

Ond, ar un olwg, nid yw'r ffeithiau hyn yn dangos dim, dim ond mai ychydig yw nifer y crefyddwyr yn y dyddiau hyn. Rhaid inni ofyn cwestiwn arall, os am ddarganfod mewn gwirionedd beth yw cyflwr crefydd heddiw. Nid wyf yn hoffi gofyn y cwestiwn arall yma, am ei fod yn swnio'n angharedig at y rhai sydd yn grefyddol o hyd. Ein tuedd ni yw ymfodloni ar y ffaith ein bod yn well na'r digrefydd a'n mesur ein hunain wrth safon sydd yn is na ni. Ond ni wna hynny'r tro. Y safon i ni yw'r saint, a'r Testament Newydd a'r Eglwys yn y gorffennol pan oedd crefydd yn cyfrif yn y tir. A oes bywyd ynom? A ydym yn rhoi'r argraff mai prif beth ein bywyd yw ein crefydd? A ydym yn sefyll allan mewn cymdeithas fel pobl Dduw ac yn disgleirio yn ein buchedd a'n hymarweddiad? A yw sêl a brwdfrydedd yn amlwg yn ein crefydd. Ai ynteu rhoi'r argraff a wnawn mai mater o ddyletswydd yw crefydd? Tybed faint ohonom a fedr ddweud mai 'llawenydd yr Arglwydd yw ein nerth'. Faint ohonom sy'n dod allan 'yn fwy na choncwerwyr' wyneb yn wyneb â threialon bywyd mewn dyddiau fel hyn? Paham y mae nifer y gweddïwyr a'r rhai a chanddynt brofiad ysbrydol i draethu ac i gyfrannu i eraill mor fach ac yn lleihau o flwyddyn i flwyddyn? Dyna'r profion i'w gosod ar fywyd crefyddol, ac o'u gosod rhaid inni gyfaddef ein bod yn farwaidd a difywyd ac yn rhyfedd o debyg i'r byd o'n hamgylch.

Pwy all honni ein bod yn teimlo baich eneidiau colledig yn y wlad hon ac yn y gwledydd tramor fel ein tadau? Faint ohonom sydd yn galaru mewn gwirionedd ac yn griddfan wrth edrych ar gyflwr y byd? A ydym yn meddwl o gwbl am y gwaith o achub y byd, neu a ydym yn bodloni yn unig ar 'gynnal yr achos' a chadw pethau i fynd? A ydym mor frwdfrydig gydag achos crefydd a'r efengyl dragwyddol ag y mae miloedd dros achos ein gwlad yn erbyn y gelyn? A yw ein ffydd yn ein neges gymaint â ffydd miloedd o Almaenwyr mewn Natsïaeth a Hitleriaeth? A ydym yn dangos yr un ysbryd anturiaethus a'r un awydd i aberthu popeth er mwyn achos Duw?

Y mae'n amlwg nad ydym yn sylweddoli'n gywir beth yw cyflwr y byd sydd o'n hamgylch pan fyddwn yn sôn am grefydd yfory, oherwydd y mae ein syniadau a'n bwriadau ar gyfer y dyfodol yn dibynnu o angenrheidrwydd ar ein darlleniad o'r sefyllfa bresennol. Mwy na hynny nid oes dim sy'n dangos yn gliriach beth yw ein cyflwr ysbrydol na'n gallu i ddarllen arwyddion yr amserau. A ydym yn sylweddoli bod problem crefydd heddiw yn wahanol iawn i'r hyn a oedd hi, dyweder, ddeugain mlynedd yn ôl, ac yn wir, ugain mlynedd yn ôl? Heddiw, yr ydym yn cynhyrchu dynion sydd bron â bod yn hollol anwybodus o'r Beibl, ac o safbwynt moesoldeb y broblem yw, nid anfoesoldeb ond absenoldeb moesoldeb yn gyfan gwbl— amoraliaeth, a thuedd i amau pob math ar safon foesol. Yn wir, fe â rhai mor bell â dweud bod pawb sy'n cydnabod y safonau moesol yn byw bywyd anghyflawn ac yn gwneud anghyfiawnder â'u personoliaeth. Fe honnir gan y rhain nad yw'r hyn a elwid gynt yn bechod, yn ddim ond hunanfynegiant. Y mae'r hen sylfeini yn cael eu siglo a'r hen ffiniau a chloddiau wedi eu chwalu. Ac am hawliau crefydd, y broblem yw, nid bod dynion yn wrthgrefyddol fel yr oeddynt gynt, ond eu bod yn anwybyddu crefydd yn llwyr, ac yn peidio â meddwl amdani o gwbl. Fel y dywedodd Syr Bernard Pares, 'nid oes eisiau mudiad gwrth-Dduw ym Mhrydain fel yn Rwsia am fod y mwyafrif wedi anghofio Duw yn llwyr'. A ydym yn fyw i'r sefyllfa newydd hon?

Nid oes amser i olrhain, fel y carem, achos y cyflwr truenus hwn ar grefydd heddiw. Ac eto, nid yw'n bosibl deall y sefyllfa bresennol yn iawn, heb sôn am wynebu'r dyfodol, os na wnawn hyn. Y peth caredicaf y medrwn ni ei ddweud amdanom ein hunain yw mai etifeddion pechodau a diffygion ein rhag-flaenwyr ydym. Paham y mae crefydd wedi colli ei gafael arnom fel gwlad? Y mae rhai rhesymau sy'n gyffredin i ni ac i bob gwlad arall, a'r pennaf, wrth gwrs, yw cwestiwn awdurdod, ac yn enwedig awdurdod y Beibl. Tra yr oedd dynion yn derbyn y Beibl yn Air Duw, ac yn cydnabod y categori o ddatguddiad, yr oedd crefydd yn llwyddo. Ond tua chanol y bedwaredd ganrif ar bymtheg daeth tuedd i ddi-orseddu datguddiad a rhoi athroniaeth yn ei le. Syniadau dynion oedd yn cyfrif mwyach, a gallu dyn i ddeall oedd y safon. Fe ddywedid bod y gwyrthiol a'r goruwchnaturiol yn amhosibl, nad oedd yr Arglwydd Iesu Grist yn ddim byd mwy na dyn. Nid cymell ffordd Duw i achub dyn yw'r efengyl, meddid, ond anogaeth i ddyn i'w achub ei hun. Gosodwyd y pwyslais, nid ar gredu yng Nghrist, ond ar weithredoedd a buchedd, a daeth y term 'dyn da' yn gyfystyr â Christion, a moesoldeb yn un â chrefydd. Y peth mawr felly oedd gwella'r byd, nid cymodi dynion â Duw. Fe gollwyd y syniad mai lle yw'r Eglwys lle mae Duw yn ymwneud â phobl trwy'r Ysbryd Glân, a dechreuwyd edrych arni fel yr hyn a eilw Karl Barth yn 'gyfarfod dirgel ysbrydoledig'. A diwedd y syniadau hyn, wrth gwrs, yw nad oes eisiau Eglwys o gwbl.

Peth arall sydd yn cyfrif am y dirywiad yw bod y sêl a'r brwdfrydedd a ddangoswyd gynt ym myd crefydd wedi eu trosglwyddo i fyd gwleidyddiaeth. Yr oedd hyn yn dilyn yn hollol naturiol oddi wrth y cyfnewidiad cyntaf. Dyn oedd ar ganol y llwyfan ac nid Duw. Wedi iddynt golli eu cred mewn byd arall a pheidio â synied am ddyn fel pererin yn teithio i gyfeiriad 'dinas ag iddi sylfeini, saer ac adeiladydd yr hon yw Duw', hawdd yw deall sut yr aeth dynion i ganolbwyntio eu meddyliau yn gyfan gwbl ar y byd hwn ac i roi'r gwleidydd yn lle'r proffwyd.

A chyda hyn i gyd fe ddarostyngwyd safon aelodaeth eglwysig a hynny nid yn nhermau ymarweddiad yn gymaint ag yn y mater o gred a phrofiad. Fe ddechreuwyd cymell a pherswadio pobl a phlant i fod yn aelodau a'i gwneud hi'n hawdd iddynt ddod yn aelodau. Collwyd y syniad mai'r anrhydedd fwyaf a ddaw i ran dyn tra yn y byd hwn yw bod yn aelod o Eglwys y Duw byw a bod yn rhan o Gorff Crist. Credwyd bod dynion goludog a rhai oedd wedi derbyn addysg uwchraddol ac wedi cael safle pwysig yn y byd yn anrhydeddu'r eglwys wrth berthyn iddi.

Tybed, hefyd, na ddylem ddweud, mor bell ag y mae Cymru dan sylw, fod pregethu i raddau helaeth wedi mynd yn rhywbeth a fwynheir ynddo'i hun o safbwynt areithyddiaeth yn unig? Ciliodd y neges fwyfwy o'r golwg; anghofiwyd 'nerthoedd y tragwyddol ysbryd' ond wrth ganu'r geiriau ar dôn boblogaidd, a'r peth mawr oedd cynnal cyfarfodydd a chymanfaoedd. Dilynwyd ffurfiau a dulliau'r tadau, ond collwyd eu hanian a'r peth byw a oedd ganddynt hwy.

Dyna o leiaf fel y gwelaf i grefydd heddiw. Y mae'r darlun yn ddu ond nid yw'n anobeithiol. Eto rhaid oedd ei wynebu oherwydd y cam cyntaf i gyfeiriad adfywiad a iachawdwriaeth yw gonestrwydd meddwl ac edifeirwch.

II

Yn y bennod flaenorol buom yn bwrw golwg dros gyflwr crefydd heddiw ac yn ceisio darganfod beth sydd i gyfrif am ein sefyllfa druenus. Ond nid oedd ein hadolygiad yn gyflawn oherwydd prinder gofod, ac ni wneuthum ddim amgenach na disgrifio'r sefyllfa yn gyffredinol, ac i raddau helaeth, yn allanol yn unig. Felly, nid yw'n bosibl inni drafod crefydd yfory heb edrych unwaith eto ar grefydd heddiw . . .

Er i ni bwysleisio'r elfen o ddifrawder a difaterwch a chysgadrwydd sydd yn nodweddu crefydd yn gyffredinol heddiw, teg yw dweud bod yna argoelion o anfodlonrwydd, ac yn wir o aflonyddwch ar ran llawer. Dyma'r peth mwyaf gobeithiol yn y sefyllfa bresennol. Nid wyf am awgrymu bod anfodlonrwydd yn ddigon ynddo'i hun. Yn wir, y mae'r hyn a ddywedir gennym, yn aml yn bradychu'r cymelliadau, hollol estronol i wir grefydd, sydd yn ein symbylu. Er enghraifft, gofid rhai yw dyfodol yr achos a sut y mae cadw'r drysau ar agor. Gofidia eraill, nid am fod cyflwr presennol yr Eglwys yn warthus ac yn bechod yn erbyn Duw, ond am y golyga hyn na fydd aelwyd gysurus yn yr eglwysi i groesawu'r bechgyn a'r merched pan ddychwelant o'r rhyfel. Hawdd iawn yw drysu yn ein hamcanion ac anghofio beth yw crefydd mewn gwirionedd.

Ond beth bynnag am hynny, y mae yma ryw fath ar gyffro yn yr Eglwys ac y mae dynion yn dechrau holi a gofyn beth sy'n bod a beth ellir ei wneud. Nid y rhyfel yn unig sy'n gyfrifol am hyn, oherwydd yr oedd tueddiadau i'r cyfeiriad hwn yn amlwg ym mywyd yr Eglwys, hyd yn oed yn y blynyddoedd hesb a chywilyddus cyn y rhyfel.

Gadewch inni edrych arnynt. Hwyrach mai'r ffordd orau fydd inni eu rhannu dan ddau bennawd—yr hyn a wneir ac a welir yn barod, ac yna, bwriadau a threfniadau ar gyfer y dyfodol.

Wrth edrych ar yr hyn sy'n digwydd eisoes, gwell fydd inni rannu'r mater yn ddwy ran. Y peth cyntaf yw'r tueddiadau diwinyddol a meddyliol sydd yn eu hamlygu'u hunain. Defnyddiaf y termau i alw sylw at ryw dair elfen sy'n sefyll allan yn glir heddiw.

Rhaid dechrau, wrth gwrs, gyda'r deffro ym myd diwinyddiaeth fel y cyfryw. Dyma'r peth mwyaf trawiadol ym myd crefydd yn ystod yr ugain mlynedd diwethaf [c. 1923–43]. Nid oes amser ond i gyffwrdd â'r mater, ond y ffaith yw bod yna ddiddordeb newydd mewn diwinyddiaeth a mwy o sôn ac o ddadlau ar bynciau diwinyddol nag a fu ers hanner can mlynedd a mwy. Rhaid priodoli hyn yn bennaf i waith Karl Barth ac eraill ar y Cyfandir, a thrwyddynt hwy Reinhold Niebuhr yn America. Yn y wlad hon cafodd y mudiad effaith ar Syr Edwyn Hoskyns, C. H. Dodd, Nathaniel Micklem, J. S. Whale ac eraill. Diddorol yw sylwi mai'r Athro Vernon Lewis oedd y cyntaf i alw sylw at Barth ym Mhrydain a bod Cymro arall, sef D. R. Davies, yn amlwg iawn ym mhlith cedyrn y mudiad. Pwyslais mawr y mudiad yw bod yn rhaid inni ddychwelyd at Air Duw yn y Beibl. Teimla'r bobl ein bod wedi colli golwg ar y syniad o ddatguddiad a'n bod, o dan gyfaredd syniadau athronyddol eraill, wedi troi crefydd i fod yn ddim ond hiwmanistiaeth aruchel. Tueddant i ddweud mai rheswm ac athroniaeth yw prif elynion gwir grefydd a galwant arnom i ailddarllen ac i ailystyried yr hyn a ddywed Gair Duw. Gwelir agwedd newydd tuag at astudiaeth o'r Beibl yn deillio o hyn, a thuedd yr esboniadau newydd yw, nid canolbwyntio ar feirniadaeth ac ar iaith a'r cwbl a olygir wrth y term uwch-feirniadaeth, ond ar neges y Gair. Nid pwy a ysgrifennodd y llyfr, na pha bryd yr ysgrifennwyd ef, nac ym mha le, sydd yn bwysig yn ôl dysgeidiaeth yr ysgol hon, ond beth yw cynnwys y llyfr. Felly y peth mawr yw dysgeidiaeth y Beibl a'r pwysig-rwydd inni sylweddoli bod Duw yn ein hannerch yn y fan hon. Ffrwyth y cwbl yw bod hen dermau a ddiystyrwyd am flyn-yddoedd wedi dod yn ôl i fri—termau fel penarglwyddiaeth Duw, pechod, anallu dyn, a Iawn. Gwelir yr un duedd hefyd, ym mhoblogrwydd Mr C. S. Lewis a'i ddarlithiau a'i lyfrau. Ni pherthyn ef i ysgol Barth ond gesyd yr un pwyslais ar angen ymostwng a chyffesu ein hanallu a derbyn y datguddiad . . .

Ochr yn ochr â'r diddordeb newydd mewn diwinyddiaeth fel y cyfryw, gwelir tuedd arall i gyfeiriad syniadau uchel-eglwysig. Gesyd y mudiad hwn y pwyslais ar y syniad o'r eglwys, ar addoli, ac ar ffurfiau, ac ar yr angenrheidrwydd am gael trefn ac urddas yn ein gwasanaeth crefyddol cyhoeddus, mewn gair, ar yr ochr ddefosiynol i grefydd. I'r rhain y mae gwerth mawr mewn litwrgi a thueddant i gyd i ddarllen gweddïau a chael gan y gynulleidfa gymryd mwy o ran yn y gwasanaeth. Eu teimlad yw bod yr eglwysi rhyddion yn bennaf wedi darostwng gwir safon addoli a'u bod wedi gosod gormod o arbenigrwydd ar bregethu a phregethwyr. Mwy na hyn, maentumir ganddynt ein bod yn ddiffygiol mewn ysbryd gweddus a pharchus, a bod y cnawd ac ysbryd aflednais yn rhy amlwg o lawer yn ein cynulliadau. Ond ni fodlona'r cyfeillion hyn ar feirniadu'n unig. Gweithredant ar eu syniadau. Y canlyniad yw bod mwy a mwy o weinidogion yn gwisgo yn y pulpud, yn darllen eu gweddïau ac yn aml eu pregethau hefyd, yn perswadio'u cynulleidfaoedd i ddarllen neu ganu salmau, ac i ddatblygu ffurfwasanaeth. Mewn geiriau eraill, mae yna fudiad uchel-eglwysig ymhlith ymneilltuwyr . . . Canlyniad arall i'r syniadau yw bod llawer wedi cilio oddi wrth eglwys eu tadau a'u teidiau ac wedi ymuno â'r Eglwys esgobol . . .

Ond rhaid enwi un peth arall dan y pennawd hwn, sef y mudiad i gyfeiriad undeb eglwysig. Teimla llawer mai dyma'r peth pwysicaf i gyd ym myd crefydd. Taerant mai'r hyn sy'n cadw dynion draw oddi wrth grefydd yw'r rhaniadau di-synnwyr sydd yn yr Eglwys, rhaniadau, meddant, sydd erbyn heddiw yn hollol ddiystyr i'r rhan fwyaf sy'h perthyn i'r gwahanol enwadau. Y peth mawr sydd ei angen, yn ôl y brodyr hyn, yw dod at ein gilydd a chael un Eglwys fawr fyd-eang a fydd yn brawf o'n hundeb yng Nghrist ac yn brawf, felly, o allu'r efengyl. Ffrwyth y syniad yw bod gweinidogion yr holl eglwysi, hyd yn oed yr Eglwys esgobol, yn cyfarfod â'i gilydd yn gyson ac yn ffurfio pwyllgorau i gydweithio ac i gydaddoli. Ni bu cymaint sôn am undeb eglwysig erioed, ac fe â rhai cyn belled â dweud na all dim arall achub crefydd rhag trengi.

Ond rhaid troi yn awr at yr ail bennawd, sef yr ochr ymarferol, neu yr hyn sy'n cael ei wneud er mwyn ceisio delio â'r sefyllfa grefyddol. Y prif beth yn y fan yma yw'r hyn a elwir yn 'Fudiad Crefydd a Bywyd'. Y mae'r mudiad hwn yn cynnwys pob rhan o'r Eglwys Gristnogol, heblaw'r Pabyddion, ac mewn rhai mannau, y maent hwythau, hyd yn oed, yn ymuno. Dan nawdd y mudiad hwn, daw gweinidogion yr efengyl at ei gilydd nid yn unig i gyfeillachu ac i gydweddïo ond hefyd i drefnu cyfarfodydd cyhoeddus—yr hyn a elwir yn *Religion and Life Weeks*. Trefnir cyfarfodydd am wythnos a cheir siaradwyr o fri i annerch, yn dechrau gan amlaf gydag esgob y dalaith. Dilynnir yr un rhaglen bron yn ddieithriad, a rhennir y mater fel a ganlyn: crefydd a'r cartref, crefydd ac addysg, crefydd a bywyd cymdeithasol, crefydd a moesoldeb, crefydd a'r unigolyn. Yr amcan yw dangos yr hyn sydd gan grefydd i'w ddweud ar y materion hyn a cheisio perswadio pobl i gymhwyso'u crefydd i'r gwahanol gylchoedd yma. Teimlad y rhai sydd ynglŷn â'r mudiad yw mai'r hyn sy'n cadw llawer oddi wrth grefydd yw eu bod yn credu nad oes a fynno crefydd â bywyd ymarferol, ac mai'r ffordd i ennill y rhain, yw datgan barn yr efengyl ar holl agweddau bywyd. Gellir dweud felly, mai ymgais yw hon i efengyleiddio mewn ffordd anuniongyrchol.

Ar yr un pryd, cynhelir cenadaethau efengylaidd gan eraill sydd yn dilyn yr hen lwybrau, sef cyfarfodydd am wyth i ddeng niwrnod dan arweiniad efengylydd poblogaidd neu nifer o efengylwyr, rhai yn siarad ac eraill yn canu . . .

I droi am foment at yr hyn a awgrymir mewn perthynas â'r

dyfodol. Gwyddys bod pwyllgorau a chomisiynau yn cyfarfod
. . . i geisio ad-drefnu gwaith yr eglwysi. Ni ŵyr neb eto'n iawn
beth fydd gan y rhain i'w gynnig. Cyfeiriaf felly at yr hyn a
glywir yn fynych ac a gredir gan lawer. Saif rhai pethau allan yn
glir. Y mae'n anodd osgoi'r syniad fod rhagfarn yn datblygu yn
erbyn pregethu ac o blaid dadleuon a rhyddymddiddan ar
gwestiynau crefyddol . . . Teimla llawer felly, fod eisiau llai o
bregethu fel y cyfryw. Gesyd eraill y pwyslais ar y cyfarfod
eglwysig yn yr wythnos. Yn ôl rhain, rhaid newid y seiadau a'r
gyfeillach a'u troi yn gyfarfodydd i ddiwyllio'r corff yn ogystal
â'r meddwl a'r enaid. Gwaith a busnes yr eglwys, meddant
hwy, yw bod yn ganolfan gymdeithasol yn yr ardal ym mhob
ystyr. Dyna'r ffordd i ennill ac i gadw'r bobl ifainc yn arbennig.
Credir gan eraill fod dyddiau capeli a chynulleidfaoedd mawr-
ion wedi dod i ben ac mai trefn y dyfodol fydd pregethu yma ac
acw yn yr awyr agored ac apwyntio caplaniaid i'r gweithfeydd,
siopau, swyddfeydd a pha le bynnag y mae dynion yn gweithio,
fel ag a wneir yn awr yn y lluoedd arfog. Mewn gair, tueddir i
gredu gan lawer nad oes dyfodol o gwbl i grefydd yn y dull a'r
modd y mae'r rhan fwyaf ohonom yn gynefin â hi.

Mae'n amlwg nad oes amser i ddelio â'r holl syniadau am-
rywiol hyn fel y carem. Gobeithiaf, yn y bennod olaf, edrych
arnynt o safbwynt dysgeidiaeth y Testament Newydd a phwys-
leisio'r hyn sydd gan y ddysgeidiaeth i'w ddweud am grefydd
ym mhob oes. Ond gellir dweud rhai pethau ar unwaith, neu o
leiaf gallwn ofyn ambell gwestiwn. Tybed nad yw'r amser wedi
dod i ofyn beth yw gwir werth y mudiad diwinyddol newydd?
Er ei fod yn diystyru gwerth y meddwl a rheswm, a yw'n cyff-
wrdd â rhywbeth heblaw'r meddwl mewn dynion? A thra mae'n
dilorni athroniaeth, a yw'n rhywbeth amgenach na phwyslais
newydd mewn athroniaeth? Onid dyma'r rheswm hefyd ei fod
yn anodd ei ddeall? Tra'r ydym yn diolch am y pwyslais newydd
am y Gair ac ar ddiwinyddiaeth, rhaid cofio bod yna wahan-
iaeth hanfodol rhwng pregethu'r Gair a phregethu am y Gair.
Pregethu'r Gair yn unig sydd yn achub dynion, a dyna ddiben
yr efengyl—nid rhoi chwyldroad meddyliol i ddyn a'i bers-
wadio i newid ei safbwynt athronyddol, ond ei aileni a'i newid
yn gyfan gwbl.

Ar y mudiad sy'n pwysleisio'r ochr ddefosiynol, rydym yn

barod i gytuno â llawer, os nad y cwbl, o'r hyn a ddywedir am
y pethau annheilwng sydd yn rhy fynych o lawer wedi nod-
weddi ein cyfarfodydd—y porthi cnawdol, yr hunanoldeb, y
sŵn a'r aflerwch—a'r angenrheidrwydd am feithrin ysbryd
addolgar a pharchus. Ond wedi'r cyfan, er bod trefn ac urddas
yn ardderchog, y peth sydd ei eisiau o flaen popeth yw bywyd.
Y mae'r ffurfiau'n bwysig, ond pwysicach o lawer yw'r hanfod.
Paganiaeth sy'n rhagori yn yr allanolion a'r ffurfiau; syml-
rwydd a rhyddid sy'n nodweddi gwir grefydd bob amser.

Casbeth gan bob gwir Gristion yw ysbryd bach a chul
enwadaeth a sectyddiaeth, ond y drychineb fwyaf yn y byd
heddiw yw, nid anundeb yr Eglwys, ond y ffaith fod pob rhan
o'r Eglwys a phob enwad mor farw ac mor amddifad o nerth a
gallu'r Ysbryd Glân. Nid rhywbeth sy'n perthyn i fyd math-
emateg yw gallu ysbrydol, ac felly pe baem yn gwneud yr
enwadau i gyd yn un ac yn ychwanegu'r galluoedd sydd ym
mhob un at y llall, ni byddai hynny'n sicrhau bywyd ysbrydol.
Nid yw claddu nifer o gyrff yn yr un fynwent yn arwain i
atgyfodiad. Y mae bywyd yn bwysicach nag undeb.

Am yr un rheswm galwad mawr y dyddiau hyn yw, nid
ceisio dysgu dynion sut i gymhwyso'u crefydd at fywyd, ond
yn gyntaf eu gwneud yn grefyddol. Cyn dysgu, y mae'n rhaid
cael disgyblion, ac i gael disgyblion y mae'n rhaid argyhoeddi
ac achub. Tybed a wyf yn cyfeiliorni pan ddywedaf fod y
mudiad 'crefydd a bywyd' yn hollol nodweddiadol o'r syniad
anglicanaidd—nid Seisnig—am grefydd, syniad athronyddol
sy'n tarddu yn Rhydychen? Am y cynigiadau a wneir ar gyfer
y dyfodol, digon yw dweud nad oes dim byd newydd
ynddynt. Y peth a'n synna yw nad yw pawb yn gweld mai
angen mwya'r byd yw cael ei atgoffa o ochr ysbrydol bywyd.
Mae pawb yn ymddiddori mewn bwyd a dillad, tai a thiroedd,
gwaith ac addysg, pleser ac adloniant, ac y mae yna gymdeith-
asau di-rif i ofalu am y pethau hynny, ac i drefnu ar eu cyfer.
Ond nid oes neb i sôn am Dduw, am yr enaid, am fyd
tragwyddol, a thynged dragwyddol, heb sôn am yr unig nerth
a alluoga dyn i fyw yn deilwng yn y byd hwn—neb ond
Eglwys Dduw. Ni bu erioed y fath angen am arbenigwyr
ysbrydol. Sut mae dod o hyd iddynt a'u cynhyrchu? Ceisiwn
ateb y cwestiwn yn y bennod nesaf.

III

Yn y penodau blaenorol buom yn ceisio rhoi disgrifiad o'r sefyllfa grefyddol heddiw, a hefyd yn edrych yn frysiog ar y tueddiadau a'r symudiadau sy'n eu hamlygu'u hunain ym mywyd yr Eglwys ar hyn o bryd. Daethom i'r casgliad fod y pethau a wneir ac a awgrymir ar gyfer y dyfodol, nid yn unig yn annigonol, ond hefyd yn gyfeiliornus o safbwynt gwir grefydd.

Hwyrach y teimla rhai ein bod wedi treulio gormod o amser gyda'r archwiliad hwn a chyda'r hyn a ystyrient yn negyddol yn unig. Ond gwnaethom hynny am nifer o resymau. Yn un peth rhaid gwneud diagnosis a bod yn sicr ohono cyn dechrau meddwl am feddyginiaeth. Eisiau rhyddhad, a rhywbeth i laesu'r boen, sydd ar y claf bob amser, ond gwaith y meddyg yw darganfod achos y dolur. Meddyg annheilwng sy'n dechrau trin cyn gwybod yn iawn beth sy'n bod. Gwelir yr un egwyddor mewn gweithrediad yng ngwaith proffwydi Israel. Treuliant y rhan fwyaf o'u hamser yn argyhoeddi'r genedl o bechod ac yn condemnio'r pethau a gyflawnir ganddi yn lle troi'n ôl at Dduw. Yr oedd y genedl yn barod i roi cynnig ar bopeth ac i gymryd gafael mewn unrhyw ddyfais, ond yr un peth a oedd yn angenrheidiol. Nid digon oedd i'r proffwyd ddweud wrth Israel beth i'w wneud—yr oedd yn rhaid iddo yn gyntaf ddangos fod popeth arall yn ddiwerth, ac yn wir yn rhwystr.

Y mae'n rhaid i ninnau bwysleisio'r elfen o rwystr. Y perygl mawr mewn argyfwng yw rhuthro i wneud pethau ac ymfodloni ar weithgarwch yn unig. Mae prysurdeb yn tawelu'r meddwl, y galon a'r gydwybod, ac yn rhoi inni deimlad o ryddhad. Teimlwn felly, ein bod yn delio â'r broblem, yn unig am ein bod yn gwneud rhywbeth. Y canlyniad yw ein bod yn osgoi'r broblem. Nid yw lleihau 'tensiwn' mewn argyfwng yn beth da ynddo'i hunan; yn wir, gall hynny fod yn ddrwg hollol. Mae *morphia* yn lleihau'r boen a'r *tensiwn*, ond nid yw'n gwella'r dolur. Mewn gair, y perygl mawr heddiw yw rhuthro i ddelio ag arwyddion, *symptomau* ein clefyd crefyddol, yn lle darganfod a thrin yr hyn sy'n achosi'r holl arwyddion. Rhaid oedd inni bwysleisio hyn am y rheswm fod gwella'r arwyddion, o angenrheidrwydd, yn rhwystr inni ddarganfod gwir natur y clefyd. Pwrpas arwyddion yn nhrefn natur yw ein harwain at y dolur. Nid yr arwydd yw'r dolur, mynegbost yw'r arwydd sy'n pwyntio i gyfeiriad y dolur.

Y ffordd i osgoi'r perygl hwn o aros gyda'r arwyddion yw mynd yn ôl at y Testament Newydd ac ailedrych ar y darlun o wir grefydd a welir yno. Wedi'r cyfan, dyna'r patrwm, dyna'r safon, dyna'r unig awdurdod terfynol sydd gennym.

Hwyrach mai'r ffordd orau inni ailystyried y mater hwn fydd gofyn nifer o gwestiynau a'n gorfoda, nid yn unig i wynebu hanfodion y broblem, ond hefyd i wneud hynny mewn ffordd ymarferol.

Y cwestiwn cyntaf yw: beth yw'r bwriad a'r amcan sydd y tu cefn i'n hegnïon a'n hymdrechion crefyddol? Beth yw'r nod sydd gennym mewn golwg? Beth yw gwir bwrpas crefydd? Y mae eisiau wynebu'r cwestiwn hwn am y rheswm fod syniadau dieithr a chyfeiliornus ar led. Y peth mawr yng ngolwg un dosbarth yw cael gan y bobl fynychu cyfarfodydd a chael cynulliadau lluosog. Yr hyn sy'n blino'r rhain yw bod ein haddoldai yn gwacáu a nifer yr aelodau eglwysig yn lleihau. Pe gallent lwyddo i berswadio'r bobl i ddod i'r cwrdd, byddent yn berffaith hapus. Testun eu galar yw'r cyferbyniad ofnadwy rhwng yr hyn a welsant hanner can mlynedd yn ôl a chyflwr pethau heddiw. Crefydd flodeuog iddynt hwy yw cynulliadau mawrion a chyfarfodydd llwyddiannus o ran nifer.

I eraill gwaith a busnes crefydd yw dyrchafu moesoldeb ac effeithio ar fuchedd cymdeithas. Gofid y rhain yw cyflwr moesol ein gwlad—y meddwi a'r dawnsio a'r llygredd sydd mor amlwg ym mywyd y byd. Maent yn sôn am yr ystadegau mewn perthynas â throseddwyr ieuanc, ysgariad, a llawer o bethau eraill, a gofidiant wrth feddwl am y dyfodol. Y mae eisiau delio â'r problemau hyn, meddant, a gwaith a busnes crefydd yw gwneud hynny. Yn ddiamau, dyma'r syniad sydd y tu cefn i'r bwriad o roi addysg grefyddol yn yr ysgolion dyddiol.

Edrycha un dosbarth o bobl ar hyn o safbwynt y wlad yn gyffredinol. Yr hyn sydd wedi bod yn sylfaen i fywyd y wlad hon, meddant, ac wedi cyfrif am ei llwyddiant a'i mawredd ymhlith gwledydd y byd, yw ei chrefydd. Ac os collwn ein crefydd, byddwn wedi colli ein hasgwrn cefn, a dyna ddiwedd amdanom fel gallu yn y byd. Er mwyn ein gwlad, er mwyn Prydain, rhaid cael adfywiad crefyddol.

Pwrpas crefydd i eraill yw dylanwadu'n gyffredinol ar wleid-yddiaeth ac ar gwestiynau mawr fel addysg a diwylliant, heddwch a rhyfel, busnes a masnach, ac ar fywyd dyn yn ei holl gysylltiadau.

Nid oes eisiau dweud bod y pethau hyn i gyd yn deillio o grefydd, ond y mae eisiau cyhoeddi'n glir a phendant nad dyma brif nod a phwrpas y grefydd Gristnogol. Prif amcan hon yw cymodi dynion â Duw, eu hargyhoeddi o Iachawdwr. Nid eglwys luosog yw'r nod, ond pobl sy'n adnabod Duw, ac 'yng Nghrist'. Nid cynhyrchu dynion da yw'r amcan, ond creu dynion newydd; nid gwella cymdeithas fel y cyfryw, ond delio â dynion unigol. Does dim sy'n sefyll allan yn gliriach yn y Testament Newydd na'r cyferbyniad parhaus rhwng moesoldeb a bywyd ysbrydol. Heb y bywyd sydd yng Nghrist Iesu, mae popeth arall yn dom ac yn golled; a'i ''nabod Ef yn iawn' yw'r unig nod a ddylai fod o'n blaen.

Y mae hyn yn ein harwain at yr ail gwestiwn, cwestiwn hollbwysig, sef beth yw'r Eglwys? Ni all neb ateb cwestiwn fel yna yn gyflawn mewn ychydig funudau, ond gallwn edrych ar y darlun sydd yn y Testament Newydd a darganfod y gwir-ionedd mawr canolog. Yr enw a roed ar yr addoldy yn aml gan ein tadau oedd Tŷ Cwrdd, ac yr oedd yn enw gwir dda. Ond y cwestiwn a gyfyd heddiw yw, cwrdd i beth? Yr ydym wedi gweld eisoes fod llawer yn meddwl am yr eglwys fel canolfan gymdeithasol, neu fel canolfan ddiwylliannol. Iddynt hwy, man yw'r eglwys lle y mae dynion yn cyfarfod â'i gilydd ar y Sul mewn gwasanaeth crefyddol cyhoeddus, ond pwysleisiant hefyd y dylent gyfarfod â'i gilydd yno yn ystod yr wythnos i siarad â'i gilydd, i ddadlau, i wrando darlithiau ar bob math o destunau, i gydchwarae, i berfformio dramâu, i ddawnsio ac yn y blaen.

Y mae'r eglwys, meddant, i wneud y cwbl yma, yn fwyaf arbennig er mwyn denu'r ifanc, ac er mwyn cadw'i gafael arnynt. Nawr, y cwestiwn pwysig yw, nid beth a feddyliwn am y pethau hyn ynddynt eu hunain, ond a oes a fynno'r eglwys â'r cyfryw bethau? Beth yw'r eglwys yn y Testament Newydd? Does ond un ateb i'r cwestiwn—cymdeithas o saint. Y peth a welir yno yw nifer o bobl yn dod at ei gilydd i bwrpas arbennig. Pwy yw'r bobl hyn? Beth sy'n eu tynnu at ei gilydd? Beth yw'r diddordeb cyffredinol sydd mor gryf yn eu mynwesau nes eu bod yn aml yn peryglu'u bywydau er mwyn bod yn y cyfarfodydd? Pobl ydynt sy'n wahanol i bawb arall, pobl, yn ôl yr apostol Paul, sydd wedi eu tynnu allan o'r byd ac wedi eu hysgaru oddi wrth gymdeithas. Pobl sydd wedi profi 'pethau nad adnabu'r byd', pobl wedi cael profiad o ras Duw yn yr Arglwydd Iesu Grist. Pobl sydd wedi dod i weld mai'r peth pwysicaf mewn bywyd yw adnabyddiaeth o Dduw a hyn yn unol â'i orchmynion Ef. Maent wedi gweld eu cyflwr truenus, anobeithiol gerbron Duw, ond wedi gweld Duw hefyd yn maddau'r cyfan yn Iesu Grist. Y maent yn ymwybodol o fywyd newydd a gallu dyrchafol sy'n eu gwneud yn fwy na choncwerwyr wyneb yn wyneb a themtasiynau a threialon bywyd. Y mae popeth yn newydd iddynt a gwelant fywyd y byd hwn fel pererindod i gyfeiriad Duw a nefoedd. Nid ydynt yn dirmygu'r byd, ond nid ydynt yn byw iddo nac erddo chwaith. 'Nid oes inni yma ddinas barhaus', meddant, 'eithr un i ddyfod yr ŷm ni yn ei ddisgwyl'.

Cyfarfyddant â'i gilydd—i beth? I addoli Duw, i ganmol ei enw bendigedig, i ddiolch iddo am y gras sydd wedi arwain i faddeuant pechodau, a bywyd newydd yng Nghrist. Cyfarfyddant hefyd er mwyn ceisio ei adnabod yn well, ac er mwyn dod i ddeall ei drefn ef yn berffeithiach. Y mae newyn a syched ynddynt am gyfiawnder. Sychedant hefyd am ddidwyll laeth y Gair, a does dim yn well ganddynt nag astudio'r Gair a gwrando arno yn cael ei draethu. Teimlant awydd cryf i gyfarfod â'i gilydd er mwyn cymharu eu profiadau, er mwyn helpu ei gilydd i ddatrys aml i broblem, ac er mwyn symbylu ei gilydd i fynd yn eu blaen. Y maent i gyd yn meddu ar yr un profiad sylfaenol, y maent i gyd yn teithio i'r un cyfeiriad. Teimlant felly, mai 'hoff yw cwmni'r brodyr sydd â'u hwyneb tua'r wlad'. Lle yw eglwys yr adroddant ynddi 'ei ffyddlondeb iddynt yn yr anial cras', ac y carant sôn ynddi 'am ben y daith'. Dyma'r darlun sydd yn y Testament Newydd, y portread a welwyd ganwaith wedi hynny ym mywyd yr eglwys. Casgliad o bobl a welir yn yr eglwys, y gellir dweud amdanynt, 'Chwychwi ydych rywogaeth etholedig, brenhinol offeiriadaeth, cenedl sanctaidd, pobl briodol i

Dduw; fel y mynegoch rinweddau yr hwn a'ch galwodd allan o dywyllwch i'w ryfeddol oleuni ef'. Nid oes gan neb arall hawl i fod yn aelod o'r gymdeithas.

Ond gallaf ddychmygu rhywun yn gofyn cwestiwn fel hyn: 'Os mai cymdeithas o'r math yma yw'r eglwys, pa obaith sydd gennych i gael gan ddynion ddod iddi? Nid dyma'r pethau sydd yn apelio at ddynion heddiw, nid dyma faes eu hastudiaeth, nid ymhlith y pethau hyn y maent yn lloffa. Onid gwell fyddai mynd atynt ar linellau'r diddordebau cyffredin, ac yn nhermau'r hyn sy'n apelio atynt yn naturiol?' Nid oes dim newydd yn y cwestiwn. Yr hen gwestiwn parthed awdurdod yr Eglwys ydyw yn y pen draw.

Chwilia rhai am awdurdod, fel y gwelsom, mewn seremonïau a ffurfwasanaeth; mae eraill yn edrych amdano mewn traddodiad ac eraill mewn offeiriadaeth a llywodraeth eglwysig arbennig. Teimla eraill fod yr awdurdod yn y Beibl ynddo'i hunan. Nid oes gennym amser i fantoli'r syniadau yma, ond cyhoeddi'n eofn ac yn groch nad yn y mannau hyn y daw'r Eglwys o hyd i'r awdurdod a'i galluoga i siarad yn y fath fodd ag i orfodi'r byd i wrando. Y mae'r Gair yn hanfodol, ac y mae yna le i lawer o bethau eraill, ond yr unig allu a rydd awdurdod yw'r Ysbryd Glân. Dyna ddirgelwch pregeth ryfedd yr apostol Pedr ar ddydd y Pentecost yn Jerwsalem, a'r canlyniadau anhygoel a'i dilynodd. 'A'm hymadrodd a'm pregeth i', medd yr apostol Paul, 'ni bu mewn geiriau denu o ddoethineb ddynol, ond yn eglurhad yr Ysbryd a nerth. Fel na byddai eich ffydd mewn doethineb dynion, ond mewn nerth Duw.'

A dyna'r hanes ar hyd yr oesoedd ac ymhob adeg o ddiwygiad a deffroad. Nid oedd y byd yn well, nac yn fwy awyddus i wrando ar genadwri'r efengyl ar ddechrau'r ddeunawfed ganrif nag ydyw heddiw. Ni ellir, chwaith, esbonio'r pethau mawr a ddigwyddodd yn hanes crefydd yn y ganrif hon yn nhermau dynion yn unig. Un esboniad sydd i'r cwbl— dynion oedd Daniel Rowland, Howell Harris a Williams Pantycelyn, a oedd yn siarad 'ag awdurdod ganddynt'. Gwelir yr un peth yn y Piwritaniaid, yn y tadau Protestannaidd, yn Savonarola, a phawb sydd wedi cael ei defnyddio gan Dduw i adfywio crefydd yn eu cenhedlaeth. Pan fydd y 'peth byw' yn dod i'r Eglwys, y mae'r byd yn dechrau gwrando ac yn tyrru i mewn. Nid sut y mae cael gan y bobl i ddod i wrando yw'r broblem mwyach, ond sut y mae cael digon o le iddynt i gyd. Y mae'r byd yn graff i adnabod y gwahaniaeth rhwng llais dyn a llais Duw, ac yn y pen draw nid yw'n barod i wrando ar ddim ond ei leferydd ef.

Nid yw'n anodd, felly, inni ateb y cwestiwn nesaf, sef beth yw'r alwad inni heddiw? Y mae'n amlwg fod yn rhaid inni ganolbwyntio ein hegnïon ar yr Eglwys, ac mai'r angen mwyaf yw diwygiad a deffroad yn yr Eglwys ei hunan. Yn yr Eglwys, ac yn aml drwy unigolion sy'n perthyn i'r Eglwys, y mae'r mudiadau mawr ysbrydol wedi dechrau bob amser. Pan fydd yr Eglwys yn gweithredu yng ngrym a gallu'r Ysbryd Glân fe lwydda i wneud mwy mewn diwrnod nag a wna ei holl weith-garwch heb yr Ysbryd mewn blynyddoedd. Yn y pen draw fe gwyd ein holl ofidiau am ddyfodol yr Eglwys a chrefydd, ein teimlad o anobaith wrth weld y byd yn syrthio'n ddyfnach i bechod ac oferedd, ein tuedd i amlhau ein trefniadau, pwyll-gorau a mudiadau, o'r un man, sef diffyg ffydd yng ngweith-rediadau'r Ysbryd Glân.

Beth fedrwn ni ei wneud, ynteu? Y peth cyntaf yw syl-weddoli na fedrwn ni fyth greu diwygiad. Ond o sylweddoli hynny y mae gennym lawer i'w wneud.

Pe bai'n rhaid imi grynhoi'r cwbl i frawddeg, dywedwn mai'r hyn sydd eisiau heddiw yw anghofio'r bedwaredd ganrif ar bymtheg yn llwyr, a gwneud astudiaeth fanwl o ddechrau'r ddeunawfed ganrif. O wneud hynny, fe ddysgem wersi arbennig. O flaen popeth arall fe welem mai'r cam cyntaf yw, nid darostwng safon aelodaeth eglwysig, ond ei dyrchafu. Rhaid i ni adfeddiannu'r syniad o aelodaeth eglwysig fel ael-odaeth o gorff Crist ac fel yr anrhydedd mwyaf a ddaw i ran dyn yn y byd hwn. Trwy ddisgyblaeth, rhaid inni osod bri ar aelodaeth o'r gymdeithas ac ailbwysleisio'r gwirionedd fod Duw yn rhoi'r Ysbryd Glân yn unig 'i'r rhai sydd yn ufuddhau iddo ef.' Nid ehangu'r apêl sydd eisiau, ond cyhoeddi mai 'cyfyng yw y porth a chul yw y ffordd sydd yn arwain i'r bywyd'.

Golyga hyn, o bosibl, y bydd llawer yn cilio oddi wrth yr eglwysi ac yn eu gadael, ac o safbwynt ystadegau a chyfrifon a chasgliadau fe edrycha'r cwbl yn anobeithiol, ac fe ddychryna'r rhai sy'n ceisio cadw einioes yr Eglwys. Ond cyn sicred â hynny, fe wireddir gair yr Arglwydd: 'pwy bynnag a ewyllysio gadw ei fywyd, a'i cyll; a phwy bynnag a gollo ei fywyd o'm plegid i, a'i caiff'. Fel Paul yn Athen gynt, rhaid inni sylweddoli nad dadlau am wirionedd yw ein gwaith, ond ei fynegi a'i gyhoeddi gydag awdurdod. Nid cael gan bobl i ymddiddori mewn gwirionedd, a gwneud apêl at eu meddyliau'n unig, yw ein busnes, ond deffro eu cydwybodau drwy gyhoeddi barn Duw ar bechod, a digofaint Duw yn erbyn 'pob annuwioldeb ac anghyfiawnder dynion', a'u rhybuddio i ffoi rhag y llid sydd i ddyfod. Rhaid inni argyhoeddi dynion o'r gwirionedd am hollbwysigrwydd yr ochr ysbrydol i fywyd, am fyd tragwyddol a thynged dragwyddol. Ni wêl neb eisiau yr Arglwydd Iesu Grist fel Gwaredwr ond y sawl sydd wedi ei weld ei hunan yn golledig gerbron Duw; a'r unig wir gymhelliad i fyw bywyd teilwng a moesol, yw diolchgarwch i Dduw a'r sylweddoliad y byddwn ryw fore yn sefyll ger ei fron.

Dyna'r alwad i grefyddwyr heddiw—sylweddoli ein hannheilyngdod gerbron Duw, ein pellter oddi wrth saint yr oesoedd yn ein bywyd, ein hannhebygrwydd ofnadwy i Gristnogion y Testament Newydd; yna edifarhau a'n cysegru ein hunain o'r newydd i Dduw yng Nghrist, a gofalu bod ein crefydd yn rheoli ein bywydau. Ond yn bennaf oll, rhaid inni sylweddoli bod cyflwr y byd yn gyfryw na fedr dim ond grymusterau'r Ysbryd Glân ei wella, a theimlo hyn i'r fath raddau nes cael ein gwasgu i'n gliniau i weddïo ar i Dduw yn ei drugaredd edrych arnom mewn tosturi ac, er mwyn ei enw mawr, anfon diwygiad nerthol i'n plith. Dyna'r unig ffordd, dyna'r unig obaith, oherwydd 'gyda dynion amhosibl yw, ac nid gyda Duw: canys pob peth sydd bosibl gyda Duw.'

73

Y Ffydd Efengylaidd

Yr ysgrif gyntaf yn rhifyn cyntaf un
Y Cylchgrawn Efengylaidd yn Nhachwedd 1948.

O'r braidd nad yw ymddangosiad y cylchgrawn efengylaidd
newydd hwn yn ein gorfodi i adolygu gwir ystyr y term
'efengylaidd'. Fodd bynnag, y mae'n amgylchiad cyfleus a phri-
odol i wneud hynny.

Y mae'n iawn inni wneud hyn, nid yn unig er mwyn i ni sydd
yn efengylaidd ein hatgoffa ein hunain o'n hetifeddiaeth, ond
hefyd er mwyn inni ein cyfiawnhau ein hunain a'n gweith-
redoedd yn wyneb llawer tuedd yn y sefyllfa grefyddol bres-
ennol. Oherwydd y mae rhai na chroesawant yr antur newydd
hon, ac y protestiant nad hwn yw'r amser i bwysleisio gwahan-
iaethau ac i gadw'n fyw yr hyn a ystyriant hwy yn amrywiadau
barn dibwys a hynafol. Ein dyletswydd ni, felly, yw dangos
rhesymau cadarn dros gyhoeddi drachefn yr egwyddorion
efengylaidd mewn amser pan yw eciwmeniaeth wedi dod yn
slogan boblogaidd, a phan ddywedir wrthym mor aml mai
busnes pawb sy'n honni bod yn Gristion o unrhyw fath yw
cytuno i anghofio gwahaniaethau, ac uno yn erbyn y gelynion
cyffredin sy'n bygwth gwledydd cred.

Hyd y gwelaf fi, y pwynt ymadawiad anochel yw gorfod
cydnabod bodolaeth llu mawr o bobl efengylaidd. Yr hyn sy'n
fwy arwyddocaol a phwysig fyth yw'r ffaith eu bod i'w cael yn
yr holl enwadau crefyddol: yr Anglicaniaid, y Presbyteriaid, y
Bedyddwyr, yr Annibynwyr, a'r Methodisitaid. Ac y mae hyn
yn wir, nid yn unig am y wlad hon, and am bob gwlad arall. Fe
welir y ffenomen hon ar gyfandir Ewrop, yn yr Unol Daleithiau,
ac yn y gwahanol Ddominiynau. Yn yr holl enwadau, y mae
niferoedd o bobl sy'n coledd y ffydd efengylaidd. Er eu bod yn
perthyn i wahanol adrannau o'r Eglwys, yn ddeiliaid i wahanol
ffurfiau ar lywodraeth eglwysig, ac yn cydweithredu ag eraill o
fewn y fframweithiau gwahanol hyn, eto i gyd y maent yn sefyll

allan fel pobl sy'n cynrychioli rhywbeth arbennig a nodwedd-
iadol, oherwydd y maent i gyd yn un, er gwaethaf y gwahan-
iaethau enwadol. Safant dros yr un pethau, meddant ar yr un
pwyslais, siaradant yr un iaith. Adwaenant ei gilydd ar unwaith
mewn unrhyw gymdeithas ac mewn unrhyw wlad, ac maent yn
ymwybodol ar unwaith fod cyd-ddealltwriaeth a chyd-gym-
deithas rhyngddynt a'i gilydd. Yn wir, tystiolaethant bob amser
i'r ffaith nad ydynt yn cael cymdeithas wirioneddol ond â'i
gilydd, a'u bod mewn perthynas agosach â'r rhai sy'n efeng-
ylaidd mewn enwadau eraill na chyda'r rhai nad ydynt yn
efengylaidd yn eu henwadau eu hunain.

Y ffaith yw fod y ffydd efengylaidd hon yn torri ar draws yr
holl raniadau a'r gwahaniaethau, ac yn cynhyrchu ym mhob-
man bobl sy'n ymwybodol o'r undod dwfn sydd rhyngddynt, o
ran ysbryd ac o ran safbwynt. Yn ogystal, pobl ydynt sy'n
gwybod mai hwy yw cynrychiolwyr cyfoes traddodiad gogon-
eddus a gyfrif ymysg ei ddilynwyr rai o enwau mwyaf hanes
Eglwys Crist. Ymhoffant yn y llenyddiaeth sy'n sôn am y
brodyr Waldensaidd, Wycliffe a Huss cyn y Diwygiad Protest-
annaidd; Luther, Calfin, a Knox yn yr unfed ganrif ar bymtheg;
Piwritaniaid mawr yr ail ganrif ar bymtheg; Pietistiaid rhan
gynnar y ddeunawfed ganrif; y datguddiad rhyfeddol o rym
ysbrydol a adwaenir fel Diwygiad Efengylaidd y ddeunawfed
ganrif, sy'n dechrau gyda'r Morafiaid a Zinzendorf, ac yn
arwain i Whitefield a'r Wesleaid, a'r gŵr sanctaidd hwnnw, John
Fletcher, heb grybwyll Jonathan Edwards a'r Tennents. Yna, yn
y bedwaredd ganrif ar bymtheg, hoffant ddarllen am Charles
Simeon a'r Venns, sect Clapham, ac eraill a gysylltir â chychwyn
y cymdeithasau cenhadol mawrion. Yng Nghymru llawen-
ychant yn arbennig yn hanes John Penry, Walter Cradoc,
Morgan Llwyd, Griffith Jones, Daniel Rowland, Howell Harris,
Williams Pantycelyn ac eraill. Hon yw ei llenyddiaeth: ni chyn-
hesir eu calonnau ac ni fywiogir hwynt gan ddim yn gymaint â
chan ddarllen am waith nerthol Duw yn y diwygiadau a'r
deffroadau crefyddol. Teimlant mai hon yw eu priod awyr-
gylch. Deallant y bobl a brofodd y fath fendithion, a hiraethant
am weld y fath ymweliadau oddi uchod yn cael eu hailadrodd.

Yn gyffredinol felly, dyma'r bobl a adwaenir fel y rhai
efengylaidd. Y mae'n amlwg mai term cyfyngedig ei ystyr yw i

ddynodi safbwynt clir a diffiniedig tuag at rai agweddau holl-bwysig ar y ffydd Gristnogol. Ym mhob gwlad ac ym mhob oes, cytunasant fod rhai pethau yn hollbwysig, o'r fath bwys-igrwydd ag i'w gwneud yn barod i ddioddef unrhyw golled neu anfri yn hytrach na'u gwadu neu wrthod eu cyhoeddi. Pa bethau yw'r rhain?

Cwestiwn Awdurdod

Y cyntaf yw cwestiwn mawr a chanolog *awdurdod*. Gwrthyd y gŵr efengylaidd ymostwng i rai awdurdodau a fu, ac sydd o hyd, yn gryf iawn eu dylanwad.

Er enghraifft, ni chydnebydd fod gan yr Eglwys neu unrhyw draddodiad arbennig awdurdod absoliwt arno. Mae'n gwrthod credu neu wneuthur dim yn unig oherwydd fod ei eglwys neu ei enwad yn ei wneud. Hawlia farnu popeth drosto ei hun yng ngolau ei ddealltwriaeth ef o'r gwirionedd. Mae'n gwrthod gweithredu'n beiriannol a difeddwl yn unig oherwydd fod y mwyafrif yn gwneud hynny. Ni all, ac ni wna, dderbyn y cyf-undeb y perthyn ef iddo fel ei gydwybod, eithr teimla yn uniongyrchol gyfrifol i Dduw am bopeth a ddywed ac a wna. Dyma'r rheswm pam y cyhuddir ef mor aml o fod yn hunan-ddigonol, yn unigolyddol ac yn anghydweithredol. Gwelir hyn oll ym mrwydr Luther a Chalfin yn erbyn Eglwys Rufain, y Piwritaniaid a'r Methodistiaid yng Nghymru a Lloegr yn erbyn Eglwys Loegr ac yn hanes yr achos efengylaidd yn yr Alban a gwledydd eraill. I'r gŵr efengylaidd y mae hyn yn broblem fawr o hyd, ac nid atgofion yn unig o'r hyn a eilw Wordsworth yn

> *. . . old forgotten far-off things,*
> *and battles long ago.*

Teimla fod gormes enwadaeth yn un yn y pen draw â gormes Pabyddiaeth; dyna paham y gwêl ag ofn y cynnydd sicr a geir yng ngallu peiriannau canolog a phwyllgorau gwaith yr holl enwadau, ac ystyria'r syniad o Eglwys Fyd-eang gydag awdurdod mwy canolog eto, yn fwy peryglus fyth. Y mae cwestiwn awdurdod yn effeithio arno ym mhob peth. Fe gwyd weithiau'n amlwg fel anhawster ynglŷn â chefnogi cenadaethau tramor. Nid yw'r ffaith syml mai oddi wrth brif swyddfa'r enwad y perthyn iddo (gan amlaf oherwydd damwain genedigaeth) y daw'r apêl, ac mai 'ein cenhadaeth ni' sy'n galw, nid yw hynny'n hollbwysig iddo ef. Cymer fwy o ddiddordeb yn natur y gwaith a wneir gan y genhadaeth ac yn natur y neges a bregethir gan y cenhadwr. Yn wleidyddol nid oes ganddo lawer o barch i'r gŵr a waedda, *'My country right or wrong.'* Cyhoedda bob amser ei hawl i farn breifat o fewn ei enwad crefyddol neu ei eglwys leol. Gwrthyd adael i'w ymddygiad gael ei reoli gan draddodiad, enwad, barn mwyafrif, neu unrhyw lys neu gorff. Bu raid iddo sefyll ar ei ben ei hun drwy'r canrifoedd i gael ei gamddeall, ei bardduo, ei wawdio, a'i erlid. Eithr gŵyr yn y pen draw y bydd yn rhaid iddo ryw ddiwrnod, sefyll ar ei ben ei hun o flaen brawdle Crist i dderbyn 'y pethau a wnaethpwyd yn y corff . . . pa un bynnag ai da ai drwg' (2 Cor. 5:10). Gan ei fod yn teimlo mai i Dduw a'i gydwybod ei hunan y mae'n gyfrifol, ni ddylanwedir arno gan 'y peth iawn i'w wneud' naill ai yn ei fywyd beunyddiol neu o fewn cylch ei eglwys.

Ar yr un pryd mae'n gwrthod cydnabod awdurdod terfynol rheswm, deall dynol ac athroniaeth. Yr hyn a osoda yn erbyn yr awdurdodau eglwysig amrywiol yw nid ei syniadau ei hunan ond yr hyn a ystyria ei fod yn ddatguddiad cwbl arbennig o Dduw, sef y Beibl. Gwêl, gan ei fod yn meddu ar syniadau arbennig am ddyn a phechod, fod sylwedd diwinyddiaeth yn sicr o fod y tu draw i amgyffrediad a dealltwriaeth ddynol, ar wahân i'r ffaith 'bod holl fwriad meddylfryd ei galon yn unig yn ddrygionus bob amser' (Gen. 6:5). Ni ddylanwedir arno, felly, gan ymadroddion hyderus ynglŷn â 'chonsenSws barn ysgolheigaidd', 'llwyddiannau gwybodaeth ddiweddar' a 'chanlyniadau diogel ymchwil'. Ni ddychrynir ef fwy na Luther gan enwau mawr, oherwydd dechreua gyda'r gosodiad 'nid adnabu'r byd trwy ddoethineb mo Dduw' ac 'nad llawer o rai doethion yn ôl y cnawd, nad llawer o rai galluog, nad llawer o rai boneddigion, a alwyd' ac 'eithr dyn anianol nid yw yn derbyn y pethau sydd o Ysbryd Duw: canys ffolineb ydynt ganddo ef; ac nis gall eu gwybod, oblegid yn ysbrydol y bernir hwynt.'

Yn yr un modd ychydig o barch sydd ganddo tuag at awdurdod swyddi eglwysig a llai o barodrwydd i ufuddhau iddynt. Ymddangosant iddo ef yn anysgrythurol, a gwêl mewn hanes iddynt gael eu llenwi yn aml gan ŵyr a oedd yn 'elynion croes Crist'. Cred fod gan y sant distatlaf ddealltwriaeth a wrthodir i'r 'doeth a'r deallus'.

Ym mater awdurdod, fodd bynnag, rhaid yw iddo fynd un cam ymhellach eto, a chydnabod nad yw hyd yn oed awdurdod profiad yn derfynol. Pwysleisia'r ddysgeidiaeth efengylaidd bwysigrwydd canolog gwybodaeth drwy brofiad o'r gwirionedd, ond ar yr un pryd ystyria ddyrchafu profiad i'r lle hollbwysig a lenwir gan wirionedd ei hun yn dra pheryglus. Y mae, felly, mor feirniadol ynglŷn â seicoleg a'r cwltiau a'r holl brofiadau paranormal ag ydyw ynglŷn â rhesymoliaeth. Nid yw'r ffaith fod bywyd wedi newid ei ansawdd, hyd yn oed os yw'r newid er lles, yn ddigon o'r safbwynt efengylaidd. Y cwestiwn hollbwysig yw, pa beth a barodd y profiad, beth yw ei natur, ac a oes gan yr Arglwydd Iesu Grist le hollbwysig ynddo?

Mewn geiriau eraill, yr unig awdurdod a gydnebydd y gŵr efengylaidd fel maen prawf pob problem yw'r Beibl. Cred ef mai hwn yw Gair Duw, sy'n anffaeledig ym mhob pwnc o ffydd ac ymddygiad. Rhaid barnu popeth wrth y safon hon—eglwysi, enwadau, swyddi, traddodiadau, ymddygiad—yn wir, popeth. O flaen ei deyrngarwch i'w enwad, i'w draddodiad, i unrhyw beth, y mae'r gŵr efengylaidd yn ffyddlon i'r gwir fel y gwêl ef y gwir yn y Beibl. Nid yw bod Eglwys neu enwad wedi cychwyn yn ogoneddus ac yn bur yn profi ei bod yn dal felly o hyd. Rhaid yw ei harchwilio a'i hystyried a'i phrofi wyneb yn wyneb â Gair Duw.

Neges yr efengyl

Ail bwyslais mawr y mudiad efengylaidd yw'r pwyslais ynglŷn â *neges yr efengyl Gristnogol*. Dywed nad athroniaeth bywyd yw'r efengyl yn bennaf, nac ychwaith anogaeth i ddynoliaeth i weithredu dysgeidiaeth Crist yn ei bywyd beunyddiol; yn hytrach ystyria ef yr efengyl fel cyhoeddiad fod dyn yn gwbl bechadurus ac yn golledig gerbron Duw sanctaidd a chyfiawn. Cyhoedda fod dyn mor llygredig fel na all ei achub ei hunan, a bod yn rhaid i'r achubiaeth ddod oddi wrth Dduw yn unig. Deil y canfyddir ffordd iachawdwriaeth Duw yng Nghrist, yn ei Berson a'i waith; ac yn arbennig yn ei farw aberthol, dirprwyol, iawnol ar y groes lle y dug 'ein pechodau ni yn ei gorff ar y pren' (1 Pedr 2:24), a lle y gwnaeth Duw 'yr hwn nid adnabu bechod . . . yn bechod drosom ni; fel y'n gwnelid ni yn gyfiawnder Duw ynddo ef' (2 Cor. 5:21).

Yn y ffordd hon yn unig y cred y gall Duw faddau i ddyn. Eithr nid maddeuant yn unig yw iachawdwriaeth, ac â'r neges efengylaidd ymlaen i bwysleisio athrawiaeth fawr y Testament Newydd ynghylch adenedigaeth a'r bywyd newydd.

Dywed fod dyn trwy allu'r Ysbryd Glân yn cael ei ail-greu ac yn dod yn greadur newydd; daw yn gyfrannog o'r 'duwiol anian' (2 Pedr 1:4) ac yn blentyn i Dduw mewn ffordd nad yw'n wir am y rhai na chredant yn yr Arglwydd Iesu Grist. Cred fod pawb yn gadwedig a brofodd yr ymweliad nerthol hwn oddi wrth Dduw; cred am bawb arall fod 'digofaint Duw yn aros arno ef' (Ioan 3: 36) a'i fod wedi ei dynghedu i ddinistr trag-wyddol. Felly, y mae ei neges yn gyntaf yn bersonol, yn ddifrifol ac yn daer. Mae ganddo safbwynt ar hanes, ar ddyletswyddau dyn yn y byd presennol, ar y Diwedd, ac ar y Farn olaf, eithr ei bwyslais cyntaf a mwyaf nodweddiadol yw 'Cymoder chwi â Duw' a 'Cred yn yr Arglwydd Iesu Grist, a chadwedig fyddi'.

Bywyd y crediniwr

Trydedd nodwedd y ffydd efengylaidd yw'r pwyslais a rydd ar *fywyd y crediniwr.* Nid yn nhermau moeseg neu etheg y mynegir hwn, eithr fel 'gweithio allan' athrawiaeth iachawdwriaeth ac ailenedigaeth, ac yn arbennig athrawiaeth yr Ysbryd Glân a'i waith. Cred fod y Cristion yn etifedd bywyd tragwyddol ac yn blentyn i Dduw. Y mae'n byw bywyd da, nid am fod drwg yn ddrwg neu am y gall drwy hynny *ddod* yn Gristion ond am ei *fod* yn Gristion, ac oherwydd y cred y dylai ei ymddygiad fod yn addas i efengyl Crist (Phil. 1:27). Yn yr un modd, gan ei fod yn ystyried fod y byd a'i feddwl a'i safbwynt yn wrthwynebus i Dduw a buddiannau gorau'r enaid, y mae'r gŵr efengylaidd yn credu mewn ymddeol o'r byd gan ymroi yn llwyr i ddilyn sancteiddrwydd a duwioldeb. Y mae hyn erioed wedi golygu annealltwriaeth; gwawdiwyd a dirmygwyd ef, a chyhuddwyd ef yn aml o fod yn chwyddedig, annidwyll a hunangyfiawn. Tystiolaetha'r termau Piwritan a Methodist, termau o wawd yn wreiddiol, yn huawdl i'r ffaith hon.

Un felly yw'r crediniwr efengylaidd bob amser ac ym mhob lle. Llywodraethir ei fywyd a'i feddwl gan Dduw a chan ras rhyfeddol yr Arglwydd Iesu Grist. Y mae'n dra ymwybodol o'i bechadurusrwydd a'i annheilyngdod llwyr, eithr ymlawenycha yn ei iachawdwriaeth. Ei awydd pennaf yw mynegi ei ddiolchgarwch i'r un a wnaeth gymaint erddo. Y mae cariad Crist yn ei gymell, a chytuna ag Isaac Watts mai mater o resymeg anochel yw dweud—

> *Love so amazing, so divine,*
> *Demands my soul, my life, my all.*

Onid yw'n hollol amlwg mai angen mawr yr Eglwys a'r byd heddiw yw nifer mwy o'r fath bobl? Boed i Dduw weld yn dda ddefnyddio'r *Cylchgrawn* newydd hwn i gyflawni'r angen hwn.

'Fy Nymuniad am 1950'

O'r *Cylchgrawn Efengylaidd*, Ionawr–Ebrill 1950

Cofiaf pan oeddwn yn blentyn fy mod yn cael anhawster mawr i benderfynu beth i'w ddymuno neu i'w ddewis pan fyddai rhywun yn gofyn i mi wneud hynny. Ond nid oes yr un anhawster gyda'r cais yma i ddatgan fy nymuniad am 1950.

O flaen popeth arall fy nymuniad pennaf yw 'fel yr adnab-yddwyf ef'. Does dim yn fy synnu'n fwy wrth edrych yn ôl na gweld y duedd i ymfodloni ar wrthrychau eraill. Nid wyf yn cyfeirio yn gymaint at bechodau ac yn y blaen, at 'eilunod gwael y llawr' neu at lithro. Mor hawdd yw ymfodloni ar wirion-eddau *am* y Person. Beth sydd yn rhoi mwy o bleser na diwin-ydda ac athrawiaethu am y ffydd, a hyd yn oed amddiffyn y ffydd? Parod ydym i gyd i geisio ac i chwennych profiadau arbennig—sicrwydd am faddeuant a chadwedigaeth, cael gwaredigaeth oddi wrth bechodau arbennig, profi llawenydd a heddwch, cael byw y bywyd llawn ac yn y blaen. Mae'r pethau hyn i gyd yn etifeddiaeth y Cristion, ond rhaid iddo beidio â byw arnynt nac ymfodloni ynddynt. 'Ei 'nabod Ef yn iawn yw'r bywyd llawn o hedd.'

> O! na chawn i olwg hyfryd
> Ar ei wedd, Dywysog bywyd;
> Tegwch byd, a'i holl bleserau,
> Yn ei ŵydd a lwyr ddiflannai.

Am yr eglwys fy nymuniad pennaf yw ar iddi gael profi diwygiad grymus yn 1950. Pwy a all beidio â galaru wrth weld Seion yn eiddil ac yn dlawd, ac mor annheilwng o'i Harglwydd Mawr? Beth a all fod yn fwy truenus na gweld Corff Crist yn ddim byd ond nifer o bwyllgorau a chynadleddau, heb yr Ysbryd a heb nerth?

O! na ddeuai'r hen bwerau
Brofwyd yn y dyddiau gynt.

O! na welem bob Cristion ar ei liniau mewn edifeirwch ac mewn gweddi daer am i Dduw ymweld â ni eto yn ei ras.

Dymunaf fendith ar waith a gweinidogaeth *Y Cylchgrawn Efengylaidd* i'n dwyn ni i gyd yn agosach ato Ef ac i hiraethu a gweddïo am 'ymweliad oddi fry'.

Newyn am Gyfiawnder

Pregeth a gyhoeddwyd yn *Y Cylchgrawn Efengylaidd*
yn rhifyn Ebrill–Mai, 1952

*'Gwyn eu byd y rhai sydd arnynt newyn a syched
am gyfiawnder: canys hwy a ddiwellir.'*
(Mathew 5:6)

Ein priod ddyletswydd fel Cristnogion ydyw edrych ar
fywyd yn y byd hwn yng ngoleuni'r efengyl; ac yn ôl yr
efengyl, nid rhyw un amlygiad o bechod sydd yn peri trafferth
a phoen i ddynoliaeth, eithr pechod ei hun. A chymryd fod pob
un ohonom yn teimlo'n wirioneddol bryderus ynghylch cyflwr
ein byd a'r posibilrwydd o ryfel arall, carwn eich sicrhau mai'r
ffordd fwyaf effeithiol i osgoi'r trychinebau y'n bygythir â hwy
fyddai inni gydnabod gwirionedd y geiriau sydd gennym dan
sylw. Pe gwyddai pob dyn a dynes trwy'r byd beth fyddai
newynu a sychedu am gyfiawnder, diflannai ofnau rhyfel yn
llwyr o'n mysg.

Dyna'r ffordd i gyfeiriad gwir heddwch; nid yw'r ystyr-
iaethau eraill yn cyffwrdd â'r broblem mewn gwirionedd, ac ni
fydd gan yr holl gollfarnu sydd yn digwydd ar hyn o bryd ar
wledydd, pobloedd a phersonau effaith o gwbl ar y sefyllfa
gydwladol. Gwastraffwn ein hamser, ac amser Duw, yn rhoi
mynegiant i'n syniadau dynol yn lle ystyried Gair Duw ei hun.
Angen mwyaf ein byd heddiw ydyw'r angen am Gristnogion.
Pe cynhwysai gwledydd y byd fwy o Gristnogion, ni fyddai'n
rhaid i ni boeni am y bom atomig nac un enbydrwydd arall.
Felly, gwelwn mai'r efengyl, er iddi ymddangos yn gwbl am-
herthnasol i laweroedd, yw'r ffordd fwyaf effeithiol a'r fwyaf
uniongyrchol i ddatrys y broblem. Un o drychinebau mwyaf yr
Eglwys yn ein dyddiau ni yw'r ffordd y mae cynifer o bobl yn
ymfodloni ar ailadrodd y gosodiadau annelwig a chyffredinol a
chwbl ofer am ryfel a heddwch, yn lle eu bod yn pregethu'r

efengyl yn ei symlrwydd a'i phurdeb priod. Cyfiawnder sydd yn dyrchafu cenedl, a'r peth pwysicaf i bawb ohonom ar hyn o bryd yw ailddarganfod ystyr y gair hwn.

Beth a ddywed adnod ein testun am y gair hwn ynteu? 'Gwyn eu byd y rhai sydd arnynt newyn a syched am gyfiawnder: canys hwy a ddiwellir.' Hynny yw, dyna'r bobl a ŵyr beth yw gwir ddedwyddwch—y rhai sydd yn newynu a sychedu am gyfiawnder. Yn awr, y mae'r byd i gyd yn ceisio dedwyddwch a hapusrwydd. Mae pawb am fod yn hapus: dyna'r cymhelliad mawr sydd y tu ôl i bob cymhelliad arall. Ond, a dyma'r drychineb, er bod pob gewyn ar waith yn yr ymchwil daer yma am hapusrwydd nid yw dyn yn ei gael yn unman. Beth sydd o'i le? Credaf mai dyma'r ateb; nid ydym erioed wedi deall ystyr yr adnod yma fel y dylem: 'Dedwydd yw y rhai sydd arnynt newyn a syched am gyfiawnder.' Beth y mae'r adnod yn ei feddwl, felly? Hyn yn syml, na ddylid caniatáu i hapusrwydd neu ddedwyddwch, fel y cyfryw, fod yn nod i fywyd neb; os gwneir hynny ni cheir mohonynt. Canlyniad yr ymchwil am gyfiawnder ydyw gwir ddedwyddwch: 'Gwyn eu byd y rhai sydd arnynt newyn a syched am gyfiawnder.' Eithr fel y gwyddom yn dda, rhydd y byd y flaenoriaeth i'r ymchwil yma am ddedwyddwch a hapusrwydd; dyna ddiben pob gweithgarwch, a diben byw mewn gwirionedd, i laweroedd; eithr dyma'r drychineb: yn yr ymchwil amdano y mae hapusrwydd yn diflannu dan eu dwylo. Er pob dygn ymdrech i ddod o hyd iddo, y mae yn dianc o'u gafael byth a hefyd. Nid ydynt yn ei gael, medd yr Ysgrythur, am eu bod yn rhoi hapusrwydd a dedwyddwch o flaen cyfiawnder, a phryd bynnag y gwneir hynny, tynghedir ni i siom a thristwch. 'Gwyn eu byd y rhai sydd arnynt newyn a syched am *gyfiawnder*.'

Mae'r cyfeiliornad hwn yn amlwg wir am rai o'r tu allan i'r eglwysi, eithr y mae yr un mor wir am amryw sydd oddi mewn i'r eglwysi. Fe'u gwelir yn crwydro o gyfarfod i gyfarfod ac o gynhadledd i gynhadledd, yn gobeithio y cânt hwythau y profiad hwnnw sydd yn mynd i lenwi eu calonnau â llawenydd. Dywedant fod eraill wedi ei gael, ond ni ddaeth i'w rhan hwy, hyd yma. Treuliant flynyddoedd lawer yn newynu a sychedu am y profiadau arbennig yma sydd yn debyg o'u gwneud hwythau yn hapus a dedwydd. Cânt eu siomi yn ddirfawr, ac nid yw hynny yn syndod. Nid ydym i newynu a sychedu nac am ddedwyddwch nac am brofiadau, eithr am gyfiawnder. Yr unig ffordd i fod yn wironeddol hapus a dedwydd yw trwy i ni newynu a sychedu am gyfiawnder. Dyma'r drychineb, ein bod mor amharod i ddilyn dysgeidiaeth seml Gair Duw a'n bod mor chwannog i hela'r profiadau yma.

Beth a olygir wrth y 'cyfiawnder' hwn, ynteu? I ddechrau, golyga rywbeth llawer iawn mwy na'r cyfiawnder cyffredinol rhwng gwledydd a'i gilydd y mae cymaint o sôn amdano y dyddiau hyn. Fe geir dynion i siarad yn huawdl heddiw am gysegredigrwydd cytundebau rhyngwladol, ac am chwarae teg a chadw gair rhwng gwledydd a'i gilydd, ond sydd yr un pryd yn anffyddlon i'w gwragedd ei hunain. Nid oes gan yr efengyl ddiddordeb yn y math hwn o siarad, ac nid dyna'r cyfiawnder sydd yn yr adnod hon.

Ni olyga ychwaith ryw barchusrwydd arwynebol, nac ychwaith ryw foesoldeb cyffredinol—afraid yw aros i esbonio hynny. Eithr y mae'n bwysicach o lawer ein bod yn aros i sylwi yn y fan hon na olyga'r gair 'cyfiawnder' yng nghysylltiadau'r testun 'gyfiawnhad' fel y cyfryw. Fe'i defnyddir yn y Testament Newydd i olygu hynny, ond yma, golyga fwy na hynny. Golyga gyfiawnhad *a* sancteiddhad. Mewn geiriau eraill, golyga 'newynu a sychedu am gyfiawnder' yr awydd angerddol am fod yn rhydd oddi wrth bob pechod ymhob ffurf arno. Golyga'r hiraeth am gael bod mewn perthynas iawn â Duw. Gan mai pechod a ysgarodd rhwng dyn a'i Dduw, golyga felly'r hiraeth am iddo gael ei ryddhau oddi wrth bechod fel yr adferir y berthynas wreiddiol honno o gymod â Duw—y berthynas a fwynhâi ei rieni cyntaf. Gwêl fod y byd y mae'n byw ynddo dan lywodraeth Satan a phechod, gwêl ei fod yntau yng ngafael yr un pwerau. Cafodd ei ddallu'n rhy hir gan 'dduw'r byd hwn'; cafodd ei boeni a'i ormesu'n gyson gan 'y ddeddf arall sydd yn ei aelodau,' chwedl Paul, a'i ddymuniad angerddol yw ar iddo gael ei ryddhau oddi wrth rym pechod.

Eithr y mae'r newynu a'r sychedu hwn am gyfiawnder yn golygu mwy hyd yn oed na'r awydd i fod yn rhydd oddi wrth bechod; golyga hefyd yr awydd am fod yn rhydd oddi wrth yr awydd i bechu. Buan y cenfydd y dyn a gais ei holi ei hun yng ngoleuni'r Ysgrythurau ei fod nid yn unig yn gaeth i bechod ond ei fod hefyd yn dymuno hynny. Er iddo weld fod hynny yn anghywir ac yn bechadurus, deil i'w ddymuno. Wrth newynu a sychedu am gyfiawnder, golygir yr hiraeth am gael rhyddhad oddi wrth yr awydd yma i bechu. Mewn geiriau eraill, hiraeth ydyw am ryddhad oddi wrth lygredd pechod. Rhywbeth sy'n llygru ein holl natur yw pechod; a dyn yw'r Cristion a ddymuna gael ei ryddhau oddi wrth y llygredd hwn. A chrynhoi'r cyfan a ddywedwyd hyd yma mewn un frawddeg, wrth newynu a sychedu am gyfiawnder golygir yr awydd angerddol am ryddhad oddi wrth bopeth a berthyn i'r hunan—gorbryder yn ein cylch ni ein hunain, balchder, gordeimladrwydd, y cymhlethdod hwnnw sy'n peri ein bod bob amser yn dychmygu bod pobl yn ein herbyn, yr awydd i'n hamddiffyn ein hunain ac i'n canmol ein hunain—y cyfan yna. Neu, a'i fynegi mewn termau cadarnhaol, gan i ni aros gyda'r negyddol hyd yma, golyga'r newyn a'r syched hwn am gyfiawnder hiraeth am fod yn wirioneddol sanctaidd a duwiolfrydig. Golyga'r hiraeth am fod yn debyg i'r dyn newydd yng Nghrist Iesu, neu yn wir, i fod yn fwy cywir, yr hiraeth am fod yn debyg i Iesu Grist ei hun. Edrycher arno, yn ei ufudd-dod dieithriad i ddeddf sanctaidd ei Dad; edrycher arno yn ei adwaith i bobl eraill, yn ei dynerwch a'i dosturi; edrycher arno yn ei ymddygiad tuag at ei elynion—dymuna'r dyn sydd yn newynu ac yn sychedu am gyfiawnder fyw fel yna.

O'r gorau ynteu, gadewch i ni edrych ar y geiriau eraill sydd yn yr adnod: 'Gwyn eu byd y rhai sydd arnynt *newyn a syched* am gyfiawnder.' Daw hyn â ni at agwedd ymarferol ein testun. Beth a olygir wrth y geiriau hyn, 'newynu a sychedu'? Yn sicr, ni olygir ganddynt y gred honno y gallwn ni gyrraedd y cyfiawnder hwn trwy ein hymdrechion ni ein hunain. Syniad y byd am gyfiawnder sydd wrth wraidd y gred honno. Rhydd y pwyslais i gyd ar ddyn, gan arwain y dyn hwnnw i fod mor falch â'r Pharisead ei hun, a chan arwain y genedl honno i ymhyfrydu yn ei chyraeddiadau hi rhagor na chenhedloedd eraill. Beth a olyga'r geiriau hyn felly? Mae'r ateb yn un syml iawn: golygant ymwybyddiaeth o angen, golygant ymwybyddiaeth o angen dwfn. Mwy na hynny, hyd yn oed, golygant ymwybyddiaeth ddofn o angen dwfn ac ofnadwy. Nid rhyw ymdeimlad ysbeidiol, eithr rhyw hiraeth a erys yn boen i'w oddef hyd onis diwellir. 'Fel y brefa'r hydd am yr afonydd dyfroedd, felly yr hiraetha fy enaid amdanat'—dyna'r newynu a'r sychedu. Neu fel y dywed yr enwog J. N. Darby am y Mab Afradlon, 'Nid yw teimlo chwant bwyd yn ddigon, rhaid i ni fod yn newynu os ydym am wybod beth sydd gan Dduw ar ein cyfer. Pan oedd y Mab Afradlon yn dioddef oddi wrth chwant bwyd, fe aeth i ymborthi ar gibau; pan oedd yn newynu, troes at ei dad.' Dyna'r sefyllfa. Golyga 'newynu a sychedu' yr ymwybyddiaeth ofnadwy yma ein bod ar ddarfod amdanom; ein bod ar fin trengi yn ysbrydol; ein bod yn gwbl dlawd heb feddu dim—newynu a sychedu am gyfiawnder.

Beth a addewir i'r sawl sydd yn newynu fel hyn? Gwyn eu byd, medd y Gwaredwr. Paham hynny? 'Canys hwy a ddiwellir'; cânt eu dymuniad. Yn sicr ddigon, dyma un o addewidion anwylaf y Beibl i gyd. Dyna'r efengyl yn ei phurdeb gogoneddus—y mae'r cyfan o ras; rhodd Duw ydyw. Ni all dyn ei ddiwallu ei hun â chyfiawnder. Pan sylweddolwn ni ein hangen a'n hanallu, a phan fydd i ni newynu a sychedu mewn gwirionedd am y cyfiawnder hwn, fe'n diwellir. Ac fe ddigwydd yn ddi-oed—dyna ogoniant yr efengyl. 'Hwy a ddiwellir' ar fyrder, fel hyn. Cyn gynted ag y dymunwn y cyfiawnder hwn o lwyrfryd calon, cawn ein cyfiawnhau; cymerir i ffwrdd y pechod a'r euogrwydd a oedd rhyngom a Duw.

Nid oes raid i neb ohonom fod yn ansicr ynghylch y gwirionedd hwn. Os ydym yn credu yn yr Arglwydd Iesu Grist ac yn derbyn y ffaith iddo farw drosom a thros ein pechodau ni ar Galfaria, yna fe faddeuwyd i ni; nid oes angen i ni ofyn am faddeuant hyd yn oed: fe faddeuwyd ein pechodau ni. Cyfrifir cyfiawnder Crist i ni; pan edrycha Duw arnom fe'n gwêl wedi ein diwallu â chyfiawnder Crist, wedi'n gwisgo â'i gyfiawnder, fel rhai y maddeuwyd iddynt eu pechodau.

Diolch i Dduw, fe ddigwydd yn ddi-oed; eithr y mae'n parhau i ddigwydd hefyd. Gwaith yr Ysbryd Glân fydd ein rhyddhau oddi wrth hualau a llygredd pechod. Os ydym yn newynu ac yn sychedu am i hynny hefyd ddigwydd, fe'n diwellir. Cyfranna'r Ysbryd Glân i'n heneidiau y cyfiawnder a gyfrifwyd i ni eisoes. Fe'n galluogir i fod yn fwy na choncwerwyr ar bawb a phopeth, ac i wrthwynebu'r Diafol, fel y bydd iddo ffoi oddi wrthym. Diwellir ni yn gynyddol â chyf-iawnder o ddydd i ddydd; â'r gwaith o'n glanhau, a'n 'cyfiawnhau' yn yr ystyr yma i'r gair, ymlaen yn gyson, ond i ni gerdded gyda Duw, ac ymddiried yn y Crist 'sydd ynom ni'.

Ac yn nhragwyddoldeb caiff yr addewid ei chyflawni yn llawn ac yn derfynol. Daw y dydd pan gaiff pawb sydd yng Nghrist ac a berthyn iddo ef sefyll ym mhresenoldeb Duw yn ddifeius, ac yn ddifrycheulyd—yn ddyn newydd mewn corff newydd a pherffaith. Y pryd hwnnw, fe'n diwellir yn derfynol a chyflawn â'r cyfiawnder hwnnw y'n diwellir ag ef ar hyn o bryd yn rhannol ond yn gynyddol.

Ni wn beth a feddyliwch chi am hyn, ond i mi y mae yn wirionedd godidog i'w ryfeddu. Dyn yw'r Cristion sydd wedi ei ddiwallu mewn un ystyr, sydd wedi ei gyfiawnhau, ond sydd hefyd yn newynu ac yn sychedu am gyfiawnder. Po fwyaf a gaiff efe o'r cyfiawnder hwn, mwyaf ei hiraeth amdano. Dyna wynfyd y Cristion; cynydda yn gyson. Y mae yn hiraethu o hyd, yn cael ei ddiwallu, eithr gan mor felys ydyw, mae'n hiraethu ac yn sychedu eto am fwy.

A ydych chi yn newynu ac yn sychedu fel hyn? A wyddoch chi am y dedwyddwch cynyddol hwn? Dyma addewid rasol Duw i chwithau, 'Gwyn eu byd y rhai sydd arnynt newyn a syched am gyfiawnder, canys hwy a ddiwellir.'

Cynllun a Threfn

O'r rhagair i *Chwilio'r Gair: Y Flwyddyn Gyntaf*
(Mudiad Efengylaidd Cymru, 1958)

Ar wahân i gymundeb â Duw mewn gweddi, nid oes dim pwysicach i fywyd y Cristion na'i fod yn darllen yr Ysgrythur yn rheolaidd a chyson. Mae hyn yn wir am bob Cristion, ac am bob cam yn y bywyd Cristnogol. Mae yn hanfodol i'r ifanc yn y ffydd y mae Pedr yn eu hannog i chwenychu 'didwyll laeth y gair, fel y cynyddoch trwyddo ef'.

Ond mae'n ofynnol cael cynllun a threfn wrth ddarllen y Gair. Mae llawer o Gristnogion yn darllen rhai hoff ddarnau o'r Salmau a'r Efengylau yn unig, a'r canlyniad uniongyrchol yw bod eu dealltwriaeth o ffordd yr iachawdwriaeth yn anghyflawn ac yn anghytbwys.

Bydd rhai yn darllen yn unig mewn dull y gellir ei ddisgrifio fel un defosiynol gan anghofio eu bod yn ymdrin â gwirionedd sydd i oleuo'r meddwl, a chan anghofio hefyd anogaeth Paul— 'mewn deall byddwch berffaith'.

Ar y llaw arall, perygl eraill yw trin y Beibl fel pe bai'n ddim mwy na gwerslyfr seciwlar, gan anghofio mai ei ddiben yw arwain dyn i adnabyddiaeth bersonol o Dduw ac o'r Arglwydd Iesu Grist, ac i addoliad a mawl.

Ein tuedd, bawb ohonom, yw rhyw fwrw iddi yn ysbeidiol ac mae arnom angen parhau i fod yn ddisgybledig ac yn drefnus ym mhopeth a wnawn.

Gallaf dystio na fu'r un dim yn fy mhrofiad fy hun yn fwy o gymorth a lles i mi, yn fy mywyd personol ac yn fy ngweinidogaeth, na darllen ac astudio'r Ysgrythurau yn rheolaidd ac yn systematig.

'Yr Hyn a Gredaf'

Detholion o ddau lythyr at Olygydd *Barn*,
Ebrill a Mehefin 1963, mewn ateb i sylwadau gan
Aneirin Talfan Davies (ATD) yn 'Ar Ymyl y Ddalen'

Undeb eglwysig

. . . Un peth yw credu mewn undeb eglwysig, peth arall yw
credu yn y mudiad eciwmenaidd presennol. Dyna paham y
pwysleisiaf bwysigrwydd y sylfeini. Cyn rhuthro i 'wneud
rhywbeth' yn ddifeddwl ac mewn stad o banig, rhaid yn gyntaf
wynebu cwestiynau fel: Beth yw Cristion? Beth yw'r Eglwys?
Beth yw hanfod gwir undeb? 'A rodia dau ynghyd, heb fod yn
gytûn?'

Os yw o ddiddordeb, fy nghred i yw y dylai'r enwadau i gyd
yng Nghymru (gan gynnwys yr Eglwys esgobol) uno â'i gilydd
ar unwaith, gan nad oes dim o bwys yn eu gwahaniaethu yn
ddiwinyddol nac yn athrawiaethol! Ond, ar yr un egwyddor yn
union, ni ellir disgwyl i'r sawl a anghytuna â hwynt, ar gwest-
iynau hanfodol a sylfaenol, fod yn rhan o'r eglwys unedig
honno.

Awdurdod

. . . Ond beth yw'r awdurdod terfynol yn y mater hwn [sef pwnc
awdurdod]? Ai'r esgobion? Ai ynteu'r Pab ac Eglwys Rufain,
neu'r Cynghorau eglwysig cynnar? Gadawn i erthygl 21 o
erthyglau Eglwys Loegr ateb y cwestiwn:

Cynghorau Cyffredin nis gellir eu casglu ynghyd heb
orchymyn ac Ewyllys Tywysogion. Ac wedi eu casglu
ynghyd (yn gymaint ag nad ydynt ond Cynulleidfa o
ddynion, o'r rhai ni lywodraethir pawb gan Ysbryd a Gair
Duw) hwy a allant gyfeiliorni, ac weithiau fe ddarfu iddynt
gyfeiliorni, a hynny mewn pethau a berthynant i Dduw.

Oherwydd paham, y pethau a ordeinir ganddynt megis yn anghenraid i Iachawdwriaeth, nid oes iddynt na nerth nac awdurdod, oni ellir dangos ddarfod eu tynnu allan o'r Ysgrythur Lân.

Gwyddom fod yr esgobion bron i gyd wedi cyfeiliorni gydag Arius yn y bedwaredd ganrif, a bod y sefyllfa wedi'i hachub gan unigolyn—*Athanasius contra mundum* . . . Beth a ddywedwn hefyd am Luther yn sefyll wrtho'i hun yn erbyn holl awdurdodau'r Eglwys a thraddodiad canrifoedd—'Yma y safaf. Ni allaf wneud yn amgen. Felly cynorthwyed Duw fi'—a llaweroedd o rai cyffelyb iddo ar hyd y canrifoedd? Dyma hanfod Protestaniaeth. Ond yn bwysicach na'r ystyriaethau hyn i gyd, beth am ddysgeidiaeth y Testament Newydd; gweler 1 Ioan 2:20—'Eithr y mae gennych chwi eneiniad oddi wrth y Sanctaidd hwnnw, a chwi a wyddoch bob peth.'

Nid yw hyn yn golygu 'penrhyddid' o gwbl. Yn wir y mae pob dyn a arweinir gan yr Ysbryd Glân yn ddyn gwylaidd. Gŵyr am ei ffaeleddau a'i wendidau ac ymdeimla â'i anwybodaeth yn feunyddiol. O ganlyniad ymgynghora ag eraill mewn darllen a siarad ac fe fydd yn parchu eu deall hwy yn yr Ysgrythurau. Medd ATD—os yw dyn yn defnyddio'i feddwl a'i reswm ei hunan—'Pa bwynt, felly, mewn sôn am eglwys o gwbl?' Yr ateb syml yw mai 'saint ymgynulliedig' yw eglwys, sef pobl sydd yn cytuno â'i gilydd i addoli Duw, ac i gynorthwyo'i gilydd yng ngolau a than arweiniad yr Ysbryd Glân, a than arglwyddiaeth yr Arglwydd Iesu Grist, yr hwn a addawodd fod yn bresennol gyda hwy . . .

Gan fod ATD wedi enwi'r peth, yr wyf yn credu Cyffes Ffydd y Methodistiaid Calfinaidd o hyd. Y peth sy'n alar i mi yw nad yw'r rhan fwyaf o Fethodistiaid Calfinaidd Cymru mwyach yn ei chredu, na hyd yn oed yn gweld yr angenrheidrwydd am gyffes fanwl o gwbl. Yr wyf hefyd yn cytuno'n hollol â'r cyfan sydd yng nghyfamod eglwysig Capel Westminster (cred yr *Independent Protestant Dissenters*). Ni allwn aros yno am eiliad fel gweinidog pe na bai hyn yn wir . . .

Traddodiad

. . . Mae'r methiant hwn i weld lle'r unigolyn ym mywyd yr Eglwys, y duedd i bwysleisio traddodiad a'i wneud yn ogyfuwch ei awdurdod â'r Beibl, a'r cyfan yn y pen draw yn sylfaenedig ar y syniad o 'olyniaeth apostolaidd' yn arwain i ddau ganlyniad difrifol iawn. Gallaf eu gosod allan orau drwy ddyfynnu geiriau dau ddiwinydd enwog. Medd P. T. Forsyth yn ei *Christ and the Sacraments*:

> The Apostolic succession was at first a succession of truth rather than of persons, till in time the depositories became more than the deposit. The Church fell into a bureaucracy in the sense that the officers vouched for the matter more than the matter for the officers.

Ychwanega'r Prifathro John Huxtable yn ei ragair i *The True Nature of a Gospel Church*, John Owen:

> When Anglicans talk of the Church they almost always give the impression of meaning the hierarchy and the priesthood, almost as if the laity were little more than a necessary background to the labours of bishop, priest and deacon . . .

Y gwir yw nad oes fawr o debygrwydd rhwng Eglwys y Testament Newydd ac eglwys gadeiriol, neu yn wir eglwys y plwyf. Os am weld gwir eglwys yna mae'n rhaid mynd i gyfarfod gweddi, neu seiat brofiad, neu gyfeillach. Er eu holl aflerwch ofnaf fod yn rhaid cydnabod fod ambell i eglwys 'Bentecostal' yn debycach o lawer i eglwysi'r Testament Newydd na'n heglwysi ni, gyda'u hurddas hunan-dybiedig, eu ffurfioldeb marw a'u parchusrwydd, eu gwisgoedd a'u gorymdeithiau a'u seremonïau—sy'n atgoffa dyn o'r Hen Destament yn hytrach na'r Newydd, ac o demlau y gau grefyddau paganaidd yn fwy na symlrwydd yr Eglwys Fore a'i chyfarfodydd mewn tai cyffredin . . .

Nid oes gofod i ddelio â sylwadau ATD am yr apostol Paul. Ond yr wyf yn y llyfryn [*The Basics of Christian Unity*] wedi ceisio esbonio'n fanwl ei ddysgeidiaeth ar gwestiwn undeb, yn Effesiad 4:1-16. Ni bu neb yn fwy anoddefgar o au athrawiaeth na'r apostol mawr. Cariad ac addfwynder ac amynedd at y rhai a oedd yn methu yn eu buchedd, ond llymdra tuag at y gau apostolion a'r twyllwyr! Gallwn fod yn hollol sicr hefyd na buasai gobaith gan neb i fod yn aelod eglwysig yn nyddiau Paul heb iddo wybod beth yr oedd yn ei gredu, a heb fod ganddo brofiad o 'achubiaeth' a 'thröedigaeth'. 'Carfan dethol' o'r cadwedigion (geiriau ATD) oedd eglwys yn nyddiau'r apostolion. O! na allem ddychwelyd i'r cyfryw syniad yn lle taflu sarhad arno!

Nid oes arnaf gywilydd o gwbl arddel y syniad o 'gapel split.' Beth oedd yr Eglwys Fore i'r Sadwceaid a'r Phariseaid ond 'Capel Split'? Beth yw'r Eglwys Anglicanaidd i'r Pabyddion? 'Capel Split'! Beth oedd eglwysi'r Piwritaniaid (Cynulleidfaol a Bedyddiedig) i'r Anglicaniaid? 'Capel Split'! Beth oedd y Methodistiaid Calfinaidd a Wesleaidd i'r awdurdodau Eglwysig? 'Capel Split'! Braint yw hanu o'r fath dras a pherthyn i'r fath gwmni . . .

Mentraf broffwydo mai brwydr fawr y dyfodol yng Nghymru fydd y frwydr rhwng y Pabyddion a'r bobl Efengylaidd ddirmygedig—yn unig ddwy garfan sy'n gwybod ble maent yn sefyll a beth a gredir ganddynt. Y cwestiwn cyntaf a hollbwysig heddiw yw, nid sut mae uno'r enwadau fel ag y maent, ond hen gwestiwn yr unfed ganrif ar ddeg—sut mae dyn yn cael ei achub; ai trwy yr Eglwys a'r sacramentau, a thrwy weithredoedd; ai ynteu cyfiawnhad trwy ffydd yn unig?

Y peth sy'n fagl i ATD, fel ag i bawb sy'n Gatholig yn eu syniadau, yw 'traddodiad'. Ambell dro gwna osodiadau clir ac eglur fel, er enghraifft, pan ddywed nad yw traddodiad yn gydradd â'r Ysgrythurau—a diolch am hynny. Ar y llaw arall caiff ei swyno gan y syniad o draddodiad i'r fath raddau fel ag i fod yn euog o wrth-ddweud yn hollol, yn y modd cliriaf posibl, yr hyn a ddywed yr apostol Paul. Wedi dyfynnu adnodau cyntaf 1 Corinthiaid 16, ac italeiddio'r geiriau 'yr hyn hefyd a dderbyniais,' â [ATD] ymlaen i ddweud—'Derbyn y traddodiad ar law dynion a wnaeth Sant Paul, a'i draddodi'n ffyddlon i'w gynulleidfa.' Ond a yw hyn yn wir? Ar law pwy y derbyniodd yr apostol ei genadwri? Mae'n gwestiwn holl-bwysig ac yn ffodus iawn ni'n gadawyd mewn unrhyw ansicrwydd yn ei gylch. Nid mater o farn yw hyn. Y mae'r apostol ei hun yn ateb y cwestiwn fel a ganlyn (1 Cor. 11:23): 'Canys myfi a dderbyniais *gan yr Arglwydd* yr hyn hefyd a draddodais i chwi . . .' Yna Effesiaid 3: 1-4: ' . . . os clywsoch am oruchwyliaeth gras Duw, yr hon a roddwyd i mi tuag atoch chwi. *Mai trwy ddatguddiad yr hysbysodd efe i mi* y dirgelwch (megis yr ysgrifennais o'r blaen ar ychydig eiriau, wrth yr hyn y gellwch, pan ddarllenoch, wybod fy neall i yn nirgelwch Crist).' Ond, yn gliriach fyth . . . Galatiaid 1: 11 a 12: 'Eithr yr ydwyf yn hysbysu i chwi, frodyr, am yr efengyl a bregethwyd gennyf fi, nad yw hi ddynol. Canys nid gan ddyn y derbyniais i hi nac y'm dysgwyd: eithr *trwy ddatguddiad Iesu Grist.*' Beth a allasai fod yn gliriach? . . .

Y gwir yw, wrth gwrs, mai'r hyn a oedd yn gwneud Paul yn apostol ac yn rhoi awdurdod apostolaidd iddo, oedd y ffaith ei fod wedi gweld yr Iesu atgyfodedig, ac wedi derbyn ei genad-wri oddi wrtho yn uniongyrchol. Nid trwy draddodiad yr Eglwys y derbyniodd Paul ei neges; yr oedd ef yn hytrach, gyda'r apostolion eraill a'r proffwydi, yn rhan o'r sail yr adeiladwyd yr Eglwys arni (Effes. 2:20) . . .

Dehongli ac esbonio

. . . Yn y fan hon rhaid wynebu'r ail fater . . . y broblem o ddehongli ac esbonio. O bosibl, dyma'r broblem anhawsaf i Brotestaniaeth. Fe'm synnwyd o ddarllen hyn: 'Felly, gan yr Eglwys y mae'r awdurdod i esbonio'r Ysgrythurau.' [geiriau ATD] Dyna Babyddiaeth ronc, y syniad a wrthodwyd gan y Tadau Protestannaidd i gyd, heb eithrio y Tadau Anglicanaidd . . .

Fy safbwynt i ar y mater yw eiddo Calfin, y Piwritaniaid, y Tadau Methodistaidd, etc. Er bod yr Ysgrythurau eu hunain yn amlygu'r ffaith eu bod o Ddwyfol darddiad, yr hyn sy'n argyhoeddi dyn o hynny, ac yn ei alluogi i'w deall a'u hesbonio, yw tystiolaeth fewnol yr Ysbryd Glân . . .

Ond i'n diogelu'n hunain rhag cyfeiliornad, ac i gadarnhau'n barn, y mae gennym weithiau'r Tadau. Dyna paham yr arferai Luther a Chalfin gyfeirio cymaint at Awstin ac eraill; ond nid, sylwer, fel awdurdodau terfynol fel y gwnâi Jewel a Hooker, ac yn enwedig yr Eingl-Gatholigion. Erbyn heddiw, wrth gwrs, y mae gennym ni weithiau ac esboniadau Luther a Chalfin eu hunain, heb sôn am y Piwritaniaid a llaweroedd o awduron eraill oddi ar hynny. Dyna ystyr y geiriau sydd yn synnu ATD— 'ymgynghori ag eraill mewn darllen a siarad' . . .

Mae Cymru'n troi'n gyflym yn baganaidd ac yn babaidd. Beth sydd i'w wneud? Sôn am sacramentau? Nage, yr angen mawr yw pregethu grymus, argyhoeddiadol, yn nerth yr Ysbryd Glân, cyhoeddi barn, galw am edifeirwch, cynnig iachawdwriaeth rad trwy waed Crist, cyfiawnhad trwy ffydd yn unig, a'r ailenedigaeth wyrthiol. Ond mae'n rhaid credu'r gwirioneddau hyn a bod yn sicr ohonynt cyn y gallwn weddïo am y tywalltiad yna o'r Ysbryd Glân a all yn unig ein galluogi i atal y llifeiriant bygythiol . . .

Yn gywir iawn
D. Martyn Lloyd-Jones

'Os Wyt Gymro . . .'

Gaius Davies yn holi'r Parchedig Ddr D. Martyn Lloyd-Jones ynglŷn â Chymreictod a'r Gymraeg o safbwynt Cristnogol. Ymddangosodd y cyfweliad hwn gyntaf yn *Y Cylchgrawn Efengylaidd* yn 1965. Fe'i hailgyhoeddwyd mewn tair erthygl yn *Y Cylchgrawn Efengylaidd* yn 1987.

GD: Beth, yn eich barn chi, yw dyletswydd y Cristion tuag at ei genedl, ei draddodiad a'i ddiwylliant?

DMLJ: Rwy'n meddwl mai'r ffordd iawn i fynd at y cwestiwn yma o'n safbwynt ni (fel pob cwestiwn arall, o ran hynny) yw dechrau gyda'r hyn a ddysgir yn y Beibl ar y pwnc. Mae'r hyn a ddysgir yn Rhufeiniaid 13 yn ei gwneud yn eglur y dylai'r Cristion fod yn ddinesydd ffyddlon: rhaid iddo ymddarostwng i'r galluoedd goruchaf, dyna ddyletswydd pob Cristion. Dyw'r ffaith fod dyn yn Gristion ddim yn golygu ei fod yn peidio â bod yn ddinesydd o'i wlad ei hun, a rhaid iddo bara i ufuddhau i gyfreithiau'r wlad honno. Dyna ddysgeidiaeth gyffredinol y Beibl.

Ond mae pobl yn dweud yn aml fod Paul yn genedlaetholwr oherwydd yr hyn y mae'n ei ddweud yn Rhufeiniaid 9–11. Mae'n ymddangos i mi fod hyn yn gamgymeriad. Nid yn nhermau cenedlaetholdeb yr oedd Paul yn ymddiddori yn yr Iddewon ac mewn cenedligrwydd Iddewig, ond yn unig oherwydd mai hwy oedd pobl etholedig Duw. Mae'n gwneud hyn yn berffaith eglur yn Rhufeiniaid 9:4-5.

Nawr rwy'n meddwl fod hwn yn wahaniaeth pwysig iawn, oherwydd mae dysgeidiaeth gyffredinol y Testament Newydd —gan gynnwys Paul—yn erbyn yr hyn y byddwn i'n ei alw'n genedlaetholdeb yn ôl y cnawd. Mae mor wrthwynebus i ym-ffrost mewn cenedl ag ydyw i ymffrost mewn gwaedoliaeth. Fe fyddwn i'n tybio bod y darn adnabyddus yn Philipiaid 3 yn gwneud hynny'n berffaith amlwg: y pethau yr oedd Paul yn

Seibiant yng Nghwmyreglwys, ger Abergwaun, yn nyddiau prysur
Sandfields: Dr a Mrs Lloyd-Jones ac Elizabeth eu merch, c.1934

Dr a Mrs Lloyd-Jones a'u dwy ferch, Elizabeth ac Ann,
tuag adeg y symud i Lundain, 1938

Martyn Lloyd-Jones a'i ŵyr Christopher o flaen
cofgolofn Daniel Rowland yn Llangeitho, 1957

Wrth Fwlch-y-groes ger Llanymawddwy yn 1977

Pregethu yn Neuadd St Andrew yn Glasgow yn 1961

Capel Westminster, Llundain, lle bu Martyn Lloyd-Jones yn weinidog am 30 mlynedd (1939–69). Y gwasanaeth coffa, 6 Ebrill 1981

arfer ymffrostio ynddynt, mewn ysbryd a oedd braidd yn genedlaethol gul efallai, y mae bellach yn eu cyfrif yn golled ac yn dom fel yr enillai Grist.

Felly, rydym yn cael ein rhybuddio yn erbyn cenedlaetholdeb yn ôl y cnawd. Mae dau bwynt y carwn eu pwysleisio: yn gyntaf, nid cenedlaetholwr fel y cyfryw oedd Paul; ac yn ail, roedd yn gwrthwynebu'n bendant yr hyn a elwais i yn genedlaetholdeb yn ôl y cnawd—sef gosod eich cenedl eich hun, am eich bod chi yn digwydd perthyn iddi, uwchlaw pob cenedl arall, ac ymffrostio neu ymogoneddu ynddi mewn dull cnawdol.

Dyna'r wedd gyffredinol ar y pwnc. Ond i ddod at y pwynt penodol, sef pa mor bwysig y dylai traddodiad a'r iaith a'r gorffennol fod i ni. I ddechrau, rwy'n ei chael braidd yn anodd mesur y berthynas rhwng traddodiad ac iaith. I mi y peth hanfodol yw'r anian—dyna'r peth pwysig. Ond rwy'n credu bod yr iaith yn helpu i gadw'r anian, ac i'r graddau y byddwch yn colli'r iaith byddwch yn tueddu hefyd i golli'r anian ac i ddod yn fwy darostyngedig i ddylanwadau o'r tu allan.

Nawr rwyf fi fy hun yn credu bod traddodiad—gan gynnwys, fel yr eglurais, yr iaith ac yn wir y cwbl o'n gorffennol—o werth mawr iawn. Ac fe ddywedwn i mai yn y fan hon y gorwedd ei werth pennaf: ei fod yn helpu i'n gwarchod a'n gwaredu ni oddi wrth batrymau seicolegol arbennig. Rwy'n ei chael yn anodd i wneud y pwynt hwn yn glir.

GD: Ydych chi'n golygu fod rhai patrymau seicolegol yn arwain i unffurfiaeth?

DMLJ: Ie, dyna'r pwynt. Dyma un o'r peryglon mwyaf, i'm tyb i. Rwy'n fodlon dadlau y gellir gwahaniaethu'r wir ffydd Gristnogol oddi wrth y cwltiau i raddau pell yn nhermau'r pwynt hwn. Mae'r cwltiau bob amser yn treisio personoliaeth ac anianawd dyn mewn rhyw ffordd neu'i gilydd, ac maent bob amser yn cynhyrchu teip safonol. Ond gogoniant y ffydd Gristnogol yw nad yw fyth mewn gwirionedd yn effeithio ar anianawd dyn na'i bersonoliaeth, nac yn wir ar ei batrymau diwylliadol.

Fe hoffwn geisio egluro hyn mewn cyd-destun dipyn yn

ehangach. Rwy'n dal bod unrhyw beth sy'n newid personoliaeth hanfodol dyn yn beth drwg, a bod dyn sy'n caniatáu newid ei bersonoliaeth hanfodol, neu sydd ei hun yn ei newid yn fwriadol er mwyn cydymffurfio â phatrwm, nid yn unig yn bradychu ei wlad ond hefyd yn bradychu'r natur ddynol. Nid ynglŷn â chrefydd yn unig y mae hyn yn wir. Rwyf wedi gweld cymaint o ddynion o'r un oed â mi, neu ychydig yn hŷn, a drawsffurfiwyd yn llwyr drwy fynd i Rydychen: fe wnaethant beidio â bod yr hyn oeddynt, fe wnaethant gydymffurfio â phatrwm, fe ddaethant i berthyn i deip—mewn geiriau eraill, y cydymffurfiad yma â'r hyn a elwir yn 'sefydliad'. Ac er bod hyn yn ymddangos yn beth dibwys, fe awn i mor bell â chynnwys yr acen y mae dyn yn siarad â hi. Rwy'n dal na ddylai Cymro fyth golli ei acen Gymreig yn llwyr. Wrth gwrs, rhaid iddo beidio â bod yn ddi-foes, rhaid iddo beidio â bod yn ffŵl; ond mae i ddyn fynd allan o'i ffordd i gael gwared â'i acen Gymreig a mabwysiadu acen y sefydliad yn ei lle yn awgrymu i mi fod y dyn hwnnw'n gwneud rhyw niwed hanfodol i'w bersonoliaeth.

Hynny yw, rwy'n credu bod hwn yn bwnc sy'n wir yn gyffredinol yn ogystal ag ym maes arbennig crefydd. Mae'r dyn y mae arno gywilydd o'i Gymreictod, neu sy'n ceisio croeshoelio ei Gymreictod, fel petai, yn gwneud rhywbeth y byddwn i'n fodlon dadlau fod y Testament Newydd ei hun yn ei gondemnio.

GD: Gaf i ofyn cwestiwn pellach yma? Fe ddywedir yn aml am Gristnogion o Gymru fod yr union beth hyn yn wir amdanynt: eu bod wrth ddod yn Gristnogion (ac yn Gristnogion efengylaidd yn arbennig efallai) yn tueddu i gydymffurfio â theip a mynd yn llai Cymreig nag oeddynt cynt. Sut y byddech chi'n esbonio hyn? Beth sy wedi mynd o'i le? Mae'n debyg nad oedd y broblem yn bod o gwbl yn yr hen ddyddiau. Ai canlyniad y Seisnigeiddio cyffredinol ydyw?

DMLJ: Ie, rwy'n meddwl mai dyna'r ateb. Rwy'n tybio y gellir esbonio'r peth fel hyn: fod y Cymro o ran ei natur yn ddyn gostyngedig. Yn wir y mae ganddo gryn dipyn o'r hyn a alwodd W. J. Gruffydd yn 'Gymhleth y Taeog'—oherwydd hanes y genedl yn y gorffennol, mae'n debyg. Eto fe ddywedwn i nad hynny, hyd yn oed, yw'r prif esboniad. Fe ddaliwn i mai'r gwir achos yw ein deallusrwydd ni. Rydym mor awyddus bob amser i helpu pawb ac fe all hynny ein cario ni i'r fath raddau nes peri inni ein gwadu ni'n hunain. Rydym ni hefyd yn actorion a dynwaredwyr naturiol, a dyna ffactor arall yn y sefyllfa, ddywedwn i.

Ond rwy'n credu mai'r esboniad terfynol o safbwynt crefyddol pur yw hwn: ei fod wedi ei seilio ar gamddeall-twriaeth llwyr o'r hyn sy'n digwydd yn yr ailenedigaeth. Fe gredir fod y cyfnewidiad sy'n dilyn yr ailenedigaeth yn cyn-nwys *anianawd* dyn, a hyd yn oed ei gyneddfau a'i ddull o fynegi yr hyn ydyw. I mi mae hyn yn gamgymeriad sylfaenol. Yr hyn sy'n digwydd yn yr ailenedigaeth yw fod *tueddfryd* dyn yn cael ei newid, sef ei agwedd meddwl allweddol a llyw-odraethol. Y mae'r cyneddfau'n cael eu gadael yn union fel yr oeddynt.

Fe fyddaf bob amser yn ceisio egluro hyn drwy gyfeirio at yr apostol Paul, a oedd yn erlidiwr tanbaid cyn ei dröedigaeth, ac a ddaeth wedyn yn bregethwr tanbaid. Roedd yn ddyn selog ym mhopeth a wnâi. Dyna'i deip, a wnaeth hwnnw ddim newid. Yr hyn a wnaeth newid oedd ei gyfeiriad, ei dueddfryd sylfaenol. Rwy'n credu y gallaf brofi'r pwynt fel hyn. Fe fydd rhai pobl, wrth sôn am gwestiwn merched yn pregethu, yn dyfynnu'n aml y geiriau hynny o'r Galatiaid: 'nid oes na gwryw na benyw'. Dyna enghraifft arall o'r un camgymeriad, ond yr hyn sy'n ddiddorol yw ei fod yn cysylltu â chwestiwn cened-laetholdeb: 'nid oes nac Iddew na Groegwr, nid oes na chaeth na rhydd, nid oes na gwryw na benyw'. Mae'r pwynt ynglŷn â gwryw a benyw yn ein helpu i ddeall dysgeidiaeth yr apostol ar bwnc cenedlaetholdeb. Pan ddywed nad oes na gwryw na benyw, nid dweud y mae fod dynion a merched bellach yn gyfartal ac felly y dylid cael merched i bregethu. Y cwbl y mae'n ei wneud yw ystyried un broblem, sef posibilrwydd cadwed-igaeth. Roedd yr hen drefn yn anwybyddu'r ferch, fwy neu lai, ond fe ddywed Paul fod y ferch bellach mor agored i gael ei chadw—mor agored i gadwedigaeth—â dyn. Ond dyw'r ferch ddim yn peidio â bod yn ferch. Wnaethon nhw ddim apwyntio merched yn ddisgyblion neu'n arweinwyr neu'n henuriaid na dim byd felly, gan fod y pethau hyn, sy'n gynhenid ac yn rhan o natur, yn cael eu gadael heb eu newid. Fe gafwyd yr un cyfle ar yr iachawdwriaeth i'r dyn ac i'r ferch, ond chafwyd dim newid yn y berthynas sylfaenol rhwng dyn a merch—fel y mae Paul yn datgan yn gwbl eglur mewn mannau eraill lle y dywed fod y gŵr yn ben y wraig a Christ yn ben y gŵr, ac yn y blaen. Dyma brawf eglur fod y pethau sylfaenol hyn yn cael eu gadael fel yr oeddynt.

Ac fe gymhwyswn i'r un egwyddor at bwnc cenedlaetholdeb yn ogystal. Fe gaiff pawb—fe gaiff pob cenedl—yr un cyfle ar yr iachawdwriaeth, ond dyw hynny ddim yn golygu fod y Groegwr a'r Barbariad bellach yn un. Mae'r Groegwr yn aros yn Roegwr a'r Barbariad yn Farbariad. Dyw'r Barbariad ddim yn cael ei droi'n Roegwr. Dyw'r dyn sydd â'i allu'n brin ddim yn derbyn gallu mawr, ac yn y blaen. Mae'r pethau sylfaenol hyn yn cael eu gadael fel yr oeddynt.

Ond yn y fan hon, mae'n ymddangos i mi, rydym yn dod at bwynt lle rwy'n tybio ei bod yn bwysig dros ben ein bod yn cadw ein traddodiadau a'n cefndir oherwydd bod hynny'n helpu i amlygu amrywiaeth yr efengyl. Yn union fel y gwelwch allu a doethineb a gogoniant iachawdwriaeth y Cristion yn yr amrywiol ffyrdd y mynegir hi gan y gwahanol genhedloedd. Dyw hi ddim yn cynhyrchu patrwm neu deip cyffredin, ond mae'n beth mor fawr a gogoneddus fel y mynegir hi mewn amrywiol ffyrdd. Mae yna ymadrodd ym mhedwaredd bennod Epistol Cyntaf Pedr y dylid ei gyfieithu nid yn 'amryw ras Duw' ond yn 'amryliw ras Duw'—yr holl liwiau rhyfeddol, fel seith-liw'r enfys. Dydyn ni ddim wedi'n bwriadu i fod i gyd yr un fath: y mae undeb sylfaenol rhyngom, ond fe ddangosir ei ogoniant yn yr amrywiaeth. Felly mae pobl sy'n ceisio dileu yr hyn ydynt drwy natur, â'u doniau a'u nodweddion priodol eu hunain—boed y rheini'n genedlaethol neu'n bersonol—yn llwyr gamddeall dysgeidiaeth yr Ysgrythur ac yn y pen draw yn tynnu ymaith oddi wrth ogoniant yr efengyl. I mi dyma gamgymeriad y cwlt. Oherwydd bod y cwlt yn rhywbeth bychan, mae bob amser yn treisio'r bersonoliaeth ac yn dangos hynny drwy gynhyrchu teip safonol o bobl sy'n siarad a gweithredu a gwneud popeth yn union yr un fath â'i gilydd.

GD: Ydych chi'n meddwl mai un o'r pethau eraill a fu'n gyfrifol am y duedd hon tuag at unffurfiaeth, hyd yn oed ymhlith y Cristnogion Cymreig, ydyw'r adwaith yn ein mysg tuag at gambwyslais mewn cenedlaetholdeb? Mewn geiriau eraill, mae rhai pobl yn gwneud yr ochr wleidyddol mor bwysig nes ein bod yn teimlo na allwn ni bwysleisio'n cenedlaetholdeb y ffordd honno, a thrwy hynny fe beidiwn i raddau â bod mor Gymreig.

DMLJ: Na, nid wyf yn meddwl fod y peth yna'n un o'r prif ffactorau. Rwy'n dal mai'r brif ffactor yw inni fod ormod dan ddylanwad syniadau Seisnig a oedd hefyd yn Arminaidd ac a oedd yn sicr yn cyfeiliorni ynglŷn â'r pwynt y bûm i'n ei drafod —beth sy'n digwydd yn yr ailenedigaeth. Ffactor eilradd yw'r llall.

GD: Roeddwn yn meddwl am hen wraig dduwiol a ddywedodd wrthyf unwaith, 'mae llawer o genedlaetholwyr yn addoli'r iaith: does ganddyn nhw ddim byd arall; does ganddyn nhw ddim gwir ddiddordeb yn hanfodion Cristnogaeth, yr unig beth sy o ddiddordeb iddyn nhw yw'r iaith.' Rwy'n meddwl yn siŵr fod y genhedlaeth o flaen hon wedi adweithio yn erbyn y duedd yma.

DMLJ: Fe ddywedwn i mai ffactor fechan iawn yw hon am y rheswm hwn: rwy'n meddwl fod y duedd tuag at unffurfiaeth y bûm i'n sôn amdani yn bod ymhell cyn i Genedlaetholdeb Gymreig godi ei ben o gwbl ac felly, wrth gwrs, cyn bod adwaith i genedlaetholdeb yn bosibl.

GD: Ydych chi'n meddwl, felly, fod y duedd yn y gyfundrefn addysg yng Nghymru i atal plant rhag siarad Cymraeg—er enghraifft, fe gâi mam ei churo am siarad Cymraeg yn yr ysgol —wedi cyfrannu at y 'Cymhleth Taeog' yma?

DMLJ: Fe fu hynny'n sicr yn ffactor bwysig iawn. Rwy'n meddwl i'r rhan fwyaf o hynny ddigwydd yn ystod y ganrif ddiwethaf, pan ddechreuodd ein dynion mwyaf galluog fynd i brifysgolion Seisnig. Dyna lle y dechreuodd y drwg: fe aethant i feddwi dipyn bach ar addysg a diwylliant; yr oedd yn rhaid i hynny, wrth gwrs, ei fynegi ei hun yn rhannol yn y ffordd yma, ac fe daeth yr holl batrwm Seisnig i mewn. Roedd hyn oll o flaen cenedlaetholdeb Cymreig.

Rwyf bob amser yn meddwl bod esiampl Lloyd George o werth yn y fan hon. Wnaeth ef erioed golli'r Cymreigrwydd hanfodol y mae llawer o'n gwleidyddion ifainc ni—ac eraill hefyd—yn sicr yn ei golli heddiw. Wnaeth Lloyd George erioed fabwysiadu'r acen sefydliadol a glywir gan wleidyddion ifainc —a chan fargyfreithwyr yn waeth na neb rwy'n meddwl—y dyddiau hyn. (Rwy'n sylwi ar yr un peth hefyd yng nghyhoeddi Saesneg pobl BBC Cymru). Fu Lloyd George erioed yn euog o hyn. Er iddo droi yn y cylchoedd uchaf, fe fedrech bob amser ddweud ei fod yn Gymro, ac rwy'n priodoli hyn yn rhannol i'r ffaith nad aeth erioed i brifysgol—yn enwedig i Rydychen! Rwy'n meddwl bod hyn oll—dylanwad y patrwm addysgol Seisnig—yn ffactor dra phwysig. Ffactor fechan iawn yw'r adwaith yn erbyn cenedlaetholdeb, yn fy marn i. Yn wir, a bod yn deg, nid wyf yn siŵr o gwbl nad wyf fi ar ochr y cenedlaetholwyr: protestio y maent hwy yn erbyn y pethau eraill yna rwyf wedi eu disgrifio. Dyna'r sefyllfa, rwy'n meddwl. Yn wir, rwy'n berffaith sicr, oblegid fe ddaeth y Seisnigeiddio cyn bod cenedlaetholdeb Cymreig, ac felly os yw un ohonynt yn adwaith i'r llall, cenedlaetholdeb yw'r adwaith.

GD: Beth sy'n arbennig, yn eich tyb chi, yn y traddodiad Cristnogol Cymreig?

DMLJ: Fe wneuthum i ddelio'n weddol drylwyr â hyn unwaith, wyddoch chi, mewn sgyrsiau a roddais ar BBC Cymru ac a gafodd eu cyhoeddi wedyn—*Crefydd Heddiw ac Yfory*.

GD: Ie, wrth gwrs, rhyw ugain mlynedd yn ôl, rwy'n meddwl. Un peth a wnaethoch yn y rheini oedd cymharu'r pethau sy'n cael eu pwysleisio ym mhatrwm Seisnig Cristnogaeth—yn enwedig Cristnogaeth efengylaidd—ac yn y patrwm Cymreig.

DMLJ: Fe fedraf grynhoi'n fras, efallai, yr hyn a wneuthum bryd hynny. Mae'n beth yr wyf fi fy hun yn teimlo'n gryf iawn yn ei gylch . . . Fe beidiais â chydymffurfio â'r patrwm Seisnig yn Westminster ac yng nghylchoedd yr *IVF*—fe'm cyhuddir yn wir o

102

droi'r *IVF* (Cymdeithas Myfyrwyr Efengylaidd y Colegau) yn drefnyddiaeth Gymreig, ac fe gefais fy meirniadu am hynny'n bendant iawn! Ac fe wneuthum y peth yn fwriadol am y rheswm hwn: rwy'n meddwl mai prif bwysigrwydd y traddodiad Cymreig—y traddodiad Cristnogol Cymreig—yw ei fod bob amser yn pwysleisio dyfnder. Yn y sgyrsiau radio fe wneuthum y pwynt fod y Cymro'n Galfin yn ei hanfod, ac am y rheswm hwnnw fe geir ynddo'r elfen hon o ddyfnder, ond bod y Sais nodweddiadol yn Armin. Mae'r cyfnod Piwritanaidd yn Lloegr yn eithriad hollol i duedd arferol hanes y wlad. Mae'n ffenomen ar ei phen ei hun.

GD: Ac eto, fe'ch wynebir bob amser â'r cyhuddiad fod y Cymro'n rhy deimladol.

DMLJ: Ie, ond arhoswch funud. Fe ddywedais i fod y teimladrwydd hwnnw'n gyfan gwbl ar yr wyneb. Mae'r Cymro'n ymateb yn deimladol mewn cyfarfod, efallai, ond wnaiff e ddim gwneud dim mwy ynglŷn â'r peth. Mae'n hawdd ichi gael gan Sais ddod i benderfyniad. Mae'n haws ichi gael ymateb gweithredol yn Lloegr nag yng Nghymru. Dyna'r ateb i'r cyhuddiad yna o ordeimladrwydd. Mae'r Cymro'n mynegi'n arwynebol y mwynhad y mae'n ei gael mewn cyfarfod, ond dyw hynny ddim yn ei gyffwrdd, dyw e ddim yn ei gyffroi. Fe ddefnyddiais gymhariaeth wleidyddol yma—chewch chi fyth gyfnewidiad gwleidyddol mawr a sydyn yng Nghymru, ond fe gewch yn Lloegr. Mae hynny'n rhan o'r un peth. Mewn geiriau eraill, mae angen rhywbeth mwy i gyffroi Cymro i weithredu nag i gyffroi Sais.

Gyda llaw, fe eglurwn i'r ffaith fod cyflwr pethau'n grefyddol yn waeth heddiw yng Nghymru nag yn Lloegr yn syml drwy ddweud fod y Saeson yn gallu cadw i fynd pan na all y Cymry. Rhaid i'r Cymro gael ei gyffroi. Nawr, rwyf eisiau ymhelaethu rywfaint ar hyn: rwy'n honni mai'r elfen yma o ddyfnder sy'n gwneud y Cymro'n fwy gochelgar na'r Sais ynglŷn â thechnegau a chyfundrefnau o bob math. Mae'n amheus ohonynt wrth natur, ac rwy'n meddwl fod hynny'n beth da. Nid gochelgarwch y Cristion hyfforddedig yn unig yw hyn, ond y gochelgarwch Cymreig naturiol, sy'n beth o werth mawr ynddo'i hun. Mae'r Cymro'n tueddu i chwerthin am ben y gwŷr prysur a'r bobl sy'n rhuthro i ffurfio trefnyddiaethau. Mae e'n meddwl fod y pethau hyn yn ddigri, ar wahân i ddim byd arall.

GD: Rwy'n cytuno â chi. Ond beth am y 'capel sblit', y duedd yma i ymrannu'n barhaus a ffurfio achosion newydd. Sut mae hynny'n ffitio i'r pictiwr?

DMLJ: Mae'n ffitio'n burion. Rhaid ei ddeall fel hyn. Pan fo'r Cymro'n teimlo rhywbeth yn ddwfn iawn, y mae'n gweithredu ac yn gweithredu'n bendant. Ond rhaid i'r teimlad fod yn ddwfn iawn i beri iddo wneud hyn.

GD: Eto, roedd rhai capeli sblit yn ganlyniad cwerylon personol.

DMLJ: Fe gewch chi lawn cymaint o'r rheini yn Lloegr ag a gewch chi yng Nghymru—dyna'r natur ddynol. Yn wir, ar y cyfan, fe ddywedwn i fod llai ohonynt yng Nghymru nag yn Lloegr. Ac yn wir, does gennych chi ddim mo'r amrywiaeth enfawr o enwadau a mudiadau yng Nghymru fel yn Lloegr. Rwy'n cofio sôn yn y sgyrsiau radio nad oedd mudiad y *Crusaders*, er enghraifft, erioed wedi ennill ei blwy yng Nghymru.

GD: Ar ryw olwg mae'n debyg fod hyn yn cadarnhau mai ychydig o bwyslais y mae'r Cymry yn ei roi ar drefnyddiaeth.

DMLJ: Ydi, y mae'r Cymro yn amau trefnyddiaeth. Er, a bod yn onest, rwy'n meddwl bod rhyw gymaint o wahaniaeth yna rhwng y Gogledd a'r De. Mae'r Gogleddwr yn llawer mwy o bwyllgorwr nag ydyw'r Deheuwr. Mae diogi'r Deheuwr, ynghyd â'i athrylith, yn peri iddo ddirmygu pwyllgorau. Dyw e'n poeni dim am weithredu penderfyniadau. Ond mae'r Gogleddwr yn ymddiddori llawer mwy mewn pwyllgorau a threfnyddiaeth a gwneud pethau. Ond hyd yn oed a chaniatáu hyn, mae'n dal yn wir fod y Cymry—gan gynnwys y Gogleddwyr—yn llai darostyngedig i'r pethau hyn na'r Saeson. Rwy'n berffaith siŵr o hyn, ac rwy'n ei briodoli i gyd i'r elfen yma o ddyfnder y soniais i amdani: fod rhywbeth yn y Cymro sy'n galw am rywbeth mawr cyn y gellir ei gyffroi, a bod hynny wedi dod yn rhan o'n hetifeddiaeth genedlaethol ni.

Fe ddywedwn i fod llawer ohono i'w briodoli i'r ddeunawfed ganrif, i'r Diwygiad Methodistaidd. Fedrwn ni ddim anwybyddu'r hyn a ddigwyddodd y pryd hwnnw. Mae'r Cymro, fel yr adwaenwn ni e heddiw, yn ddyn sydd, i raddau pell, yn gynnyrch y ddeunawfed ganrif. Rwy'n gwybod am y mudiad Piwritanaidd yn y ganrif cynt, ond fe ddywedwn i mai diwygiad Methodistaidd y ddeunawfed ganrif fu'r dylanwad mwyaf.

Wedyn, ffactor arall yw'r ffaith fod y Cymro'n naturiol yn fwy diwynyddol o ran meddylfryd na'r Sais. Mae gan y Sais ddiddordeb mewn gwneud pethau a gweld y canlyniadau; mae'r Cymro'n ymddiddori mewn deall y peth yn feddyliol. Mae holl fudiad yr ysgol Sul i oedolion yng Nghymru, peth na chafwyd mo'i debyg yn Lloegr, i'w briodoli (rwy'n tybio) i chwilfrydedd y Cymro, i'w ddiddordeb ym mhethau'r meddwl. Mae arno eisiau gwybod beth mae'n ei wneud, pam y mae'n gwneud y peth, a pham y dylai ei wneud. Mae'r Sais, ar y llaw arall, yn fwy bodlon i wneud rhywbeth yn syml er mwyn ei wneud. Rwy'n dal, felly, fod y Cymro, am ei fod yn fwy deallus na'r Sais, yn ymddiddori mwy mewn diwinyddiaeth. Gan hynny fe gaech chi weithwyr 'cyffredin' yn trafod diwinyddiaeth a phregethu, ac yn y blaen, fel materion o ddiddordeb bywiol, mewn ffordd nas cafwyd erioed yn Lloegr. Y peth tebycaf i hyn yn hanes Lloegr ydyw milwyr byddin Cromwell, ond roedd hwnnw'n gyfnod hollol eithriadol —a diddorol dros ben.

Yna'r drydedd elfen, ddywedwn i, yw'r elfen gyfriniol: mae'r Cymro wrth natur yn dipyn o freuddwydiwr, fel bod yr elfen gyfriniol, a'r elfen brofiadol, bob amser yn fwy amlwg yng nghrefydd y Cymro nag yn un y Sais. Mewn geiriau eraill, mae'r Saeson yn sentimental ac, ar y cyfan, yn drwgdybio'r cyfriniol, ond nid felly'r Cymry. Os cyffroir y Cymro o gwbl, teimladrwydd ac nid sentimentaleiddiwch a geir ynddo, ac fe ddaw'r elfen gyfriniol i mewn yn amlwg iawn.

Rwy'n teimlo bod hynny i'w weld yn ein hemynau ni, o'u cymharu â rhai'r Saeson. Ychydig iawn o emynau diwinyddol a gewch chi yn Saesneg, ac mae'r emynau profiadol yn tueddu i fod braidd yn sentimental a difywyd. Mae Isaac Watts yn feddyliwr, ac ef sy'n dod agosaf at fod yn emynydd diwinyddol; ac mae Charles Wesley yn emynydd profiadol. Ond yng Nghymru fe gewch chi'n aml y ddau fath o emynydd wedi eu cyfuno mewn un person, megis ym Mhantycelyn ac Ann Griffiths. Fe welwch chi, felly, ein bod ni'n cael y tri pheth: diwinyddiaeth gadarn, y teimladrwydd a'r gyfriniaeth, i gyd gyda'i gilydd.

GD: Roeddwn i'n meddwl am linell o Bantycelyn sy'n mynegi hyn yn eglur iawn:

Trwy ryw athrawiaeth hyfryd
Gad imi brofi o'th hedd.

DMLJ: Dyna fe. Ac rwy'n meddwl bod Ann Griffiths, a David Charles, Caerfyrddin, hefyd, yn gwbl ardderchog yn y mater hwn. Fe ddywedwn i, felly, mai dyma'r pethau yn ein traddodiad ni sy o werth amhrisiadwy ac na ddylem fyth ollwng ein gafael arnynt. Nid teimlo'r angen am gael ein helpu gan y traddodiad allanol hwn sy'n dod o Loegr a ddylem, ond teimlo fod gennym ni bopeth i'w gyfrannu i'r traddodiad hwnnw. Rwyf wedi dweud wrth y Saeson lawer gwaith fy mod yn dod yn eu plith fel cenhadwr, ac rwy'n meddwl y peth: er imi ei roi mewn ffurf gellweirus, rwy'n ei feddwl. Yn yr un modd fe ddywedwn i fod gan Brydain fel cyfangorff, o safbwynt Cristnogaeth, lawer iawn i'w roi heddiw i'r America, a bod y syniad fod arnom ni angen help America yn blentynnaidd ac yn gwbl anghywir. Mae'r bobl sy'n credu bod ar Brydain angen help America, neu fod ar Gymru angen help Lloegr, yn bobl gwbl arwynebol o ran dirnadaeth grefyddol. Gennym ni y mae'r gwir gyfraniad, oherwydd yr holl elfen hon o ddyfnder sy'n ei dangos ei hun yn y ffyrdd y bûm yn sôn amdanynt; a rhaid inni warchod y cyfraniad hwnnw, costied a gostio.

GD: A fuasech yn cytuno â'r feirniadaeth inni fod yn esgeulus o'n treftadaeth ac o'n cyfraniad?

DMLJ: Fe ddywedwn i gymaint â hyn, ein bod wedi bod yn rhy barod i adael i'r traddodiad Seisnig ddylanwadu arnom. Er

enghraifft—wn i ddim a ydych yn gwybod hyn—fe fûm i'n daer
yn erbyn sefydlu cynhadledd i'r *IVF* yng Nghymru, fe fûm yn
gwrthwynebu'r peth am flynyddoedd. Fe all Russell Jones o
Lanelli ddweud hynny wrthych.

GD: Pam oeddech chi'n gwrthwynebu?

DMLJ: Am fy mod yn teimlo nad oedd angen cynhadledd o'r
fath arnom. Roeddwn yn teimlo fod ein bywyd ni wedi ei
sylfaenu ar yr eglwys, nad oeddem yn cydymdeimlo ryw
lawer â mudiadau, ac mai ar yr eglwys, yn wir, y dylai ein
bywyd fod wedi'i sylfaenu bob amser. Onid e, fe dueddech i
gael y patrwm Seisnig. Nawr, rwyf wedi sylwi ynglŷn â
chyfarfodydd y Mudiad Efengylaidd—gan gynnwys eu
cyfarfodydd gweinidogion, hyd yn oed—eu bod yn cynllunio
eu cynadleddau ar batrwm yr *IVF*. Rwyf bob amser wedi
gwrthwynebu hyn. Nid dyna fy syniad i o gwbl. Ond maent
yn dilyn y patrwm hyd at y manylion. Pan oedd y Tadau
Methodistaidd yn cyd-gyfarfod, nid fel yna y byddent hwy'n
gwneud pethau.

GD: Ai gwrthwynebu yr ydych am eu bod yn cau allan ryddid
yr Ysbryd, ynteu am eu bod yn mynd yn gaeth i drefnyddiaeth
fel y cyfryw?

DMLJ: Y ddeubeth, rwy'n meddwl. Rwy'n tybio fod y Cymro
yn ymhoffi'n reddfol yn y Seiat neu'r dull Socrataidd. Trafod, a
holi ac ateb sy'n mynd â'i fryd; ac os oes gan rywun neges, fe
gaiff ei thraethu, fel y byddai Howel Harris yn annerch y
Cynghorwyr a'r siarad yn mynd ymlaen am oriau. I mi, mae
cael patrwm sefydlog, gydag araith ar adeg benodedig, ac
ychydig gwestiynau neu drafodaeth fer yn dilyn, yn gwbl
estron i ni fel Cymry. Mae'n cyfyngu ar ryddid yr Ysbryd. Rwyf
bob amser wedi gwrthwynebu'r peth.

Rwyf wedi teimlo erioed nad cynadleddau mohonynt mewn
gwirionedd, ond areithiau ynghyd â chwestiynau. Fe ddylai
cynhadledd, yn fy marn i, fod yn gynhadledd, yn lle i gydd-
drafod. Nid dull yr ysgol Sul oedd dilyn y maes llafur yn gaeth:
fe fyddai rhai o'r brodyr gor-drefnus yn gwneud hynny, ond nid

y gwir Gymry! Fe allai un pwnc bara am fisoedd ac fe anghofid yn llwyr am y maes llafur druan, ac yna fe âi'n rhuthr gwyllt at y diwedd i geisio'i orffen—am ein bod wedi treulio cymaint o amser ar rai o'r cwestiynau mawr a dwfn. Nawr, i mi, dyna hanfod yr athrylith Cymreig yn y mater hwn, ac rwy'n credu, felly, fod yn rhaid i ni osgoi'r dylanwad arall yma.

GD: Ple, yn eich barn chi, y dylid cyfyngu ar drefnyddiaeth?

DMLJ: Wel, yr hyn rwyf fi wedi ei ddweud bob amser yw: cyn lleied o drefnyddiaeth ag sy modd, cyn lleied fyth ag sy modd. Rwy'n gweld hyn, fod gwerth mewn cael rhywun i agor ar bwnc a'i roi ger ein bron—ond, ar wahân i hynny, gorau po leiaf o drefnu. Mewn geiriau eraill, fe ddylem gyfarfod fel pobl o feddylfryd ysbrydol, heb wybod yn iawn beth sy'n mynd i ddigwydd. Oni wnawn ni hynny, fe fyddwn, yn wir, yn cyfyngu ar allu'r Ysbryd Glân i'n harwain yn ein cynadleddau. Mewn geiriau eraill, fe ddylem bob amser fod yn barod i roi'r gorau i'n rhaglenni. Dyna fy nheimlad i.

G.D: Felly, drwy dderbyn y dulliau Seisnig, rydym mewn gwirionedd wedi cyfyngu ar ein datblygiad ein hunain.

DMLJ: Rwy'n berffaith siŵr o hynny, ac i'r graddau hynny hefyd rydym wedi tueddu i gynhyrchu teip o Gristion Cymreig sydd, mewn gwirionedd, yn annodweddiadol.

GD: Fuasech chi'n hoffi dweud ym mha ffordd yn benodol yr ydym wedi mynd yn annodweddiadol? Ydych chi'n meddwl bod yr elfen o ddyfnder wedi tueddu mynd ar goll gennym?

DMLJ: Ydw, rwy'n credu hynny'n bendant iawn.

GD: Heb geisio ymesgusodi o gwbl, ai arnom ni y mae'r bai i gyd? Mae'r hyn a ddywetsoch am yr ysgol Sul yn sicr yn wir am y gorffennol, ond a yw mor wir am y presennol? A ydyw pobl bellach yn cael cynnig o gwbl ar y gwirioneddau diwinyddol mawr a chyffrous? Ond efallai'n wir ein bod yn cael y pregethu rydym yn ei haeddu.

108

DMLJ: Mae hwn yn bwynt pwysig dros ben, ac rwyf wedi ei bwysleisio'n aml. Nid am y bobl efengylaidd yn unig y mae'r pethau y buom yn sôn amdanynt yn wir. Fe ddywedwn i mai un o'r prif ffactorau sy wedi achosi'r sefyllfa echrydus bresennol yng Nghymru yw dylanwad yr *SCM* (Mudiad Cristnogol y Myfyrwyr) a ffynnodd yn unig ymhlith y rhyddfrydwyr diwinyddol. Yr oeddent hwy i gyd yn tueddu i led-addoli William Temple, y Sais mwyaf nodweddiadol y gallech fyth gael gafael arno: ef oedd y dyn mawr yn eu golwg. Fe ddywedwn i fod dylanwad yr *SCM* a William Temple wedi bod yn un o ddylanwadau mwyaf niweidiol, nid yn unig ar fywyd Crist-nogol Cymru ond hefyd ar fywyd Cymreig Cymru, a bod eu holl feddwl wedi cael ei Seisnigo ganddo. Felly mae'n fwy gwir amdanynt hwy nag amdanom ni hyd yn oed. Wedi'r cwbl— rwy'n dweud hyn yn gwbl wylaidd, gobeithio—rwyf wedi bod yn rhyw fath o ddylanwad yn yr *IVF* am dros ddeng mlynedd ar hugain bellach, a'r cyhuddiad yw fy mod yn aml wedi bod yn ormod o ddylanwad! Ond rwy'n cyfaddef imi fethu i raddau pell yn y mater hwn. Ac rwyf wedi teimlo bob amser, welwch chi, mai ein myfyrwyr Cymreig ni sydd wedi fy ngwrthwynebu, a hynny am eu bod yn rhy barod i gydymffurfio. Rwy'n meddwl mai'r 'Cymhleth Taeog' sy'n codi ei ben yma eto. Wyneb yn wyneb â'r *IVF*, mae'r myfyrwyr hyn yn teimlo bod yma eisoes drefnyddiaeth nerthol, a chan mai dyrnaid yn unig o fyfyrwyr efengylaidd sydd yng Nghymru, pwy ydynt hwy i sefyll ar ei traed ei hunain? Ac felly fe dueddant i fynd dan yr ymbrelo, fel petai. Ond camgymeriad mawr yw hyn, yn fy marn i.

GD: Petaem ni wedi aros yn driw i ni'n hunain, er i hynny achosi rhywfaint o ddrwg-deimlad ac anhawster, fe fyddai'r canlyniadau wedi bod yn well yn y pen draw, yn ôl eich meddwl chi?

DMLJ: Yn llawer iawn gwell. Rwy'n berffaith siŵr o hynny.

GD: A oes gwerth yn yr iaith ynddi hi ei hun—ar wahân i fod yn gyfrwng efengylu a phregethu?

DMLJ: Oes, y mae gwerth. Ac eto, wrth gwrs, pennaf swyddogaeth iaith yw galluogi dyn i'w fynegi ei hun, ac felly o'n safbwynt ni ei phrif werth yw ei bod yn gyfrwng i gyhoeddi'r efengyl.

GD: Fe ddywedodd Saunders Lewis yn *Buchedd Garmon*:

> *Gwinllan a roddwyd i'm gofal yw*
> *Cymru fy ngwlad*
> *I'w thraddodi i'm plant,*
> *Ac i blant fy mhlant*
> *Yn dreftadaeth dragwyddol.*

Rwy'n teimlo ychydig yn anesmwyth ynglŷn â'r llinell olaf yna, ond fe ddywedai llawer o Gristnogion o amrywiol safbwyntiau fod y gair 'tragwyddol' yn gwbl briodol a chymwys, y byddwn yn cyfrannu tuag at amrywiaeth y ffydd—tuag at seithliw'r enfys, a defnyddio eich cyffelybiaeth chi—nid yn unig ar y ddaear ond hefyd yn y nefoedd trwy fod yn ni ein hunain. Y pwynt yw fod yr iaith yn cael ei hystyried gan lawer iawn o'n ffrindiau yn rhywbeth hollol hanfodol ac nid yn gyfrwng mynegiant yn unig. Yn eu tyb hwy, os collir yr iaith fe gollir popeth. Ar un olwg, felly fe dueddant i ystyried y Cymry di-Gymraeg yn aelodau eilradd, fel petai, o'r genedl, ac mae hyn yn achosi rhyw gymaint o chwerwder. A oes rhywbeth pendant y gellir ei ddweud ar y pwnc yma?

DMLJ: Fy ateb i hynny fyddai eu bod yn euog o fynd yn rhy bell. Fe seiliwn fy nadl yn rhannol ar esiampl y Gwyddelod a'r Sgotiaid: er eu bod wedi colli eu hiaith i raddau pell, y maent ar y cyfan wedi cadw eu nodweddion cenedlaethol, yn well na ni ar adegau. O safbwynt eu hacen, er enghraifft, mae hyn yn siŵr o fod yn wir: mae'r Sgotyn yn dangos yn glir i chi mai Sgotyn ydyw, pa mor ddiwylliedig bynnag fo, a'r Gwyddel hefyd. Dyw nhw ddim yn cydymffurfio'n daeogaidd fel cymaint o'n pobl ni.

A phan fo'r bobl yma'n defnyddio'r gair 'tragwyddol', rwy'n siŵr eu bod yn mynd yn rhy bell. Fe ddywedir wrthym am y nefoedd nad oes na gwryw na benyw, hyd yn oed, yno, nad ydynt nac yn gwreica nac yn gwra ond eu bod fel angylion Duw. Dyfalu, a dyfalu peryglus hefyd, yw meddwl yn nhermau

110

rhaniadau cenedlaethol yn parhau. Mae'n wir fod ein holl ddulliau meddwl ni'n annigonol i amgyffred gogoniant y nefoedd, ond fe fedrwn fod yn siŵr y byddwn wedi ein gogoneddu ac yn debyg i'r Arglwydd ac na fydd y pethau eraill yma'n cyfrif. Rwy'n credu, wrth gwrs, y bydd ein hunigoliaeth ni'n parhau, ond nid y rhaniadau eraill: yn sicr fedraf i ddim dychmygu y bydd rhaniadau cenedlaethol yn parhau. Cofiwch, wn i ddim: dyfalu rwyf finnau'n awr, rhaid imi gyfaddef!

GD: Roeddwn i'n meddwl hefyd am y ffordd y dehonglir y llinellau yna o waith Saunders Lewis, sef fod arnom ni ddyletswydd ddiamod i gynnal ein traddodiad cenedlaethol yn y byd yma.

DMLJ: Rwy'n cytuno â hynny. Fe roddais fy rhesymau'n barod.

GD: Ond hyd yn oed wedyn, onid yw'r Cristion yn teimlo fod rhai pethau, am eu bod yn perthyn i oruchwyliaeth amser, fel petai, yn rhwym o fynd heibio?

DMLJ: Na, fedraf i ddim cytuno â'r awgrym sydd ymhlyg yn y gosodiad yna. Rwy'n credu fod yn rhaid inni gadw ein hiaith, ei bod yn ddyletswydd arnom ei chadw er mwyn yr amrywiaeth sy'n amlygu'r gogoniant, fel y soniais yn barod.

Rwy'n meddwl bod cyfatebiaeth arwyddocaol yma â mater ysbrydoliaeth y Beibl. Yn ôl fel yr wyf fi'n deall yr athrawiaeth, mae'n hollbwysig ein bod yn ymwrthod ag unrhyw syniad am arddywedyd mecanyddol. Mae'r syniad fod y Beibl wedi ei arddywedyd yn fecanyddol yn syrthio i'r un cyfeiliornad yn union â'r syniad arall rydym eisoes wedi ei drafod—y syniad sy'n dibrisio personoliaeth, tymheredd, doniau a galluoedd naturiol.

Ystyriwch fater ysbrydoliaeth y Beibl: yr athrawiaeth gywir yw fod yr ysgrifenwyr yn mynegi eu personoliaeth eu hunain yn eu harddull eu hunain ac felly fe gewch chi amrywiaeth mawr; maent i gyd dan reolaeth yr un Ysbryd, ond un o ogoniannau'r Beibl yw ei amrywiaeth. Er enghraifft, fe welir yn ysgrifeniadau Paul ei allu meddyliol enfawr, ei resymeg, ei deimladrwydd dwfn. Gellir bob amser adnabod ei arddull ef fel un wahanol i eiddo Ioan neu Bedr. Rwy'n credu bod mater cenedligrwydd—sy'n cynnwys iaith, fel y cytunasom yn barod —yn debyg iawn ar lawer cyfrif i fater ysbrydoliaeth y Beibl. Ac felly rwy'n dadlau bod y Cymro, o gofio'i ddawn i'w fynegi ei hun a chofio hefyd ansawdd arbennig ein hiaith a'n geirfa, yn gallu cyfleu agweddau ar ogoniant yr efengyl na all neb ond y Cymro eu cyfleu. Rwyf wedi cyfeirio eisoes at yr emynau Cymraeg: i mi does dim cymhariaeth rhyngddynt a'r rhai Saesneg.

GD: Beth am ddiwinyddiaeth? Ddywedech chi ein bod ni fel Cymry wedi gwneud rhyw gyfraniad arbennig tuag at ddealltwriaeth yr Eglwys o'r gwirionedd?

DMLJ: Na, ddywedwn i ddim ein bod ni. Yr hyn a wnaethom ni oedd rhoi *mynegiant* i'r gwirionedd a draddodwyd unwaith ac am byth i'r saint. Ar wahân i'r emynau, rwy'n meddwl ein bod ni wedi gwneud hynny drwy ein pregethu mewn dull cwbl ddigymar. Yn y mynegi y mae ein cryfder ni.

Yn hyn o beth rwy'n meddwl ein bod yn debyg i'r Iddewon. Rwy'n dal mai cenedl o wneuthurwyr yn hytrach nag o grewyr ydynt hwythau. Maent yn berfformwyr disglair—ar y ffidil ac yn y blaen—ond ychydig o gyfansoddwyr mawr a gynhyrchwyd ganddynt. Ym myd y gyfraith yr un modd, maent yn fargyfreithwyr gwych dros ben, ond nid wyf yn meddwl iddynt erioed gynhyrchu barnwr mawr. Arglwydd Brif Ustus digon gwael oedd Rufus Isaacs, roedd pawb yn cytuno ar hynny. Athrylith i fynegi yw athrylith yr Iddew.

Rwy'n credu bod yr un peth yn wir amdanom ninnau hefyd i raddau. Rydym wedi cynhyrchu rhai gwyddonwyr ac ymchwilwyr gwych, mae'n wir, ond fe ddywedwn i ar y cyfan nad ydym yn ymchwilwyr wrth natur: dydyn ni ddim yn ddigon amyneddgar a manwl ac yn y blaen. Ein priod ddawn ni yw'r ddawn i fynegi. Ac os yw hyn yn wir, fe welwch chi ar unwaith fod yr iaith yn eithriadol o bwysig, gan ei bod yn gyfrwng mynegiant mor ardderchog ac yn wir yn tueddu ynddi ei hun, ddywedwn i, i ysbrydoli mynegiant o'r radd flaenaf.

GD: Ac onid yw'r ffaith syml mai hon yw ein hiaith ni—onid yw hynny'n bwysig? A oes raid mewn gwirionedd fynd ati i brofi hyn? Mae pob un ohonom yn aelod o deulu: Duw a greodd y teulu, nid ni a'i dyfeisiodd. Mae'r un peth yn wir am yr iaith Gymraeg. Rhywbeth a roddwyd inni yw hi, rhan o'r gynhysgaeth a roddodd Duw inni.

DMLJ: Yn hollol felly. Ein dyletswydd ni gan hynny yw ei chadw, fel y dywedais yn barod. Rhaid inni beidio ag ymwrthod â'r pethau hyn. Yr hyn y dylem ei wneud, yn hytrach, yw eu defnyddio hyd yr eithaf—defnyddio'r iaith, yn arbennig, fel cyfrwng y mae'n fraint fawr i ni gael dangos gogoniant yr efengyl trwyddi. Dyna'r her i ni felly. Os na wnawn ni hyn â'n holl egni, nid bradychu ein cenedligrwydd yn unig rydym ni, ond bradychu'r efengyl hefyd.

GD: I raddau pell iawn felly, fe ddywedech chi ein bod ni, fel Cristnogion o Gymry, yn sefyll ysgwydd wrth ysgwydd â llawer o bobl eraill sy'n gweithio dros yr un pethau. Ac eto, mae rhywfaint o ansicrwydd ynglŷn â hyn. Ymhle mae tynnu'r llinell? Ai mater i'r gydwybod unigol yw hyn, ynteu a fyddech chi'n condemnio gweithredu politicaidd yn y maes yma, er enghraifft? Ai ynteu gorbwyslais ar yr iaith sydd i'w gondemnio?

DMLJ: Fel y dywedais ar y dechrau, yr hyn sydd i'w gondemnio yw'r peth a elwais yn 'genedlaetholdeb yn ôl y cnawd', sy'n honni bod eich cenedl chi yn well na'r un arall. Fe ddeuthum i'n agos iawn at wneud hynny fy hun yn ystod y sgwrs yma, rwy'n cyfaddef, ond nid dyna oedd fy mwriad. Yr hyn yr oeddwn yn ceisio'i ddangos oedd y dylai pob cenedl ddefnyddio ei doniau a'i chynhysgaeth briodol ei hun hyd yr eithaf er gogoniant Duw a gogoniant yr efengyl. Dyw hynny ddim yn creu ymraniadau gan fod pawb â'r un nod ganddynt; ond pan gollir y nod hwnnw, y mae cenedlaetholdeb wedyn yn creu ymraniadau ac yn peri gelyniaeth a therfysg, a phan ddigwydd hynny rwy'n meddwl ei fod yn beth niweidiol. Mewn geiriau eraill, cyn gynted ag yr aiff eich cenedlaetholdeb yn rhywbeth negyddol, mae'n mynd ar goll. Fe ddylai bob amser fod yn gadarnhaol.

GD: Mae hyn oll yn codi problemau ymarferol pwysig iawn. Er enghraifft, i Gymro dwyieithog—ac mae'r rhan fwyaf ohonom yn ddwyieithog—mae'r cwestiwn yn codi ym mha faes y gelwir arno i wario ei egnïon. A oes rhywbeth o'i le mewn dweud 'rwy'n mynd i fynegi fy ffydd fel Cristion drwy'r iaith Gymraeg', er bod hynny ar unwaith yn creu ymraniadau—enwadol ac eraill. Sut y gall hyn ddigwydd heb beri gelyniaeth?

DMLJ: Wel, ddylai hyn ddim peri gelyniaeth. Fe all yn hawdd beri camddealltwriaeth, ond byth elyniaeth. Os yw'r hyn rydym wedi bod yn ei ddweud yn iawn, ac os oes cyfle i bob cenedl roi mynegiant arbennig i ogoniant Duw mewn ffordd sy'n annichon i bob cenedl arall, ein dyletswydd amlwg felly yw cadw'n harbenigrwydd cenedlaethol—ac mae'r bobl sy'n dod i fyw i Gymru a heb gydnabod hyn yn ddiffygiol mewn deall. Fe ddylent ddysgu Cymraeg. Dyna'r pwynt. Y cwestiwn sy'n siŵr o achosi peth tyndra yw hwn: a phethau fel y maent, a ddylai dyn bregethu yn Gymraeg yn unig ac anwybyddu'r bobl nad ydynt yn deall yr iaith? A ddylai anwybyddu eneidiau'r rheini yn llwyr? Fe ddywedwn i na ddylai. Fe ddylai ddyfeisio ffyrdd i bregethu'r efengyl i bawb yn ddiwahân, ond ar yr un pryd fe ddylai wneud popeth a all i feithrin yr etifeddiaeth werthfawr a draddodwyd inni. Rhaid inni beidio â gwneud hyn yn fater o naill ai . . . neu!

GD: Os ydych yn dadlau y dylai'r sawl sy'n dod i fyw i Gymru ddysgu Cymraeg, mae'n debyg y byddech yn dadlau hefyd y dylai'r Cymry di-Gymraeg ddysgu'r iaith?

DMLJ: Wrth gwrs y byddwn. Wrth gwrs fe ddylent ddysgu'r iaith. Dau beth sy'n cyfrif am eu methiant i wneud hyn: diogi, a hefyd y ffaith nad ydynt yn deall y pwynt rwyf wedi bod yn ceisio ei egluro, mai ein braint arbennig ni fel Cymry yw ein mynegi ein hunain yn yr iaith Gymraeg.

GD: Mae hyn yn fai arnynt fel Cristnogion felly?

DMLJ: Fe ddylai fy nadl i apelio at Gristnogion yn fwy na neb. Fedraf i ddim apelio ar y tir yma at y rhai nad ydyn nhw'n Gristnogion.

GD: Felly nid moesol yn unig yw'r rheidrwydd sydd arnyn nhw i ddysgu'r iaith, ond ysbrydol hefyd?

DMLJ: Yn hollol felly. Mae'n ddyletswydd eglur arnynt wneud hynny. Mae Duw wedi ein donio yn y fath fodd fel ag i'n galluogi i fynegi gogoniant yr efengyl yn ein ffordd arbennig ni ein hun, ffordd nad yw'n agored i'r un genedl arall.

GD: Yn anffodus, cyn gynted ag y bo dyn yn cymryd ei ddyletswyddau o ddifrif ac yn ymroi i ddysgu Cymraeg ac yn y blaen, fe dueddir i ddweud amdano gan lawer o Gristnogion da a selog ei fod wedi syrthio'n ysglyfaeth i genedlaetholdeb a'i pheryglon.

DMLJ: Wel, does dim y mae dyn yn ei wneud nad yw'n beryglus mewn rhyw ffordd neu'i gilydd! Pan bregethodd Paul gyfiawnhad trwy ffydd fe'i cyhuddwyd o bregethu anti-nomiaeth, 'a drigwn ni mewn pechod fel yr amlhao gras?' Dyw dadl y peryglon ddim yn ddadl o gwbl, wrth reswm. Wrth gwrs fod peryglon, ond (chwedl Karl Barth) dyn yn cerdded ar du min cyllell yw'r Cristion, sut bynnag. Dyw'r faith fod peryglon ynglŷn â rhywbeth ddim yn golygu o angenrheidrwydd na ddylid gwneud y peth hwnnw. Rhaid i'r doctor fynd i mewn i ward y clefydau heintus os yw am helpu'r cleifion, ond mae perygl wedyn iddo gael yr haint ei hun. A yw hyn yn golygu y dylai aros y tu allan? Wrth gwrs nad yw!

Pabyddiaeth

Pregeth a draddodwyd yng Nghapel Westminster, Llundain, ar fore Sul, 29 Ionawr 1961. Ymddangosodd mewn tair erthygl yn *Y Cylchgrawn Efengylaidd* Cyf. IX (1967-68).

'Heblaw hyn, fy mrodyr, ymnerthwch yn yr Arglwydd, ac yng nghadernid ei allu ef. Gwisgwch holl arfogaeth Duw, fel y galloch sefyll yn erbyn cynllwynion diafol. Oblegid nid yw ein hymdrech ni yn erbyn gwaed a chnawd, ond yn erbyn tywys-ogaethau, yn erbyn awdurdodau, yn erbyn bydol lywiawdwyr tywyllwch y byd hwn, yn erbyn drygau ysbrydol yn y nefolion leoedd. Am hynny cymerwch atoch holl arfogaeth Duw, fel y galloch wrthsefyll yn y dydd drwg; ac wedi gorffen pob peth, sefyll' (Effesiaid 6:10-13).

Down yn ôl unwaith eto i ystyried y geiriau mawr yma, y datganiad hollbwysig hwn. Mae'n hanfodol inni sylweddoli pam y cyfeiria'r apostol y geiriau hyn atom ni.

Ar y foment, yr ydym yn ymdrin â 'chynllwynion' y diafol. O'i ystyried yn gyffredinol, gwelsom fel mae'r diafol ei hunan yn ymddangos mewn gwahanol ddull a modd, ac yn gwisgo gwahanol 'wynebau'. Yna, rhoesom y peth fel hyn, fod y diafol yn dangos y cynllwynion hyn, y cyfrwystra hwn, y twyll hwn, mewn dwy brif ffordd. Maent i gyd yr un fath mewn gwir-ionedd, ond fel dosbarthiad hwylus ac fel y gallwn yn haws ddal ar y pethau hyn yn ein cof, fe'u rhennais yn weithgareddau manylach lle mae'n amlygu ei 'gynllwynion' tuag atom ni bob yr un ac un.

Felly yr oeddem yn edrych ar gwestiwn heresïau—y modd y bu i'r diafol yn achlysurol ddwyn heresïau i mewn i'r Eglwys. Bu i ni ddiffinio heresi fel 'gwadiad neu amheuaeth o unrhyw athrawiaeth Gristnogol ddiffiniedig'. Yn ddiweddarach, os Duw a'i myn, gallwn ddangos rhai o'r prif heresïau a roir o'n blaenau yn y Testament Newydd ei hun. Achosodd y diafol gryn hafog yn yr Eglwys o bryd i'w gilydd drwy ddwyn i mewn heresïau. Wrth gymharu 'heresi' ag 'apostasi', gwelsom mai'r gwahaniaeth yw nad yw heresi'n gwadu neu'n gwyro oddi wrth y cyfan o'r gwirionedd Cristnogol, fel petai, ond yn mynd ar gyfeiliorn yn hytrach mewn un neu ragor o fanylion. Gwadiad neu amheuaeth ynglŷn ag athrawiaeth Gristnogol arbennig ydyw, tra mae'r apostasi'n wadiad neu wyriad oddi wrth y safle Gristnogol yn ei chyfanrwydd.

Wynebu'r sefyllfa

Rhaid i ni yn awr ystyried hynny, ac mae hyn yn ein harwain ar unwaith yn uniongyrchol ac o anghenraid, i ystyriaeth o'r Eglwys Babyddol. Fe gyfaddefaf yn barod mai dyma rywbeth yr wyf braidd yn gyndyn o'i wneud. Nid wyf erioed wedi ei wneud o'r blaen mewn gwirionedd. Ac eto mae'n rhywbeth y mae'n rhaid i ni ei wneud. Pam mae'n rhaid i ni wynebu hyn? Rhaid i ni wneud hynny am y rheswm mai'r Eglwys Babyddol —yr hyn ydyw a phopeth y mae'n sefyll drosto—yw'r ffactor unigol fwyaf yn hanes yr Eglwys Gristnogol o'r safbwynt yr ydym yn ein ystyried yma. Pam mae'n rhaid i ni ystyried hyn? Ffordd arall o roi'r ateb yw dweud na ellwch mewn gwirionedd ddeall hanes yr Eglwys yn y gorffennol, nac ychwaith hanes seciwlar, heb wybod rhywbeth am y sefydliad hwn.

Ond, a dyma fy rheswm pennaf dros wneud hyn, y mae'r sefyllfa bresennol yn mynnu hynny. Yr ydym i gyd ynghlwm â'r pethau sy'n digwydd, ac fel y gwyddoch, mae rhai pethau'n digwydd ar hyn o bryd sy'n gwneud yn anhepgor bod pob Cristion deallus yn gwybod rhywbeth am Babyddiaeth. Mae symudiadau ar droed, a chyfarfodydd yn cael eu cynnal, sy'n ceisio creu rhyw fesur o aduniad rhwng Pabyddiaeth a Phrotestaniaeth; a cheir pobl sy'n ymhyfrydu yn hyn, ac yn dweud ei fod yn beth rhagorol ein bod yn dechrau dod at ein gilydd eto, ac y gallwn gydweithredu mewn rhai cyfeiriadau, a bod hyn yn arddangosiad gwych o'r ysbryd Cristnogol. Llawenhânt mewn rhywbeth a ddigwyddodd yn ddiweddar nad oedd wedi digwydd o'r blaen ers dros bedair canrif, a dywedant y dylem oll fod yn llawenhau yn y dyfodiad ynghyd hwn, a'r arddangosiad hwn o ysbryd yr Arglwydd Iesu Grist ac o ysbryd y Testament Newydd.

Yn awr, y mae peth fel hyn yn ein gorfodi ni i ddeall

rhywbeth am yr hyn sy'n digwydd; ac wrth i chwi edrych i'r dyfodol, daw'r mater yn un taer, oblegid mae yna rai posibiliadau y mae'n rhaid eu hystyried. Deallaf oddi wrth yr ystadegau fod rhai gwledydd yn y byd, os yw'r tueddiadau modern i barhau, yn mynd i gael mwyafrif mawr o Babyddion ynddynt yn fuan; felly, os parhawn yr egwyddor ddemocrataidd o benderfynu ffurf ein llywodraeth drwy gyfrif pennau, bydd y mwyafrif yn Babyddion. Nid yw'n anodd dychmygu rhai posibiliadau fydd yn dilyn hyn. Yn wir, gallai ddigwydd yn y wlad hon o fewn nifer o flynyddoedd. Felly o bob safbwynt mae'n rhaid i ni edrych ar y sefyllfa hon a'r ffaith, y ffaith fawr hon sy'n ein hwynebu ni.

Pa un bynnag a hoffwn hynny ai peidio, mae'n rhywbeth y mae'n rhaid i ni ei wneud. Dywedaf eto, nad wyf fi'n bersonol erioed wedi gwneud hyn o'r blaen. Nid wyf yn perthyn i unrhyw 'Gymdeithas Brotestannaidd' fel y cyfryw; ni siaredais erioed ar lwyfan felly. Fy marn i bob amser yw mai'r unig ateb terfynol i Babyddiaeth yw pregethu pendant o'r gwirionedd Cristnogol a'r athrawiaethau mawr Diwygiedig. Nid oes dim arall erioed wedi gallu delio â hyn; ni thycia dim arall byth. Nid yw'r protestio negyddol, fe ymddengys i mi, fawr o werth. Buont ar droed yn awr ers nifer o flynyddoedd, ond y ffaith yw fod nifer y Pabyddion yn cynyddu ym mhob gwlad, a'r protestiadau negyddol yn ôl pob golwg yn ddiwerth. Fy nadl yw fod y cynnydd mewn Pabyddiaeth yn dilyn o un peth yn unig, sef Protestaniaeth wan a di-asgwrn-cefn nad yw'n gwybod ei ffydd ei hunan, na ŵyr beth mae'n ei gredu. Dyna pam y treuliaf fy amser ar ddysgu'n adeiladol. Ond mae'r testun yn fy nghymell i ddelio â hyn—'cynllwynion y diafol', gweithgareddau'r tywysogaethau a'r awdurdodau, bydol lywiawdwyr tywyllwch y byd hwn, y drygau ysbrydol yn y nefolion leoedd.

O'r gorau, ynteu, beth a welwn ni? Gadewch i mi ei gwneud yn gwbl glir nad wyf yn ymdrin ag unigolion. Y mae, wrth gwrs, unigolion sydd yn Babyddion ac yn Gristnogion. Gellwch fod yn Gristion ac eto'n Babydd. Fy holl amcan yw ceisio dangos bod pobl felly'n Gristnogion ar waethaf y gyfundrefn y perthynant iddi, ac nid o'i herwydd. Ond gedwch i ni fod yn glir ar hyn; y mae'n bosibl bod yn Gristion unigol yn yr Eglwys Babyddol. Dwyf i ddim yn ystyried unigolion, nac yn ystyried y mater yn bennaf o'r safbwynt gwleidyddol. Dwyf i ddim yn golygu am eiliad wrth hynna fod y safbwynt gwleidyddol yn ddibwys. I'r gwrthwyneb, yr wyf newydd fod yn tystio y gall fod yn eithriadol bwysig. Gwyddom am record y sefydliad hwn mewn hanes, gwyddom beth sy'n digwydd yn wleidyddol, gwyddom am ei chais i fod yn rym gwleidyddol, ac felly hyd yn oed o'r safbwynt hwnnw y mae'n bwysig. Ond nid dyna fy ngofal i yn awr. Busnes i'r lleygwyr Cristnogol a'r gwlad-weinwyr Cristnogol yw hynny mi dybiwn. Mae fy ngofal i yma yn fwy am yr agwedd ysbrydol, oherwydd dyna yw'r hyn y mae'r apostol yn ei roi gerbron ein meddyliau.

Yn uniongred ond . . .

Beth, ynteu, yr ydym yn edrych arno? Rydym yn edrych ar system; ac ni fuaswn yn petruso dweud mai'r system hon, a elwir yn Babyddiaeth, yw campwaith mwya'r diafol! Mae'n gymaint gwyriad oddi wrth y ffydd Gristnogol a dysgeidiaeth y Testament Newydd, fel na fuaswn yn petruso, gyda Diwygwyr yr unfed ganrif ar bymtheg, ei disgrifio fel 'apostasi'. Nawr dewch i ni fod yn glir ynghylch hyn. Yr ydym wedi diffinio apostasi fel math o ymadawiad llwyr oddi wrth y gwirionedd Cristnogol. 'Wel,' medd rhywun, 'ydych chi'n dweud hynny am yr Eglwys Babyddol?' Mae'n rhaid i ni fod yn ofalus iawn yma. Os dywedwn fod Pabyddiaeth yn apostasi, mae'n rhaid i ni wneud yn eglur ym mha fodd y mae hynny'n wir. Felly, 'dewch i mi roi'r peth fel hyn. Yma, nid yw gymaint yn achos o 'wadu'r' gwirionedd, eithr yn hytrach y fath ychwanegiad at y gwirionedd fel ei fod yn y pen draw yn ymadawiad oddi wrtho.

'Dewch i mi egluro—a dyma lle mae'r holl gyfrwystra'n dod i mewn, lle mae holl gynllwynion y diafol yn ymddangos. Ar un wedd wrth fwrw cipolwg arni gellwch yn hawdd gredu mai'r Eglwys Babyddol yw'r Eglwys fwyaf uniongred yn y byd. Os ydych yn ystyried rhywbeth fel Person yr Arglwydd Iesu Grist, does dim amheuaeth am uniongrededd yr Eglwys Babyddol yn credu fod Iesu o Nasareth yn dragwyddol Fab Duw; yn credu yn yr enedigaeth wyryfol; yn credu yn yr ymgnawdoliad; yn credu yn ei wyrthiau; yn credu yn ei farw iawnol ar y groes a'i atgyfodiad corfforol. Does dim amheuaeth am hynny. Mae'n credu yn ei esgyniad, yn ei breswyliad nefol. Ar gwestiwn

Person ein Harglwydd mae'r Eglwys Babyddol yn hollol uniongred—yn llawer mwy uniongred, fe dybia dyn weithiau, na'r rhelyw o Brotestaniaid. Dyna sy'n gwneud y sefyllfa mor enbydus. Yn yr un ffordd, os ydych yn pryderu am waith yr Arglwydd, 'does dim amheuaeth am ei huniongrededd. Os ydych yn pryderu am egwyddor gras fel y cyfryw, y mae'n un o'i daliadau canolog. Os yw'ch pryder am ysbrydoliaeth ddwyfol ac awdurdod yr Ysgrythurau, derbyniant ef, a chredu ei fod yn Air Duw. Unwaith eto, er gofid i ni, yn llawer mwy felly na'r Protestaniaid.

Felly, wrth edrych arni yn y ffordd gyffredinol yna, gellwch yn hawdd ddod i'r casgliad ei bod y corff mwyaf uniongred yn y byd. Ond dyma lle mae'r cyfrwystra'n dod i mewn, lle mae'r anhawster yn codi. At hyn oll mae'n ychwanegu, gyda rhyw 'blws' damniol, bethau sy'n gwbl anysgrythurol. Felly mae'n ein rhoi yn y diwedd mewn sefyllfa lle'r ydym, os derbyniwn ei dysgeidiaeth, yn credu anwiredd. Mewn geiriau eraill, mae ei dogma'n ffug; hi, yng ngeiriau'r Ysgrythur, yw'r butain.

Yn bob dim i bawb

Nawr mae 'na gyfrwystra mawr yn dod i mewn yma, ond ein thema yw cyfrwystra a chynllwynion y diafol. Os ydych mewn gwirionedd eisiau gwybod rhywbeth am gyfrwystra, does raid i chi ond darllen llenyddiaeth yr Eglwys Babyddol. Gall hi ymddangos yn unrhyw beth ac yn bob dim i bawb. Mae ei system mor eang a'i chyfrwystra mor fawr fel ei bod yn amhosibl gweld trwyddo. Mae'n sicr eich bod wedi sylwi ar hynny. Cymeraf un enghraifft. Mae'n sicr i chi sylwi ar hyn sawl tro. Clywsoch ddywedyd nad yw'r Eglwys Babyddol yn cydnabod ysgariad, ac os caiff un o'i haelodau ysgariad, yr esgymunir ef. Ac yna darllenwch ar unwaith am ryw uchelwr neu uchelwraig Babyddol wedi cael ysgariad, a gofyn, 'Wel, sut y gall hyn ddigwydd?' O wel, maent yn gallu egluro'r peth. Dywedant na fu yna erioed wir briodas! Gallant egluro popeth, does dim anhawster. Mae eu system o dwyllresymu (*casuistry*), a datblygiad eu dadleuon yn gyfryw fel y gallant ymddangos fel pe baent yn wynebu i bob cyfeiriad ar yr un pryd.

Sawl wyneb sydd gan yr Eglwys Babyddol mewn gwirionedd? Dyma beth sy gen i. Edrychwch arni yn y wlad hon, yna edrychwch arni yn Iwerddon—De Iwerddon. Edrychwch arni yn Unol Daleithiau America, ac yna edrychwch arni yn rhai o wledydd Lladin De America, ac fe'i cewch yn anodd credu ei bod yr un sefydliad. Edrychwch arni mewn gwledydd fel Sbaen a'r Eidal, a'i chymaru â'r modd y mae'n ymddangos mewn gwlad fel yr Almaen—mae'n hollol wahanol. Prin y tybiech ei bod yr un sefydliad. Ond yr un ydi hi. Mae'n gallu newid ei lliw a'i hymddangosiad a'i ffurf; mae, fe ddywedaf, yn bob peth i ddynion ym mhob man; mae hi'n bopeth.

Trawsffurfio'i hun

Fe gofiwch i'r apostol ddweud wrthym mai un o nodweddion y diafol ei hun yw y gall ei drawsffurfio'i hun yn angel y goleuni. Felly'r eglwys hon. Does dim terfyn, dim pen ar y gwahanol agweddau y mae hi'n gallu ymddangos ynddynt. Yma, yn y wlad hon, mae'n ymddangos yn ddiwylliedig iawn ac yn annog ei phobl i ddarllen y Beibl; mewn gwledydd eraill, mae'n eu gwahardd rhag gwneud hynny, ac yn wir yn cefnogi ofergoeliaeth yn fwriadol. Yma, ymddengys yn oddefgar, yn barod i wrando a dadlau ac ildio pwynt a bod yn gyfeillgar; mewn gwledydd llai addysgedig mae'n gwbl anoddefgar, yn filain ac yn gas yn ei sêl erlitgar—ond eto yr un corff, yr un sefydliad, yr un bobl. Dyma fy nhystiolaeth dros ddweud mai dyma'n sicr gampwaith y diafol.

Dyma gorff mawr, sefydliad, sydd o bryd i bryd dros y canrifoedd—ac yn parhau i wneud hyn—wedi arddangos cynllwynion y diafol yn ei holl gyfrwystra a'i dwyll, 'gyda phob dichell anghyfiawnder', ys dywed yr Ysgrythur. Rhagwelir hyn i gyd yn yr Ysgrythurau. Fe'i gwelwch yn Thesaloniaid, yr ail bennod. Nid dyna'r unig esboniad ar yr adran honno, ond mae'n un esboniad . . . Fe gewch bortread ohoni eto yn yr ail fwystfil yn Datguddiad 13 ac awgrymaf ei bod hefyd yn Datguddiad 17 yn y darlun o'r 'Butain Fawr' yn eistedd ar y saith bryn hynny, fel y gwna Rhufain, ac y gwnaeth erioed.

Mae hyn oll wedi'i amlygu'i hun mewn hanes. Gwnaeth hynny yn y modd hwn. Dyma rywbeth a ddaeth i mewn, ac ar un adeg a feddiannodd yn llwyr bron y cyfan o'r Eglwys Gristnogol. Daeth i mewn yn araf, yn gyfrwys, a gweithio'i ffordd i rym a dod yn y pen draw bron yn fyd-eang yn ei rheolaeth.

Beth a wnaeth? Cymerai fisoedd i mi ddelio â hyn yn ddigonol. Y cyfan a geisiaf ei wneud yn yr un bregeth hon yw rhoi rhywfaint o'r prif benawdau sy'n dangos fod fy namcaniaeth yn gywir. Felly byddaf i yn ei rhannu yn dair prif adran.

Mae'r adran gyntaf i ddangos *y ffordd y mae wedi bod yn euog o ddwyn i mewn eilunaddoliad ac ofergoel.*

Does dim yn cael ei gondemnio'n fwy yn yr Ysgrythur nac eilunaddoliaeth. Nid ydym i wneud 'delw gerfiedig'. Ond mae'r Eglwys Babyddol yn llawn o ddelwau. Mae'n dysgu ei phobl i addoli eilunod; maen nhw'n addoli delwau a ffurfiau. Os buoch yn un o'u heglwysi cadeiriol, fe welsoch hynny. Os ewch i Eglwys Sant Pedr yn Rhufain, gwelwch gofadail i'r apostol Pedr, ac fe sylwch fod bawd un troed wedi treulio'n esmwyth. Pam? Oherwydd bod cymaint o'r trueiniaid sy'n gaeth i ddysgeidiaeth Rhufain wedi bod yno'n ei gusanu! Plygant mewn parch, ac addoli delwau, cerfluniau a chreiriau. Maent yn hawlio fod ganddynt greiriau rhai o'r saint—pwt o asgwrn, rhywbeth a ddefnyddiodd—ac fe'i rhoir mewn lle o anrhydedd, a'i addoli a phlygu i lawr o'i flaen. Eilunaddoliaeth noeth yw hyn. Does dim a gondemnir gymaint yn yr Ysgrythur —yr Hen Destament a'r Newydd—ag eilunaddoliaeth, ond mae Pabyddiaeth o fwriad yn annog addoli'r delwau.

II

Dod rhyngom a Christ

Yr ail gyhuddiad mawr yw fod ei holl gyfundrefn a'i dysgeidiaeth yn dod rhyngom ni a'r Arglwydd Iesu Grist. Dyma'r cyhuddiad mwyaf difrifol mewn llawer ffordd. Er enghraifft, mae'r Eglwys ei hun yn dod rhyngom ni a'r Arglwydd Iesu Grist. Mae'n hawlio ei bod hi'n anhepgor i iachawdwriaeth. Tu allan i'r Eglwys—*extra ecclesiam*—does dim achubiaeth—*nulla salus*. Mae hi'n gwbl hanfodol. Fe'i gesyd ei hun rhwng fy enaid a'r Arglwydd Iesu.

Does dim fel yna yn y Testament Newydd, ond fe'i gwelwch mewn Pabyddiaeth. Mae'n hawlio mai hi yn unig a ŵyr beth yw'r gwirionedd. Hi sy'n ei ddisgrifio a hi'n unig all ei ddiffinio a'i ddehongli. Mae Protestaniaeth yn dysgu 'offeiriadaeth yr holl gredinwyr' a hawl pob dyn i ddarllen yr

Ysgrythur drosto'i hun a'i ddehongli yng ngoleuni'r Ysbryd Glân. Mae Rhufain yn gwrthod hynny'n llwyr—hi, a hi'n unig, sy'n abl i ddeall a dehongli'r Ysgrythur a dweud wrthym beth i'w gredu. Mae'n dweud hyn i raddau oherwydd ei bod yn hawlio iddi dderbyn 'datguddiad parhaus,'—'dyw hi ddim yn credu, fel y Protestaniaid, i'r datguddiad terfynol ddod yn y Testament Newydd. Mae'n rhaid, medd hi, ychwanegu at y gwirionedd yn yr Ysgrythur. Er ei bod yn dweud fod y Beibl yn Air Duw, mae'n hawlio bod ei thraddodiad hithau'n meddu'r un awdurdod. A dyna lle mae hi'n tynnu oddi wrth y Beibl— drwy ychwanegu pethau yn ei thraddodiad sy'n gwadu dysgeidiaeth y Beibl a thynnu oddi wrtho. Dyna lle gwelir y cyfrwystra.

Yn y pen draw, mae'n dod i hyn—ei bod hi'n hawlio'n teyrngarwch llwyr. Hawlio'n rheoli yn yr hyn a gredwn ac a wnawn; hawlio'r cyfrifoldeb am ein henaid a'i iachawdwriaeth. Rhaid i ni felly ildio'n gyfan gwbl i'r hyn y mae'r Eglwys yn ei orchymyn a'i ddysgu i ni. System dotalitaraidd sydd ganddi. Does dim cwestiwn nad yw hi'n clymu eneidiau ei phobl yn llwyr—gymaint felly â chomiwnyddiaeth, gymaint felly â chyfundrefn erchyll Hitler. System dotalitaraidd yw hi. Mae'r Eglwys yn oruchaf ac felly'n sefyll rhyngom ni a'r Arglwydd Iesu Grist.

Y Pab

Amlygiad arall o hyn, a chanlyniad naturiol iddo, yw'r Pab a'r hyn a ddysgant amdano. Ef yw Ficer Crist, disgynydd ysbrydol uniongyrchol yr apostol Pedr—yr olyniaeth apostolaidd—a holl awdurdod Pedr ganddo. Nid af yn awr i drafod y safle a briodolant i Pedr ond dyma a hawliant. Ac o'r herwydd y mae'r person hwn yn Dad Sanctaidd, yn Ficer Crist, er bod yr Ysgrythur yn ein rhybuddio'n benodol i beidio â galw neb yn Dad ar y ddaear gan nad oes ond un Tad, ein Tad yr hwn sydd yn y nefoedd. Ac fe hawliant ei fod, wrth lefaru o'i gadair yn ei gyngor o gardinaliaid, yn 'anffaeledig' . . . Felly, mae awdurdod yr Eglwys yn canoli ar y dyn hwn sy'n llefaru, ys dywed 2 Thesaloniaid 2, 'fel Duw'. Fe'i haddolir ef gan ei bobl; plygant i lawr o'i flaen, a rhoi iddo fynegiant o addoliad na ddylid ei gynnig i neb ond i'r Duw Hollalluog ei hunan.

Yr Offeiriad

Y trydydd amlygiad o hyn yw'r offeiriad—pobl arbennig iawn yn yr Eglwys Babyddol. Dyw'r Pabyddion ddim yn credu yn offeiriadaeth yr holl gredinwyr; yr unig 'offeiriad' yw'r rhai a hyfforddwyd gan yr Eglwys ei hunan, a'u hordeinio, a rhoi iddynt rywfaint o'r awdurdod sy'n dod o'r 'olyniaeth apost-olaidd'. Ond dywed I Pedr 2:9, wrthym ein bod ni i gyd yn offeiriaid: 'Chwychwi ydych rywogaeth etholedig, brenhinol offeiriadaeth . . . ' Na, medd Rhufain, chwi yw'r lleygwyr; dydych chi ddim yn offeiriaid, y rhain yn unig yw'r offeiriaid.

Yna maent yn hawlio i'w hoffeiriaid ddoniau arbennig iawn, fel y gallu i gyflawni gwyrthiau. Yma deuwn at fater canolog a thyngedfennol. Hawliant fod yr offeiriaid yn gallu newid y dŵr a ddefnyddiant yn y Bedydd, fel bod gras yn mynd i mewn iddo. Hawliant fod yr offeiriaid yn gallu gweithio gwyrth ynglŷn â'r bara a'r gwin yn Swper yr Arglwydd, y wyrth a alwant yn 'draws-sylweddiad'. Dywedant nad yw'r bara mwyach yn fara, ond yn gorff Crist; bod y lliw ac yn y blaen yn aros, ond i'r sylwedd newid yn gorff Crist, ac i'r offeiriaid gyflawni'r wyrth honno drwy'r gallu arbennig sydd ganddynt.

Y Sacramentau

Daw hyn yn ei dro â ni at eu holl athrawiaeth am y Sacra-mentau. Mae ganddynt saith sagrafen, ond soniaf yn fwyaf arbennig am Fedydd a Swper yr Arglwydd lle nad ydynt yn petruso dysgu fod gwyrth yn cael ei chyflawni. Eu syniad yw, gan fod y wyrth hon wedi'i gweithio gan yr offeiriaid ar y dŵr a'r bara a'r gwin, eu bod bellach yn llawn o ras Duw mewn rhyw ffordd arbennig, fel eu bod yn gweithio yn otomatig—*ex opere operato* yw eu term. Felly, pan roddir y dŵr ar y plentyn, fe weithir gwyrth ynddo; pan gymerwch y bara yn y Cymun—chewch chwi ddim cymryd y gwin—yr ydych mewn gwir-ionedd yn cymryd corff Crist ei hunan.

Mae hyn i gyd yn amlygiad o gyfrwystra'r diafol a'i gynllwynion. Pethau a ychwanegwyd yw'r rhain i gyd, a does dim gair amdanynt yn y Testament Newydd. Ond cyn i ni adael yr offeiriaid, 'dewch i ni gofio hyn, mai dyma'r un yr awn ato i gyffesu'n pechodau, oherwydd fod ganddo'r gallu i roi i ni faddeuant pechodau. Does neb all wneud hyn ond yr offeiriadaeth, y bobl hyn gyda'r galluoedd arbennig. Felly dysgir y bobl i fynd atynt a chyffesu iddynt. Does dim gair am hyn yn yr Ysgrythur. Fe gyffeswn ein pechodau i Dduw ac i'n gilydd yn yr Eglwys Gristnogol; ond nid i 'offeiriad'. Felly, dyna i chwi amlygiad arall. Rydw i'n dangos i chwi'r ffordd y mae'r gyfundrefn hon yn dod rhyngom ni a'r Arglwydd Iesu Grist. Fe ewch chwi a fi, fel Cristnogion, ato Ef i gyffesu; ânt hwy at yr offeiriad.

Y Forwyn Fair

Ond dewch i ni fynd ymlaen i'r pedwerydd pwynt, a dyma un o'r pethau mwyaf brawychus a hynod ohonynt oll. Mae cwlt y Forwyn Fair ar gynnydd mawr yn yr Eglwys Babyddol. Beth a ddysgant? Dywedant mai hi yw Brenhines y Nefoedd, ac mai ati hi y dylem ni fynd yn gyntaf. Mewn llawer o'u heglwysi, mae hi'n sefyll o flaen yr Arglwydd Iesu Grist, sydd bron wedi'i guddio ganddi hi rywle yn y cefndir. Pam? Dywedant ei bod hi, sy'n ddynol, yn fwy cariadlon a thyner nag ef. Ei fod ef mor fawr a nerthol ac awdurdodol, mor llym—dyma a ddysgant, dyma'r esboniad ar y cwlt—fel na allwn ni fentro ato ef yn uniongyrchol. Ond wrth lwc mae hi yno, ac mae hi'n gariadlon; ac wedi'r cwbl hi oedd ei Fam ac fe all ddylanwadu arno e. Felly dylem weddïo ar y Forwyn Fair a gofyn iddi eiriol drosom. Mae hi yna rhyngom ni a Mab Duw, Achubwr ein heneidiau. A buont yn ychwanegu fwyfwy at ei hawdurdod. Dechreuasant yn 1854 ddysgu fod Mair wedi'i geni'n ddibechod; yna dywedasant iddi esgyn i'r nefoedd—na fu hi farw fel eraill, ond iddi esgyn fel ei Mab. Ac mae hyn yn ei rhoi yn y fath safle fel bod Crist ei hunan yn cael ei guddio o'r golwg.

Y Saint

Yn olaf, yn ychwanegol at y Forwyn Fair, dyna chi'r Saint. Dysgir Pabyddion i weddïo ar y saint. Credant mewn perffeith-wydd yn y bywyd hwn, a dywedant i rai o'r saint fyw bywyd perffaith. Maent felly wedi casglu mwy o stôr o 'rinwedd' nag sydd arnynt ei angen; gellwch chwi a minnau weddïo arnynt am ddogn o'r 'rhinwedd' hwn. Galwant hyn yn 'waith gor-haeddiannol'. Gall y saint eiriol trosom, a hyd yn oed gyfrannu o'u 'rhinwedd' dros ben i ni, i gyflenwi'r hyn sy'n brin gennym

125

ni. Felly, ceir addoli'r saint, gweddïau i'r saint, dibynnu ar y saint. Dyw teilyngdod Iesu Grist ddim yn ddigon; mae'n rhaid cael rhywbeth ar ben hynny; mae angen ychwanegu ato.

Dewisais yn syml bump o'r ffyrdd y mae'r holl gyfundrefn hon yn dod rhwng y crediniwr a'r Arglwydd Iesu Grist. Cofiwch y gwneir hyn gan bobl sy'n priodoli iddo dduwdod llawn, ac sy'n hollol glir eu meddwl am yr Ymgnawdoliad a'r Geni Gwyrthiol a'r pethau hyn i gyd. Dyna lle daw 'cyfrwys-tra'r diafol' i'r amlwg. Ar un wedd, ymddengys eu bod yn dweud popeth sy'n iawn: ar y wedd arall dywedant bethau mor gyfeiliornus fel eich bod yn dechrau meddwl beth sydd ar ôl o'r gwirionedd.

III

Trafod y buom fel y mae'r Eglwys Babyddol yn euog o wyrdroi'r ffydd Gristnogol. Yn un peth trwy ddysgu eilun-addoliad ac ofergoel. Wedyn nodais bum ffordd y mae'r sefydliad hwn yn dyfod rhwng y Cristion a'r Arglwydd. *A dyma'r trydydd cyhuddiad: ei fod yn bychanu a difrïo'r iechydwriaeth fawr y mae yr Arglwydd Iesu Grist yn ei chynnig a'i rhoi i ni.* Beth ydw i'n feddwl?

Cyfiawnhad trwy'r bedydd

Cymerwch yr enghraifft gyntaf o hyn—eu dysgeidiaeth ar fater cyfiawnhad drwy ffydd. Dyma, fel y dywedodd Luther, y prawf y mae'r Eglwys yn sefyll neu syrthio wrtho—holl ogoniant Protestaniaeth a'r hyn a roddodd fod iddi. Edrychwch ar eu dysgeidiaeth am gyfiawnhad. Fe wyddom ein dysgeidiaeth ni, gobeithio, beth bynnag? Fe fydda i'n amau weithiau a wyddon ni, lawer ohonon ni Brotestaniaid. Does fawr ryfedd bod Pabyddiaeth ar gynnydd pan na ŵyr Protestaniaid beth yw cyfiawnhad; mae'n sicr o gynyddu tra bo Protestaniaid o'r farn bod byw bywyd da'n ddigon. Does fawr syndod bod Pabyddiaeth yn treiddio drwy'r gwledydd. Cyfiawnhad drwy ffydd! Mae Rhufain yn dysgu bod gweithredoedd da a theilwng yn bosibl mewn dyn, dyn pechadurus; y gall dyn gyfrannu rhywbeth tuag at ei gyfiawnhad ei hun. Credant hynny a dysgant hynny. Fe ddysgwn ni 'nad oes neb cyfiawn, nac oes, un,' bod 'ein holl gyfiawnderau fel bratiau budron,' yn 'dom' ys dywed Paul wrth y Philipiaid—yn ddiwerth. Na, na, medd y Pabyddion, mae gwerth ynddo; bydd yn cyfrif; bydd yn help.

Ond mwy difrifol yw eu bod yn y pen draw yn dweud bod cyfiawnhad yn ganlyniad bedydd. Dyna lle mae'r cyfan yn dod at ei gilydd. Yn y bedydd, fe ddysgant, nid yn unig fe faddeuir eich pechodau, ond fe dderbyniwch gyfiawnhad drwy'r bedydd. Er eich bod yn blentyn bach anymwybodol, cewch gyfran o gyfiawnhad a dileu eich pechod gwreiddiol. Gyda llaw, nid cyfiawnder Crist a dderbyniwch, meddent hwy, ond cyfiawnder a grewyd gan Dduw ar gyfer y bedyddiedig. Dydyn nhw ddim yn cael eu 'gwisgo â chyfiawnder Crist', ond fe'u gwneir yn gyfiawn, serch hynny, yng ngolwg Duw. Ac felly maent yn condemnio fel heresi beryglus athrawiaeth y Protestaniaid, sef cyfiawnhad drwy ffydd yn unig.

Fe welwch sut mae pethau'n gweithio—mae popeth yn eu dysgeidiaeth yn eich gwneud yn ddibynnol ar yr Eglwys. Ydych chi'n credu y gellwch edifarhau a throi at Grist a chredu ynddo a chael eich cadw? Na, rhaid gweithio hyn arnoch gan yr offeiriad yn y bedydd. Ar hyd y ffordd, gwneir yr offeiriad a'r Eglwys yn hanfodol; does dim gobaith hebddynt. Does dim cyfeillach uniongyrchol â Christ, dim ond drwy'r cyfryngau hyn. Dywed y Beibl nad oes ond un Cyfryngwr rhwng Duw a dyn, y dyn Crist Iesu. Nid felly yn Rhufain—rhaid cael Mair, y Pab, yr offeiriaid a'r holl gyfundrefn. Felly ar athrawiaeth cyfiawnhad fe ddysgant anwiredd.

Seremonïaeth yn bwysicach na bywyd

A dyna i chwi fater y bywyd Cristnogol; mae mwy o bwyslais yma ar seremonïau a defodau nag ar y bywyd sanctaidd. Yn lle dysgu eu pobl i geisio sancteiddrwydd a deall dysg y Testament Newydd am gyfiawnhad, dysgant y bobl i fynd i'r offeren ac i gyffesu i'r offeiriad. Does dim cyfrifoldeb uniongyrchol, dim dal dynion i'r ddysgeidiaeth a'u hannog i'w harfer. Na, yr athrawiaeth yw ufudd-dod i reolau'r Eglwys. Rhaid cadw'n glòs at y seremonïau, gwneud fel maen nhw'n dweud, ymprydio, gwneud hyn a pheidio gwneud arall, mynd at offeiriad a chyffesu. Gellwch ddod i'r offeren, ac yna mynd i fyw fel y mynnoch. Yn lle'r bywyd sanctaidd yn ei symlrwydd fel y'i ceir yn yr Ysgrythur, cewch seremonïau a defodau.

127

Dim sicrwydd cadwedigaeth

Camgymeriad difrifol arall yw ei bod yn gwadu'n llwyr athrawiaeth 'sicrwydd cadwedigaeth'. Does dim mwy gogoneddus na'r athrawiaeth hon. Ceir datganiad gwych ohoni yn Rhufeiniaid 8:16: 'Y mae'r Ysbryd hwn yn cyd-dystiolaethu â'n hysbryd ni, ein bod ni yn blant i Dduw.' Wyddoch chi beth mae hynny'n ei feddwl? Does dim mwy gogoneddus na hynny; ond mae'r Eglwys Babyddol yn ei wadu'n llwyr. Does dim sicrwydd yn y bywyd hwn. Pam? Dyna'i ddadl, ac mae'n ddigon rhesymol. Mae'n gweithio fel hyn. Yn eich bedydd, fe ddileir eich pechod gwreiddiol, ac fe'ch gwneir yn gyfiawn ac y mae hi'n iawn rhyngoch chwi a Duw. Ond beth am eich pechodau wedi'r bedydd? Does a wnelo'r bedydd ddim â hynny. Beth wnewch chwi am hynny? Dyna'r broblem. Fe ddywed Protestaniaeth fod gwaed Iesu Grist yn ein glanhau ni o bob pechod ac anghyfiawnder, fod yr hyn a wnaeth ar y groes yn Iawn dros fy mhechod ddoe, fy mhechod heddiw, fy mhechod yfory. Roedd yr un weithred yn ddigon. Na, na, medd Rhufain, nid yw'n ddigon. Mae'r pechodau wedi'r bedydd—y 'post-baptismal sins'—yn broblem wahanol. Beth wnaf fi ynglŷn â'r rhain? Rhaid i mi fynd i gyffesu i'r offeiriad; dim ond efe all ddelio â hwy.

Ond ni all ef, hyd yn oed, ddelio â'r cyfan; felly gallaf ddod i ddiwedd fy oes, a'r pechodau hyn yn bygwth uffern a cholledigaeth i mi. Beth allaf i ei wneud? Popeth yn iawn, meddant, dyma i chi Sagrafen Penyd. Dim ond yr offeiriaid all gynnig hyn i chi, ond mae ef yn abl. Gellwch wneud 'cyffes anarferol,' ac fe gewch ollyngdod.

Felly rydw i'n iawn? Na, ddim eto. Mae hyn yn mynd â chi'r rhan fwyaf o'r ffordd, ond erys rhai pechodau heb eu maddau. Beth wnaf fi ynglŷn â'r rheini? Wel, mae fy mherthnasau sydd eto'n fyw yn gweddïo drosof ac yn talu arian wrth wneud hynny. Felly mae gennych y maddeuebau (*indulgences*) a'r gweddïau dros y meirw a'r canhwyllau a'r talu arian. Mwyaf oll a delir, cyntaf oll y setlir am bechodau fel hyn yn y Purdan, a chyntaf oll yr â'r person hwn yn ei flaen. Does yna ddim sôn am hyn yn y Beibl, onid oes? Nac oes, siŵr. Dyma ran o'r datguddiad pellach a gawsant; ychwanegiad yw hyn i gyd.

Dyw gwaith Crist ddim yn ddigon; rhaid ychwanegu ato yn

y ffyrdd hyn. Ydw i'n mynd yn rhy bell felly wrth ddweud mai dyma apostasi?

Beth yw canlyniad hyn oll? Fe gedwir eu pobl mewn anwybodaeth ac ofergoeledd. Nid yn unig hynny, ond mae'n arwain i ffordd o fyw yr ydyn ni yn y wlad hon yn ei alw, weithiau, yn 'Sul Cyfandirol'—sef, os buoch yn yr Offeren ar fore Sul, y gellwch wneud a fynnoch weddill y dydd. Mae'n arwain i hynny, ac nid yw'n syn ei fod, canys, 'dyw'r unigolyn ddim yn cyfrif; does raid iddo ond ufuddhau i'r hyn a ddywed yr Eglwys wrtho, ac fe ofala'r Eglwys am ei enaid. Mae'n arwain i hyn oll, ac i erledigaeth o'r wir ffordd, erledigaeth a fu'n rhan o'r gyfundrefn hon erioed. Buont yn barod i dywallt gwaed y merthyron, ac fe barhânt i wneud hynny o hyd lle bynnag y gallant fentro gwneud hynny.

Mwy peryglus na Chomiwnyddiaeth

Gofynnaf, wrth dewi, a fuon ni'n gwastraffu'n hamser? Oes angen i ni drafferthu am hyn i gyd? Oni ddylem ni lawenhau fod yna bellach agwedd newydd ar Babyddiaeth? Oni ddylem ni lawenhau fod modd i ni oll sefyll fel Cristnogion yn erbyn Comiwnyddiaeth. Dyna'r cwestiwn mae'n rhaid i chwi ei wynebu. Fy hunan, does gen i ddim petruster ynghylch yr ateb. Mae'r gyfundrefn hon yn llawer mwy peryglus na chomiwnyddiaeth, oherwydd ffug yw, yn gweithredu 'yn enw Crist'. Dyma'r twyll mwyaf erchyll o'r cyfan, oherwydd ei bod yn defnyddio'i enw ef. Mae'r llall yn agored, yn ddi-gred a di-dduw.

Na, nid selotiaid penstiff, nid ffyliaid, oedd y Diwygwyr Protestannaidd. Agorwyd llygaid y gwŷr hyn gan yr Ysbryd Glân. Dyna ddigwyddodd i Luther, i Calfin, i Knox, iddynt oll. Fe welsant yr anghenfil hwn yn y darluniau ohono yn y Beibl, a mentro'u heinioes i sefyll yn ei erbyn a phrotestio . . . Dechreuasant bwysleisio cyfiawnhad trwy ffydd, awdurdod terfynol yr Ysgrythur, offeiriadaeth y holl gredinwyr, ac yn y blaen. Roeddynt yn barod i roi eu heinioes dros y gwirioneddau hyn, a bu llawer farw drostynt. Gadewch i mi'ch rhybuddio—os ydych yn llawenhau am y closio at Rufain, yr ydych yn gwadu gwaed y merthyron . . . Ymbwyllwch, ac na chymerwch eich swyno gan y dadleuon hyn.

Daeth y broblem yn fwy byw oherwydd y radio a'r teledu. Fe welwch y dynion hyn yn ymddangos—mor garedig, mor ddymunol, yn mynd allan o'u ffordd i blesio. Gymaint mwy dymunol na'n pobl ni yn aml! Mae Protestaniaid yn eu hanwybodaeth yn dweud pethau fel'na, ac yn barod i lyncu'r abwyd.

Wedi newid?

'Ond mae'r Eglwys Babyddol wedi newid,' meddech chi. 'Edrych yn ôl yr ydych chi—byw yn yr unfed ganrif ar bymtheg. Yr ugeinfed ganrif yw hi heddiw'. Mae f'ateb yn syml: ymffrost yr Eglwys Babyddol yw nad yw hi'n newid. Sut y gall hi newid? Os newidia, bydd yn cyfaddef nad oedd yn iawn yn y gorffennol—ond yr oedd hi'n honni bod yn anffaeledig ac na allai'r Pab wneud camgymeriad. Os yw hi'n dweud y medr newid, mae'n gwadu ei daliadau canolog! 'Dyw hi ddim yn dweud ei bod hi'n newid, a wnaiff hi byth. Fe erys Eglwys Rufain yr un. Os rhywbeth, mae hi'n waeth erbyn hyn. Fe 'ychwanegodd' bethau at yr hyn a ddysgai yn yr unfed ganrif ar bymtheg, fel anffaeledigrwydd y Pab. Na, does dim newid yn yr Eglwys Babyddol. Ac os bydd un eglwys fawr fyd-eang fe ddigwydd drwy i Eglwys Rufain lyncu'r gweddill yn eu hanwybodaeth!

Does dim anhawster yn hyn; ffug hollol ydyw; puteiniaeth o'r modd mwyaf dieflig. Ffurf ar yr anghrist ydyw; rhaid ei wrthod, ei gondemnio, ei wrth-weithio. Does ond un peth a all ei wrthsefyll—Cristnogaeth ysgrythurol, athrawiaethol. All Cristnogaeth sy'n gwneud dim ond pregethu 'dowch at yr Iesu' ddim sefyll o flaen Rhufain—yn wir, gall ychwanegu at y nifer sy'n eiddo Rhufain. Mae pobl sy'n cynnal ymgyrchoedd efengylaidd ac yn dweud 'Babyddion, ewch yn ôl i'ch eglwys', yn gwadu dysgeidiaeth y Testament Newydd. Rhaid i ni eu rhybuddio.

Does ond un ddysgeidiaeth, un gallu, fedr sefyll yn erbyn y twyll ofnadwy hwn; yr hyn a elwir yma yn 'holl arfogaeth Duw'. Dyma yw—cyflwyniad ysgrythurol, athrawiaethol, diwinyddol, o wirionedd y Testament Newydd. Dyna fel y'i gwnaed yn yr unfed ganrif ar bymtheg. Nid efengylwr arwynebol oedd Luther, ond diwinydd cadarn; felly Calfin; felly'r cyfan ohonynt. Trefn fawr y gwirionedd, wedi'i gweithio allan yn ei manylion a'i cyflwyno i'r bobl, a danseiliodd Eglwys Rufain a'i siglo. Does dim llai na hynny'n ddigon i wynebu'r sefyllfa heddiw.

Gristnogion, mae cyfrifoldeb ofnadwy arnoch chi. Rhaid i chi wybod y gwirionedd, rhaid i chi ei ddeall, rhaid i chi allu gwrthwynebu dysgeidiaeth gau. Mae pobl ddiniwed yn cael eu hudo gan y math hwn o dwyll, a'ch busnes chi a minnau yw agor eu llygaid a'u hyfforddi.

Nid hynny'n unig; dim ond wrth i ni sefyll yn gadarn dros wirioneddau Duw y cawn yr hawl i weddïo'n daer a hyderus am fendith yr Ysbryd Glân arnom. Wrth i ni sefyll dros wirionedd yr Ysgrythur, mi gredaf, y disgyn Ysbryd Duw arnom mewn diwygiad nerthol. Does dim llai na diwygiad o'r fath a all ysgwyd y sefydliad erchyll hwn, y 'butain fawr' a'i geilw'i hun yn Eglwys Rufain. Duw a'n goleuo, a rhoi i ni ddeall yr amseroedd yr ydym yn byw ynddynt, a'n deffro cyn ei bod yn rhy hwyr.

Mater o Ffydd

Darn allan o *Awdurdod* (1970)

Nid mater o ddadl yw cwestiwn awdurdod yr Ysgrythurau yn y pen draw, eithr mater o ffydd. Mae amryw o ddadleuon sy'n berthnasol i'r pwynt hwn ac mi nodaf rai fy hun yn ddiweddarach. Yn wir, mae gwerth mawr i lawer o'r dadleuon hyn, sef y dadleuon gwyddonol, hanesyddol, hynafiaethol a rhesymegol sydd wedi cael eu dyfynnu i gefnogi awdurdod yr Ysgrythurau. Ond y pwynt yr wyf yn ei bwysleisio yw hwn: ar ôl ichi nodi'r holl ddadleuon, gellwch argyhoeddi dyn yn feddyliol o'r hyn a ddywedwch heb iddo o angenrheidrwydd gredu na derbyn awdurdod y Gair. Yn union fel y gall dyn amgyffred yn feddyliol y gwirionedd am Grist a chyd-fynd ag ef, heb dderbyn yr Iesu mewn gwirionedd a heb ddod yn Gristion; felly hefyd y gall wneud gyda'r Ysgrythurau.

Fy rheswm cyntaf dros bwysleisio hyn yw fy mod yn ofni ein bod fel pobl efengylaidd wedi tueddu i syrthio i'r fagl yma weithiau. Yr ydym wedi ymwneud â rhyw fath o resymoliaeth nad yw'n gyson â'n safiad. Mae yna wir werth yn y dadleuon hyn, ond yn y diwedd (fel y dysgodd y Tadau Protestannaidd eu hunain) ni all unrhyw ddyn gredu'n iawn nac ymostwng i awdurdod yr Ysgrythurau ond o ganlyniad i *testimonium Spiritus internum*. Dim ond trwy waith a goleuni'r Ysbryd Glân o'n mewn y gallwn gael yn derfynol y sicrwydd hwn am awdurdod yr Ysgrythurau. Dyma'r hyn a ddywed yr apostol Paul mor glir mewn geiriau eraill yn 1 Corinthiaid 2:14, 'Eithr dyn anianol nid yw yn derbyn y pethau sydd o Ysbryd Duw: canys ffolineb ydynt ganddo ef; ac nis gall eu gwybod, oblegid yn ysbrydol y bernir hwynt.'

Does dim dadl am y mater hwn. Gallwn ei osod yn blaen fel hyn—ni all dyn nad yw'n Gristion gredu yn awdurdod yr Ysgrythurau. Ni ddylem ddisgwyl iddo wneud. Yr ydym yn gwastraffu amser os dadleuwn ag ef am y peth. Mae'n ofer inni wynebu'r rhesymolwr modern neu'r anghrediniwr a dweud: 'Yn y lle cyntaf mae'n rhaid inni gytuno ynglŷn â'r Beibl. A ydych yn credu Gair Duw? A ydych yn derbyn ei awdurdod ai peidio? Os nad ydych, nid ydym mewn sefyllfa i drafod gyda chwi.' Mae'r fath resymu'n hollol gamarweiniol, oherwydd mae'n gosod y drol o flaen y ceffyl. Os nad yw'n Gristion, nid yw'n bosibl iddo dderbyn awdurdod yr Ysgrythurau o gwbl. Dim ond y Cristion a all wneud hyn.

Rhyfeddod o Ddyn

Ar achlysur ailgyhoeddi'r argraffiad
dwy-gyfrol o weithiau Jonathan Edwards
gan y Banner of Truth Trust yn 1974

Yn fy nyddiau cynnar yn y weinidogaeth y llyfrau a fu o'r cymorth mwyaf imi, yn bersonol ac o ran fy mhregethu, oedd argraffiad dwy-gyfrol *The Works of Jonathan Edwards* sy'n awr yn cael eu hadargraffu. Pan deimlais alwad i'r weinidogaeth yn Llundain ynghanol y dauddegau gofynnais i weinidog gyda'r Presbyteriaid Cymraeg yn y ddinas, a chanddo radd dosbarth cyntaf o Rydychen, beth a ddylwn ei ddarllen. Cymeradwyodd y ddwy gyfrol, *Protestantism before and after Kant*, ac fe'u cefais, ac yno am y tro cyntaf deuthum ar draws enw Jonathan Edwards. Yna holais fy nghynghorwr yn y weinidogaeth am Edwards, ond ni wyddai ddim oll amdano.

Wedi chwilio'n hir, yn y diwedd gelwais yn siop lyfrau John Evans yng Nghaerdydd yn 1929, a chennyf beth amser ar gael wrth ddisgwyl am drên. Yno, i lawr ar fy ngliniau yn fy nghot fawr yng nghornel y siop, darganfûm yr argraffiad dwy-gyfrol o weithiau Edwards a gyhoeddwyd yn 1834, ac fe'u prynais am bum swllt. Roeddwn fel un wedi cael ysglyfaeth. Bûm yn llythrennol yn eu darllen drosodd a throsodd. Mae'n hollol wir iddynt fy nghynorthwyo yn fwy na dim byd arall. Mae'r print yn fân ond ni chefais unrhyw drafferth gyda hynny o gwbl. Mewn gwirionedd, er bod gennyf yn awr set wyth-cyfrol o weithiau Edwards, i'r ddwy hen gyfrol yma y troaf o hyd.

Pe bai gennyf y gallu, byddwn yn gwneud y ddwy gyfrol hon yn faes darllen gorfodol i bob gweinidog. Mae Edwards fel petai'n gallu bodloni ym mhob ystyr; yn ddiau roedd yn rhyfeddod o ddyn.

1950–1975

Mewn cyfweliad â J. Elwyn Davies a gyhoeddwyd yn
Y Cylchgrawn Efengylaidd yn Ionawr 1975 bu Dr Lloyd-Jones yn
bwrw golwg yn ôl dros y sefyllfa grefyddol yn y chwarter
canrif flaenorol, gan dynnu amryw o gymwysiadau
ysbrydol pwysig o'r hanes.

JED: Aeth chwarter canrif union heibio er pan ddarfu i chi anfon
eich cyfarchion i rifyn dechrau'r flwyddyn o'r *Cylchgrawn*,
Ionawr 1950. Eich dymuniad pennaf meddech, bryd hynny,
oedd ar i eglwys Iesu Grist gael profi diwygiad grymus. Mae
chwarter canrif yn amser hir a dydyn ni ddim wedi profi dim
byd tebyg i ddiwygiad grymus yn ystod y cyfnod yma. A
fyddai'n wir dweud eich bod chi eich hunan yn siomedig nad
yw hyn wedi digwydd hyd yma?

DMLJ: Wel, dwy i ddim yn siŵr mai'r gair 'siomedig' yw'r gair
gorau yn y fan hyn. Mae'n ddrwg gen i. Ac wrth gwrs, fy
nyhead mawr i, nid yn unig yn ystod y chwarter canrif a aeth
heibio, ond yn ystod y chwarter canrif cyn hynny, oedd ar i ni
weld diwygiad mawr a grymus. Feddylies i erioed mai deugain
mlynedd yn yr anialwch oedd fy nhynged i fod. Roeddwn i'n
ffyddiog iawn y bydden ni wedi gweld diwygiad grymus
ymhell cyn hyn. I'r graddau hynny, efallai, fe all dyn sôn am
siomedigaeth. Ond yn y byd hwn mae dyn yn dysgu
  ein bod ni'n gyfan gwbl yn llaw Duw a bod rhaid i ni
ymfodloni ar hynny, a chydnabod mai mater o ewyllys Duw yw
diwygiad yn y pen draw.

JED: Mi wn ei bod hi'n anodd i ni ddehongli ffyrdd Duw. Nid
ein meddyliau ni yw ei feddyliau Ef. Ac eto, rydyn ni'n cael ein
harwain gan Dduw o ddydd i ddydd ac o flwyddyn i flwyddyn,
ac i raddau rydyn ni'n cael rhyw fesur o ddeall o'i ewyllys ar ein
cyfer a beth yw arwyddocâd rhai digwyddiadau. Wrth fwrw

golwg yn ôl dros yr hanner canrif diwethaf yma, fuasech chi'n dweud fod yn rhaid i rai pethau ddigwydd yn gyntaf megis, cyn y gallem brofi'r grymusterau ysbrydol mawr? Hynny yw, y gallwn ni gymryd ein calonogi, er na fu diwygiad, fod yna rai pethau o bwys gwirioneddol wedi digwydd, ac o bosibl, ein bod ni gymaint â hynny'n nes at ddiwygiad o'r herwydd?

DMLJ: Wel, mae hyn wrth gwrs yn codi cwestiwn pwysig. Mae e'n hen gwestiwn. Hynny yw, y berthynas rhwng diwygiad ar y naill law a deffroad neu adfywiad ar y llaw arall. Beth yw'r berthynas rhwng y naill a'r llall? Mae e'n bwnc dyrys dros ben. Fe fyddwn i'n barod i ddweud ar y cyfan, wrth edrych ar hanes, bod diwygiad [*reformation*] i ddigwydd cyn deffroad neu adfywiad. Does dim rhaid iddo, ond rwy'n meddwl mai dyna sydd i'w weld yn bur eglur yn hanes yr Eglwys ar hyd y canrifoedd.

Wel nawr, i ddod at y chwarter canrif yma a aeth heibio. Mae yna nifer o bethau wedi digwydd, ac yn eu plith yr ymgyrchoedd efengylaidd mawr a gynhaliwyd yn arbennig yn Lloegr ac yn yr Unol Daleithiau. Rydw i wedi bod yn dweud ar hyd y blynyddoedd fod yr ymgyrchoedd hyn yn tynnu sylw pobl oddi wrth yr angen am adfywiad a deffroad ysbrydol.

Hynny yw, rydw i bron â bod yn barod i ddweud nad ydyn ni'n barod eto i ddeffroad ddigwydd am fod y rhan fwyaf, hyd yn oed, o bobl efengylaidd fel pe bydden nhw'n glynu o hyd wrth y syniad y medrwn ni gyflawni'r hyn sy'n angenrheidiol trwy'n hymgyrchoedd a thrwy'n hegnïon ni ein hunain. Rydw i'n meddwl fy mod i'n deall paham y byddai Duw yn dal adfywiad neu ddeffroad yn ôl, megis, er mwyn dod â ni i'n gliniau. Mae yn rhaid i ni weld yn eglur na fedrwn ni wneud dim a'n bod ni'n gwbl ddibynnol ar Dduw. Rydw i'n teimlo fod hyn yn rhan o'r esboniad am yr hyn sy wedi digwydd yn ystod y chwarter canrif yma.

Wedyn ar yr ochr arall, mae'n bwysig inni beidio â diystyru 'dydd y pethau bychain'. Mae nifer o bethau wedi digwydd, onid oes? Rydw i'n credu y gallwn ni honni *fod* yna ddiwygiad yn yr ystyr o glirio'r meddwl a chael gafael ar yr athrawiaethau mawr *wedi* digwydd, ac *yn* digwydd. Ac os ydi hynny yn arwain at adfywiad, wel yna dydi'r amser yma ddim wedi'i golli.

Nawr, rydw i'n meddwl fod Diwygiad 1904-5 yn taflu tipyn o olau i ni ar yr ochr yma i bethau. Y peth a oedd yn ddiffygiol yn y diwygiad hwnnw—does dim cwestiwn am hyn—oedd fod y fath agendor rhwng yr adfywiad a chred yr eglwysi a dysgeidiaeth y bobl. Mae'n rhaid i chi gael sylfaen i adeiladu arni. Mae'n rhaid i chi gael rhywbeth sy'n mynd i afael yn y gallu mawr yma a'r nerth sy'n dod, i'w ddiogelu a'i arwain ymlaen i'r dyfodol.

Felly, fe fuaswn i'n barod i ddweud i baratoad ddigwydd yn ystod y blynyddoedd diwethaf yma a'i fod yn digwydd heddiw. Ond ein perygl ni wedyn, wrth gwrs, yw pwyso ar hynny'n unig. Fel y mae rhai yn pwyso ar eu galluoedd nhw eu hunain—yr ymgyrchoedd a'r trefniadau sydd ynglŷn â nhw, ac yn y blaen—mae eraill yn dueddol o gredu, dim ond ichi gael deall meddyliol fod y cwbl gyda chi, a dydyn nhw ddim yn disgwyl dim byd mwy. Yr hyn sydd ei eisiau ar y ddwy garfan fel ei gilydd yw sylweddoli fod angen yr ymweliad yma oddi fry, tywalltiad o'r Ysbryd Glân. Heb hwnnw, fe fydd y sefyllfa, er ei bod yn dangos rhyw gymaint o gynnydd yn y ffordd yma a'r ffordd arall, yn ddiffygiol yn y peth mawr sydd, i mi, yn hanfodol.

JED: Yn ystod eich gweinidogaeth chi mewn gwirionedd, mae cenhedlaeth o gredinwyr wedi codi yng Nghymru, ac yn wir drwy Brydain ac ymhellach na hynny wrth gwrs, sydd wedi ailddarganfod y ffydd efengylaidd. Ac y mae ailfeddiannu'r ffydd, yn ddeallol ac yn brofiadol a gweithio allan ei goblygiadau, wedi bod yn broses sydd wedi cymryd amser. Mae'n debyg ein bod ni i gyd wedi disgwyl y byddai diwygiad yn dilyn y cyfnod cynnar pan oedd hyn yn digwydd i lawer ohonom. Ond mae'n amlwg erbyn hyn i'r fendith oedi ac yn y cyfamser i ni orfod rhoi sylw arbennig i rai athrawiaethau. Nid athrawiaethau canolog y ffydd a'r efengyl, ond athrawiaethau sydd yn berthnasol i'r efengyl yn sicr, ac yn berthnasol iawn i ffyniant pobl Dduw yn y byd. Fyddech chi'n cytuno â hyn, bod diddordeb pobl efengylaidd yn athrawiaeth yr Eglwys, er enghraifft, yn rhywbeth pwysig ac angenrheidiol yn ein dyddiau ni?

DMLJ: Wel ydw, rydw i'n cytuno'n hollol wrth gwrs, a chredaf fod hanes yn profi hynny. Rydyn ni wedi talu sylw mawr i'r athrawiaeth am yr Eglwys, ac mae hyn yn digwydd o angenrheidrwydd. Pan fydd pobl yn dod yn feddiannol ar fywyd newydd ysbrydol a'r diddordeb newydd yma yn yr athrawiaeth, maen nhw am gymdeithas. Maen nhw am gyfathrachu â'i gilydd. Ac mae hyn wedyn yn codi'r cwestiwn, 'Beth yw eglwys?'. Y duedd oedd edrych ar unrhyw gasgliad o grefyddwyr fel eglwys Gristnogol. Ond mae'n amlwg i'r credadun nad yw hynny'n wir—mai cymdeithas o saint yw eglwys. Ac felly, rydyn ni wedi bod yn ymgodymu â'r broblem yma, ac mae'n broblem ddyrys wrth gwrs. Fe wynebwyd y broblem hon gan y Tadau Methodistaidd o'n blaen. Fe fuom yn sôn y flwyddyn ddiwethaf yma [1974] am Howel Harris, y cymdeithasau a'r seiadau yma, ac yn y blaen. A chyn eu cyfnod hwy, yr un oedd y broblem. Fe fu Martin Luther yn ymgodymu â hi. Mae'r gwir gredinwyr yn teimlo eu bod nhw ar wahân i'r bobl hynny nad oes dim ganddynt ond traddodiad neu rywbeth y maen nhw wedi cael eu magu ynddo. Nawr, dydyn nhw ddim eisiau gwahanu. Ac eto, os ydyn nhw i drafod problemau a phrofiadau ysbrydol mae'n rhaid iddyn nhw gwrdd â phobl sy'n deall y pethau yma. Ac felly, yn y pen draw, problem yr eglwys yw hi. Beth yw eglwys Gristnogol mewn gwirionedd? Ac, wrth gwrs, mae hyn ynghlwm wrth gwestiwn adfywiad. Oherwydd rhywbeth sy'n cychwyn mewn eglwys ac ymhlith credinwyr yw adfywiad yn y lle cyntaf. Mae'n broblem ganolog felly.

Mae'r Mudiad Eciwmenaidd, wrth gwrs, yn ein gorfodi i roi sylw i'r cwestiwn hwn. A siarad yn gyffredinol, agwedd y bobl eciwmenaidd yw dweud bod eisiau dod â'r *sefydliadau* sydd mewn bod ar hyn o bryd at ei gilydd, a'u gwneud yn un. Ond mae'r dyn efengylaidd yn dechrau o safbwynt arall, gyda'i syniad ef am eglwys, sef cynulliad o saint. Cael y *saint* ynghyd yw ei broblem ef. Ac felly mae yna raniad o angenrheidrwydd yn digwydd yn y fan yma. Ni all y dyn efengylaidd fod yn fodlon ar y syniadau eciwmenaidd hyn oherwydd maen nhw'n gadael allan y peth sydd iddo ef yn hanfodol. Felly rwy'n teimlo fod y blynyddoedd hyn wedi bod o fudd mawr i ni. Ac os daw diwygiad, wel yna fe fydd gyda ni eglwysi yn barod ar gyfer y diwygiad. Fe fedrwn ni dderbyn dychweledigion a'u cael nhw i mewn i'r teulu, ond ein bod ni'n galw eglwysi arnyn nhw. Ac y mae'n bosibl y gallwn ni wedyn osgoi yr hyn a ddigwyddodd yn 1904 a 1905.

JED: Wedi i ni roi sylw yn ystod y blynyddoedd diwethaf yma i athrawiaethau canolog y ffydd, athrawiaethau ynglŷn â'r Eglwys sy'n mynd i ddiogelu'r ffydd, materion ynglŷn â threfn eglwysig ac yn y blaen, ydych chi'n teimlo fod yna rhyw *un* athrawiaeth neu *un* gwirionedd mawr sydd yn hawlio sylw y dyddiau hyn? Dyma ni ar ddechrau blwyddyn newydd, ac yng nghysylltiadau'r sgwrs yma, ar ddechrau chwarter canrif arall, beth fyddech chi'n ddweud ydi'r angen pennaf ar hyn o bryd ymhlith pobl Dduw?

DMLJ: Does gen i ddim petruster o gwbl i ateb y cwestiwn yna. Rydw i'n argyhoeddedig mai ein heisiau mwyaf, i gyd, yn bobl efengylaidd a phawb arall, yw sylweddoliad o'r Duw byw. Ein perygl ni yw pwyso ar yr athrawiaeth *am* Dduw, sôn am briodoleddau Duw ac yn y blaen, ac edrych hyd yn oed ar Dduw mewn ffordd sydd yn wrthrychol. Ac y mae hynny i mi yn anobethiol. Y peth cyntaf sy raid i ni ei sylweddoli yw fod Duw yn Dduw byw, Duw syn torri i mewn i fywyd yr unigolyn, Duw sy'n torri i mewn i hanes, Duw sy'n anfon deffroad, Duw sy'n gweithredu ac yn gwneud pethau.

Teimlaf, yn anad dim, mai dyma'r peth mawr sy wedi mynd ar goll yn ein plith ni, a bod hwn yn hanfodol i unrhyw ddyhead neu obaith am adfywiad. Mae'n rhaid i ni i gyd, fel unigolion i ddechrau, ac yna fel eglwysi, sychedu am y Duw byw. A pheidio â bodloni nes ein bod yn ymwybodol ei fod Ef yn delio â ni ac yn *gwneud* rhywbeth i ni.

Beth sy'n synnu dyn yw bod hyn wedi mynd ar goll yn ein plith ni fel Cymry o bawb—gwlad y diwygiadau! Dyma'n gorffennol ni. Rydw i'n teimlo i ni golli'r pwyslais ar y galon ac ar y serchiadau. Rydyn ni wedi mynd yn orfeddyliol. Mae'n rhaid i ni wrth y meddwl, wrth gwrs, ond fe fuaswn i'n tybied fod ein hemynau ni a'n traddodiad i gyd yn dangos fod lle canolog i fod i'r galon. Dyna'r hyn oedd yn cael ei bwysleisio gan Williams, Pantycelyn. Dydw i ddim am roi'r argraff mai sôn am gyfriniaeth yr ydw i, ond mae'r elfen gyfriniol yma yn amlwg iawn yn ein gorffennol ni fel Cristnogion Cymraeg. Ac y mae'n hanfodol ein bod yn ailafael yn hwn, gan sylweddoli heb hwn 'welwn ni byth bethau mawr yn digwydd yn ein plith. Felly, hyn sy'n bwysig: nid deall yn unig ond dod i brofi ac i adnabod y Duw byw, y Duw sy'n rhoi profiad i ddyn, sy'n symud dyn, cynhyrfu dyn, gwneud i ddyn golli ar ei hunan weithiau, i ganu ac i orfoleddu. Mae'r gorfoledd yma wedi diflannu. Mae'n rhaid i ni ei gael yn ôl.

JED: Mae yna ddwy wedd, onid oes, i gyfnod o adfywiad ysbrydol. Mae'r wedd brofiadol yr ydych newydd gyfeirio ati yn awr, lle mae'r saint yn cael eu boddhau yn fawr. Mae yna wedd arall hefyd, onid oes? Mae'r Ysbryd Glân ar yr adegau hyn yn gweithio yn rymus ac yn gyffredinol iawn ar galonnau anghredinwyr, ac ardaloedd cyfain a rhanbarthau helaeth yn cael eu heffeithio'n fawr gan yr ymweliad dwyfol. Fyddech chi'n disgwyl i gyfnod o fendith fel yna wneud gwahaniaeth i bregethu ac i bregethwyr? Mae yna lawer i wynt croes wedi bod yn erbyn pregethu fel y cyfryw yn ystod ein dyddiau ni, a swydd y gweinidog wedi'i ddarostwng yn ddirfawr. Fyddech chi'n fodlon dweud gair ar y wedd yma?

DMLJ: Byddwn, ond fuaswn i ddim yn ei osod yn y ffordd yma, fod y cwbl hyn i gael dylanwad ar y pregethwyr. Fe fuaswn i yn ei roi fel arall. Cewch chi ddim o'r pethau y cyfeiriais atynt hyd nes bod rhywbeth wedi digwydd i'r *pregethwyr*. Adlewyrchiad yw'r cyflwr presennol o ddiffyg yn y pregethwyr; y pregethu mawr sy'n cynhyrchu credinwyr mawr a gwrandawyr mawr a gwrandawyr sy'n gorfoleddu. Fe glywais am bregethwr hyd yn oed y Sul diwethaf. Roedd e wrth bregethu yn aros ac yn dweud wrth y bobl: 'Pam nad ydych chi'n gweiddi?' Doedd y dyn ddim yn sylweddoli ei fod yn ei gondemnio'i hunan. Pan fydd dyn yn pregethu o dan ddylanwad yr Ysbryd Glân dydi e ddim yn gofyn i bobl weiddi—ceisio'u hatal nhw rhag bloeddio mae e! Mae'r gynulleidfa'n cael ei chynhyrfu gan y pregethu mawr. A dyna sy wedi digwydd yn y diwygiadau mawr. Rhywbeth sydd yn digwydd yn gyntaf oll mewn rhyw un pregethwr, neu ryw un gweinidog, neu ddyn fel Howel Harris. Ac fel canlyniad i'r profiad mawr, yntau'n teimlo fod yn rhaid iddo fynegi'r peth, a phregethu. Ac felly, dyma i mi y peth mwyaf truenus o bopeth yn ein sefyllfa a'n cyflwr presennol—diffyg pregethwyr. Dyma'r broblem fwyaf i mi—paham nad oes gyda ni bregethwyr mawr yn y dyddiau hyn? Credaf i ni olrhain yr esboniad yn yr hyn rydyn ni wedi bod yn ei drafod.

Ein perygl ni o hyd ydi bodloni ar un ochr yn unig, ac yn enwedig anghofio'r Duw byw yma sy'n rhoi profiad cryf, grymus i'r dyn ei hunan. Dydw i'n gweld fawr o obaith i'r bobl nac i'r eglwysi hyd nes y bydd y pregethwyr eu hunain wedi eu tanio ac yn llawn o'r gorfoledd yma. Dyna'r drefn, buaswn i'n meddwl. Peth eithriadol yw i hyn gychwyn yn y gynulleidfa ac yna i'r pregethwr gael ei ddylanwadu gan y gynulleidfa. Y pregethwr yn gyntaf a'r gynulleidfa yn dilyn. Mae'r gynulleidfa'n adlewyrchiad o gyflwr y pregethwr, ac felly fe fuaswn i'n dechrau gyda'r pregethwr ei hunan.

JED: Ga i ofyn cwestiwn personol iawn i ddiweddu? Fyddech chi eich hunan yn siomedig pe baech chi'n diweddu'ch oes heb fod wedi gweld cyfnod o ddeffroad grymus?

DMLJ: Wel, fel roeddwn i'n awgrymu ar y dechrau, dyna fy nyhead mawr i ar hyd fy oes. Er pan oedd gyda ni sasiwn yn Llangeitho yn 1913 i ddathlu daucanmlwyddiant geni Daniel Rowland, fe ges i ryw syniad, yn enwedig trwy gyfrwng y pregethu ar y maes yn y sasiwn honno, o beth fyddai deffroad mawr grymus. Ac fe fûm i'n darllen am bethau fel yna ar hyd fy mywyd fyth oddi ar hynny. A dyna'r peth yr ydw i wedi bod yn disgwyl amdano. Fe rown i'r byd i gyd i gael profiad ohono. Rwy'n gwybod yn iawn os na chaf i fyw i weld peth fel yna fod y gogoniant yn aros, a'r gwynfyd bythol. Ond fe fuase'n dda gen i gael profi rhyw ychydig o'r nefoedd ar y ddaear yn gyntaf—dyddiau Duw ar y ddaear. Mae'r pethau hyn yr un mor bosibl yn yr ugeinfed ganrif ag oedden nhw yn y ganrif gyntaf. Mae yna lawer wedi mynd i gredu—'O! wel, rhywbeth yn perthyn i'r gorffennol yw adfywiad; mae gyda ni ormod o ddysg a diwylliant yn awr'—y *sophistication* yma. I mi, nonsens ydi peth felly, oherwydd *Duw* sy'n gweithredu, ac rydw i o hyd yn dal ar y gobaith y caf i weld rhyw gymaint o'r gweithredoedd nerthol hyn fel ag yn y dyddiau gynt a fu.

'A Jacob a Adawyd
ei Hunan'

Ar brynhawn Mercher, 14 Mai 1980, yn Seion, capel yr
Annibynwyr, Stryd y Popty, Aberystwyth, traddododd Dr
Martyn Lloyd-Jones ei bregeth olaf yn y Gymraeg, mewn
cyfarfod pregethu dan nawdd Mudiad Efengylaidd Cymru.
Dyma'r bregeth ar ei hyd:

Carwn alw eich sylw y prynhawn yma at yr hanes rhyfedd a
hollbwysig yna ym mywyd y patriarch Jacob sydd yn cael
ei groniclo yn Llyfr Genesis, yn y ddeuddegfed bennod ar
hugain. Ac rwyf am bwysleisio'n fwyaf arbennig y bedwaredd
adnod ar hugain, sy'n darllen fel hyn: '*A Jacob a adawyd ei hunan:
yna yr ymdrechodd gŵr ag ef nes codi'r wawr.*'

Nawr, dyma i chi y digwyddiad mwyaf yn hanes Jacob. Dyn
oedd Jacob a oedd wedi cael profiadau cyn hyn. Fe gofiwch
iddo gael profiad rhyfedd iawn ym Methel pan oedd yn dianc
oddi wrth ei frawd Esau. Ond eto, aros yr un dyn yn ei hanfod
a wnaeth Jacob wedi'r profiad hwnnw. Ond yn awr dyma
drobwynt yn hanes Jacob, mi gredaf. Dyma'r fan y digwyddodd
y peth mawr a phwysig yn ei hanes. A dyna pam rwy'n galw
eich sylw at yr hanes hwn y prynhawn yma; oherwydd rwyf am
geisio gosod ger eich bron hanfod y profiad crefyddol, hanfod y
profiad Cristnogol. Ac rwy'n gwneud hyn am nifer o resymau.

Does dim byd yn nodweddu ein dydd a'n hoes yn gymaint
â'r elfen o gymysgwch ac o ansicrwydd, ac mi fyddaf yn ofni
weithiau bod mwy o ansicrwydd mewn perthynas â'r cwestiwn
yma o beth yw Cristion, beth yw'r profiad ysbrydol, y profiad
Cristnogol, nag sydd mewn perthynas efallai ag unrhyw fater
arall. Rwy'n dechrau dod i'r casgliad fod pob dyn sy'n ei gynnig
ei hun yn yr Unol Daleithiau y dyddiau hyn fel ymgeisydd i fod
yn arlywydd, fod pob un fel ei gilydd fel pe byddai yn honni ei
fod yn ailanedig, ei fod wedi cael rhyw brofiad ysbrydol; ac

mae'r term hwn yn cael ei ddefnyddio mewn ffordd sydd mor llac fel y mae bron â mynd yn ddiystyr.

Ac rwy'n meddwl fod yna reswm arall dros inni ystyried yn ddwys beth yw hanfod y profiad ysbrydol, crefyddol, Cristnogol, a hynny yw cyflwr ein byd ni. Yn y pen draw dyma'r unig beth sy'n cyfrif, ac felly mae'n rhaid inni fod yn sicr ynglŷn â'r cwestiwn hwn, rhag inni bwyso ar rywbeth fydd yn ein gadael yn yr awr gyfyng.

Dyna fy rhesymau dros alw eich sylw at y mater hwn; oherwydd rwy'n meddwl y medraf ddangos i chi fod hanfodion y profiad ysbrydol—y profiad o Dduw, y profiad o Grist, y profiad o'r Ysbryd Glân—bod hanfodion y profiad mawr yna yn yr hanes hwn yn syml ac yn eglur. Wrth gwrs, mae yna agweddau eraill i'r profiad hwn nad oes dim sôn amdanynt yn yr hanes hwn. Ond dyma'r hanfodion, dyma'r anhepgorion, dyma'r pethau mae'n rhaid inni wrthynt.

Peth arall rwyf am ddweud yw hyn. Nid wyf yn honni fod yn rhaid i bob un ohonom gael y profiad i'r un graddau, ond rwyf yn honni fod yn rhaid i ni fod yn ymwybodol o'r hanfodion. Rhai yn fwy eglur nag eraill, rhai yn gryfach nag eraill, rhai yn fwy dramatig nag eraill. 'Dyw hynny ddim yn cyfrif. Y peth sy'n bwysig yw bod yn rhaid inni wybod rhywbeth am yr hanfodion hyn sy'n perthyn i'r profiad ysbrydol a chrefyddol.

Wel nawr, beth yw'r hanfodion yma? Y peth cyntaf rwy'n ei weld yn yr hanes yw hyn—ei fod yn rhywbeth personol iawn: 'A Jacob a adawyd ei hunan.' Rhywbeth sy'n digwydd i ddyn wrth ei hunan yw'r profiad hwn. A dyma i chi beth y mae'n rhaid inni ei bwysleisio mewn oes fel yr oes bresennol. Rydym yn byw mewn dydd sy'n sôn am y lliaws, y *crowd*, pobl yn tyrru gyda'i gilydd wrth y miloedd i edrych ar bobl yn chwarae'r peth hyn a'r peth arall. Perygl mwyaf ein hoes, mi greda' i, yw methu sylweddoli ein hunaniaeth, ein bod ni'n unigolion. Mae'n frwydr fawr oherwydd bod holl syniadau pobl am fywyd ac am bopeth yn tueddu i gymryd y ffurf arall yma. Fe wyddoch amdano ym myd economeg. Mae e wedi dod i mewn, rwy'n deall, hyd yn oed i fyd amaethyddiaeth—unedau mawr, ffermydd mawr, y tyddynnod yn diflannu. Mae'n rhaid i bopeth fod ar *grand scale*, mawr a mawreddog. Dyna, chwi gytunwch, yw tuedd ein hoes ni. Ac felly mae'n bwysig i bawb ohonom gofio ein bod yn unigolion, a bod yn rhaid inni wybod rhywbeth am fod wrth ein hunain cyn y down o hyd i'r profiad mawr a phwysig hwn.

Neu gadewch imi ei osod fel hyn. Mae yna berygl mawr inni feddwl am grefydd mewn termau politicaidd a chymdeithasol yn lle mewn termau personol. Dyma bwyslais mawr ein byd ni—'diwinyddiaeth rhyddhad'—sôn am ryddid ac am bethau politicaidd a chymdeithasol, agwedd y Cristion at y problemau hyn ac at y pethau yma. Ac mae hwnna'n cael pwyslais mawr yn ein dydd ni, ac mae pobl felly yn synied am Gristnogaeth yn nhermau agwedd meddwl tuag at wleidyddiaeth, problemau cymdeithasol, diwylliant—pob math o bethau. A dyna ei syniad am grefydd, eich bod chi'n coleddu rhyw syniadau arbennig ar y gwahanol faterion hyn, a 'dyw'r unigolyn ddim yn cyfri'. Does dim sôn am brofiad personol. Yn wir, mae pobl yn dadlau yn erbyn y pwyslais personol yma y dyddiau hyn, ac yn dweud bod yn rhaid inni ehangu'n syniadau a meddwl mwy am ddylanwad ein crefydd ar y cylchoedd eang hyn. Mae'n rhaid inni gael rhyw olwg sy'n cynnwys y byd i gyd. Wrth gwrs, mae'r elfen yna (fel rwy'n barod i gytuno) yn gynwysedig. Ond dyma fy honiad i: fe fedrwch chi goleddu'r syniadau yna i gyd, ond os nad ydych yn gwybod am y peth personol yma, 'dyw hanfod y peth sy'n gwneud dyn yn Gristion ddim gyda chi.

Ac felly rwy'n pwysleisio'r pwynt cyntaf, fod Jacob wedi ei adael wrth ei hunan, a phan oedd e wrth ei hunan y digwyddodd y peth mawr yma.

Gyfaill annwyl, ydych chi wedi sylweddoli eich bod chi'n greadur unigol, mai'r peth sy'n bwysig amdanoch chi yw'r hyn ydych chi pan fyddwch wrth eich hunan? On'd yw hi'n rhyfedd ein bod ni'n methu cofio hyn bob amser? Mae'r cyfeillion yma wedi cyfeirio'n garedig at yr hyn sydd wedi bod yn digwydd i mi yn ystod y misoedd diwethaf yma, ac rwyf wedi dod i'r casgliad hwn—os ga' i ei awgrymu i unrhyw bregethwr sydd yn y lle hwn y prynhawn yma—dyma'r prawf ar bregethwr; sut mae e'n teimlo pan fydd e'n methu pregethu? Perygl pregethwr yw byw ar ei bregethu, byw ar ei weithgarwch. Ond dyma'r prawf: sut mae'r dyn yn teimlo pan fydd e'n cael ei adael wrth ei hunan ac yn methu gwneud dim byd? Ac y mae'n bwysig inni gofio hyn, oherwydd dyma y gwirionedd mawr amdanon ni bob yr un ohonom. Down i'r byd yma fel unigolion. 'Chawn ni mo'n geni yn deuluoedd nac yn genhedloedd—mae pob un yn dod i mewn i'r byd yma yn unigolyn, wrth ei hunan. Ac nid yn unig hynny. Mae profiadau mwyaf bywyd yn brofiadau sy'n dod i ni wrth ein hunain, pan gawn ein gadael ar ein pen ein hunain.

Roedd yna athronydd mawr Seisnig yn byw ddechrau'r ganrif yma, A. N. Whitehead, a dyma i chi ddiffiniad A. N. Whitehead o grefydd: 'Religion', meddai Whitehead, 'is what a man does with his solitude.' Dyma yw hanfod crefydd, beth mae dyn yn ei wneud â'i unigedd neu ei unigrwydd. Ac fel rwy'n dweud, mae hwn yn bwysig am mai dyma'r peth sy'n wir am bawb ohonom.

Os ydych chi am wybod i sicrwydd y prynhawn yma a ydych yn Gristion ai peidio, dyma'r prawf: sut ydych chi'n teimlo pan gewch eich gadael wrth eich hunan? Oes gyda chi brofiad o fod mewn ysbyty, yn gorfod cael triniaeth lawfeddygol y bore wedyn? Mae'ch anwyliaid wedi bod gyda chi, wedi bod yn siarad, ac maen nhw gyda chi ac yn teimlo drosoch chi. Ond mae yna foment, mae yna awr yn dod pan fydd rhyw nyrs neu rhyw *sister* neu rhywun arall yn dod ac yn gorchymyn i'r perthnasau fynd adref—ac maen nhw'n mynd. A dyma chithau wedi eich gadael wrth eich hunan—triniaeth bore yfory. Maen nhw'n eich caru chi â'u holl enaid ond 'fedran nhw ddim mynd gyda chi drwy'r driniaeth. Rhywbeth i chi'n unig yw e, ac rydych yn cael eich gadael wrth eich hunan.

Sut ydych chi'n teimlo yn y fan honno? Beth yw'ch adwaith i'r unigrwydd yma, i'r unigedd yma? Nawr, mae hwn yn hollbwysig. Fe fedrwch chi fod yn grefyddol, fe fedrwch chi grefydda, fe fedrwch chi fod yn cymryd rhan flaenllaw mewn capel neu eglwys, yn weithgar, yn ddiwyd ac yn selog, ac eto mae'n bosibl i chi, pan gewch eich gadael wrth eich hunan, deimlo nad oes gyda chi ddim byd i gael o gwbl. Ein perygl mwyaf ni yw colli'r hunan yma, yr enaid unigol yma, yn y dorf, yn y *crowd*, yn y gweithgarwch, yn y crefydda, yn y canu, yn y cwbl i gyd. Ond pwyslais mawr y Beibl yw hyn: 'Pa lesâd i ddyn, os ennill efe yr holl fyd, a cholli ei *enaid* ei hun?' 'Jacob a adawyd ei hunan'.

Dyma'r creisis. Ydych chi wedi bod yn y fan honno, gyfeillion? Mynnwch y tawelwch yma a'r unigrwydd yma. Mae'n rhaid i chi ddod i'r fan hon, oherwydd mae yna ddydd yn dod pan fydd hyn yn dod i bob un ohonom: fel y cawn ein geni wrth ein hunain, rydym yn marw wrth ein hunain. Does neb yn marw gyda chi. Mae pob dyn yn dwyn ei faich ei hunan, pob dyn yn gorfod wynebu marwolaeth ac angau a thrag-wyddoldeb wrth ei hunan. Mynnwch y profiad o'r unigrwydd hwn, oherwydd os nad ydych chi wedi bod wrth eich hunan wyneb yn wyneb â Duw, 'dyw'r gwir beth ddim gyda chi. Fe gofiwch i Iesu Grist ddweud, 'Ewch i mewn drwy'r porth cyfyng', a byddaf yn meddwl fod y porth cyfyng yna'n rhyw fath o *turnstyle*. Rydych chi'n mynd trwy *turnstyle* i mewn i ryw arddangosfa, neu i ryw sioe. A dyma yw *turnstyle*: dim ond un ar y tro sy'n mynd i mewn—nid dau, nid tri, *un*. Ac mae'n rhaid i bawb ohonom fynd trwy'r *turnstyle* wrth ein hunain cyn y down o hyd i'r profiad mawr yma.

Ond gadewch i ni gael symud ymlaen at yr ail elfen. A dyma'r ail elfen: ymwybyddiaeth, yn yr unigrwydd, bod rhywun arall yn ymwneud â ni: '*A Jacob a adawyd ei hunan: yna yr ymdrechodd gŵr ag ef nes codi'r wawr.*'

Nawr, mae hwn eto yn hollbwysig, ac yn hanfodol i'r gwir brofiad ysbrydol. Nid cymryd at grefydd fel diddordeb, nid penderfynu bod yn grefyddol, nid penderfynu gwneud rhyw weithgarwch arbennig. Mae'n rhaid wrth gwrs i'r Cristion ddod—ac mae e *yn* dod—i benderfyniadau. Ond nid dyma'r peth gwreiddiol. Y peth gwreiddiol yw hwn, fod dyn yn y sylweddoliad yma o unigrwydd ac o unigedd yn ymwybodol o ryw ymyrraeth yn ei fywyd. Y Gŵr yma, yr Arall yma sy'n dechrau ymwneud â ni, a chymryd gafael ynom ni, a ninnau'n anfodlon. Dydyn ni ddim eisiau'r peth yma. Rydyn ni eisiau byw fel pawb arall. Rydyn ni eisiau mwynhau bywyd a chael pleser a mwyniant. Ond mae'r Arall yma yn dod ac yn ymyrryd yn ein bywyd, ac yn ymgodymu â ni, a ninnau eisiau cael ei wared ef. Ond mae e'n dal wrthym ac yn ymwneud â ni.

Nawr, ond i chi ddarllen hanes y Beibl drwyddo, a darllen hanes saint y canrifoedd a'r oesoedd, y saint mawr a'r saint bach, fe ffeindiwch chi fod hwn yn gyffredin i'w profiadau nhw

146

i gyd. Mae gormod o bwyslais heddiw ar ein penderfyniad ni—
beth ydyn *ni*'n ei wneud, beth ydyn *ni*'n penderfynu ei wneud,
beth yw ein safbwynt ni, ac yn y blaen—ond nid dyma'r peth
gwreiddiol, ond y Gŵr yma, yr Arall yma, sy'n dod atom ac yn
dechrau ymwneud â ni.

Nawr, mae hyn wedi cael ei ddatgan gan lawer iawn o saint
mawr yr oesoedd. Fe gofiwch y ffordd y mae Francis Thomp-
son, y bardd Saesneg, yn ei osod e. Dyma fe:

> *I fled Him, down the nights and down the days;*
> *I fled Him , down the arches of the years;*

> *I fled Him, down the labyrinthine ways*
> *Of my own mind; and in the mist of tears*
> *I hid from Him . . .*

'The Hound of Heaven', 'Gwaedgi'r Nefoedd' ar eich trac chi, a
chithau'n ceisio dianc, ceisio'ch cuddio'ch hunan oddi wrtho,
ond mae e'n eich canlyn chi ac yn gwrthod eich gadael.

Fe gofiwch, wedyn, emyn mawr George Matheson: '*O Love,
that wilt not let me go,/I rest my weary soul in Thee*'. Mae Dr Tecwyn
Evans wedi ei gyfieithu fel y cofiwch: 'O! Gariad, na'm gollyngi
i'. Dyma'r peth: y cariad yma sy'n ymwneud â chi, ac yn torri i
mewn i'ch bywyd chi, yn gwrthod eich gadael chi'n llonydd, a
chithau eisiau cael rhyddid, eisiau cadw ymlaen fel yr oeddech
chi. 'O! Gariad, na'm gollyngi'. Ydych chi'n gwybod am y
profiad hwn, gyfeillion? Dyma beth sy'n hanfodol i'r profiad
crefyddol yma.

Ac fel rwy'n dweud, mae'r profiad hwn wedi ei ddisgrifio
gan lawer i ddyn mawr. Fuoch chi'n darllen erioed, tybed, am
hanes dyn o'r enw Blaise Pascal, un o fathemategwyr mwya'r
canrifoedd, Ffrancwr yn byw yn yr ail ganrif ar bymtheg?
Roedd e nid yn unig yn fathemategwr mawr ond yn athronydd
mawr ac yn llenor dihafal, wedi creu'r arddull Ffrengig o
sgrifennu rhyddiaith, yn ôl rhai awdurdodau. Wel nawr, roedd
hwn wedi dod yn grefyddol, ac yn byw yn grefyddol, ac wedi
cael tipyn o bleser crefyddol. Ond pan fu Blaise Pascal farw fe
gafwyd mewn rhyw ddilledyn roedd e'n ei wisgo, damaid o
bapur wedi ei wnïo i fewn i'r dilledyn. A dyma nhw'n agor y

papur, ac ar y papur roedd e wedi ysgrifennu'r geiriau rwy'n mynd i'w darllen i chi. Ar y 23ain o fis Tachwedd 1654, fe gafodd Blaise Pascal brofiad o hanner awr wedi deg hyd hanner awr wedi deuddeg yn y nos, profiad mwyaf ei fywyd, profiad a'i newidiodd yn gyfan gwbl. Dyma drobwynt mawr ei fywyd, er ei fod yn grefyddol cyn hynny. Ond wedi hyn roedd e'n ddyn hollol wahanol, hollol newydd. A dyma'r disgrifiad roedd e wedi ei ysgrifennu ar y papur o'r profiad mawr yma:

Tân, 'Duw Abraham, Duw Isaac, Duw Jacob', nid Duw'r athronwyr a'r doethion. Sicrwydd, sicrwydd, teimlad, llawenydd, tangnefedd. Duw Iesu Grist . . . Anghofio'r byd a phopeth ond Duw. Ni ellir ei gael ond trwy'r ffyrdd a ddysgir yn yr efengyl. Mawredd yr enaid dynol. 'O! Dad sanctaidd, nid adnabu'r byd Dydi, eithr myfi a'th adnabûm'. Llawenydd, llawenydd, llawenydd, dagrau o lawenydd . . .

Dyna'r profiad. Dyna'r profiad drodd Blaise Pascal yn Gristion gloyw. Er ei fod yn grefyddol cyn hynny, yn y fan hon y cafodd y profiad hwn o Dduw yn uniongyrchol, a dyna drobwynt mawr ei fywyd.

Mae yna lawer un arall wedi disgrifio yr un peth. Mae yna ddisgrifiad gan John Henry Newman, Cardinal Newman wedi hynny, ac fel hyn y mae e'n ei osod. Fe gafodd hwn dröedigaeth ysbrydol pan oedd yn fachgen un ar bymtheg oed, ac yn ei hunanfywgraffiad dyma fel mae'n disgrifio'r peth: '*Awareness of another, awareness of two, and two only supreme and luminously self-evident beings, myself and my Creator.*' Nawr dyma'r peth, gyfeillion. 'Dyw bod yn unig ddim yn ddigon. Mae'n rhaid bod yn unig; ond dyma'r peth pwysig: yn yr unigrwydd, ac yn yr unigedd, cyfarfyddiad â'r Arall yma—'Myfi a'm Creawdwr'. Dyn wedi dod wyneb yn wyneb â Duw, ac yn *gwybod* ei fod wyneb yn wyneb â Duw a bod Duw yn ymwneud ag e ac yn gwrthod ei adael e—'O! Gariad, na'm gollyngi'.

Cymerwch un enghraifft arall. Glywsoch chi am y gŵr mawr hwnnw, Thomas Aquinas? Hwyrach y diwinydd a'r athronydd mwyaf a gododd Eglwys Rufain erioed, ac mi ysgrifennodd gyfrolau ar ddiwinyddiaeth, *Summa Theologica*. Ond wyddoch chi hanes Thomas Aquinas? Wel, dyma fe. Cyn iddo orffen y gwaith mawr hwn, cafodd yntau brofiad tebyg i hyn, profiad syfrdanol. Ac yn y profiad uniongyrchol yma o Dduw, fe deimlodd fod y cwbl roedd e wedi ei ysgrifennu bron â bod yn ddiwerth, fod y peth yma y tu hwnt i ddisgrifiad. A wyddoch chi'r canlyniad? 'Orffennodd e ddim o'r *Summa,* 'orffennodd e ddim o'r gwaith. Roedd y peth roedd e wedi'i brofi mor ardderchog, mor odidog, doedd gydag e ddim o'r un hwyl i ysgrifennu ac i athronyddu ac i ddiwinydda. Nid wyf yn bychanu'r pethau hyn. Mae'n rhaid inni wrth ddiwinyddiaeth. Mae'n rhaid inni wrth ryw gymaint o athroniaeth. Ond beth rwy'n ei bwysleisio yw hyn. Medrwch chi fod yn ddiwinydd a gwybod llawer am ddiwinyddiaeth, fe fedrwch fod yn hyddysg yn eich Beibl, heb adnabyddiaeth o Dduw. Ond y peth sy'n gwneud y profiad ysbrydol yw, y wybodaeth bod Duw wedi cymryd gafael ynoch chi, wedi ymyrryd yn eich bywyd chi, a'i fod e'n gwrthod eich gadael.

Ydych chi'n ymwybodol o hwnna, gyfeillion? Darllenwch hanes saint yr oesoedd a'r canrifoedd; dyma eu profiad nhw.

Wel, gadewch inni gael symud ymlaen at y trydydd peth. A dyma'r trydydd peth, fod dyn yn wyneb peth fel hyn yn dod i'r casgliad mai'r unig beth sy'n cyfrif mewn bywyd yw'r profiad ysbrydol hwn. Nawr, dyma ichi'r peth rhyfeddaf i mi yn hanes Jacob ym Mheniel, ac y mae mewn ystyr yn beth syfrdanol. Fe gofiwch yr hanes. Fe gofiwch y fath ddyn oedd Jacob—dyn busnes, dyn cyfrwys, dyn galluog iawn. Ac roedd e wedi llwyddo'n rhyfeddol. Wrth gwrs, roedd ei gyfrwystra yn ei arwain i bechod ac i anghyfiawnderau; ond dyna'r fath un oedd Jacob. Ond yn y fan yma yn awr mae'n mynd yn argyfwng arno. Roedd e wedi cweryla â'i dad-yng-nghyfraith. Roedd e wedi bod yn gweithio dros hwnnw, a hwnnw heb fod yn deg tuag ato, a dyma Jacob yn penderfynu gadael Laban. A dyma fe'n mynd, â'i ddwy wraig a'i blant a'r holl bethau a oedd yn eiddo iddo, yr anifeiliaid a'r cwbl i gyd, ac y mae'n mynd yn ôl i'w wlad ei hunan. Ond roedd yna broblem fawr yn ei wynebu. A dyma'r broblem: sut oedd wynebu ei frawd Esau?

Roedd e wedi ymddwyn yn annheilwng tuag at Esau. Roedd e wedi ei dwyllo. Roedd e wedi dwyn yr enedigaeth-fraint oddi wrtho ac wedi gorfod dianc am ei fywyd, ac yr oedd yn ofni

Esau. Ond dyna fe, roedd yn awyddus i fynd adref. Ac yn y fan honno cafodd wybod y byddai yn cyfarfod ag Esau yfory, a bod byddin gydag Esau. A dyma broblem Jacob: beth oedd yn mynd i ddigwydd i'r eiddo?

Roedd yr holl eiddo gydag e, ac roedd yn ofni y byddai Esau yn ei drechu, ac y byddai'n colli'r gwartheg a'r mulod a'r geifr a'r cwbl i gyd. Ac fe gofiwch beth wnaeth e. Dyn cyfrwys oedd e. Fe benderfynodd y byddai'n rhannu ei eiddo i ryw ddwy fintai fawr, un i fynd y ffordd yna a'r llall i fynd y ffordd acw, ac os byddai i Esau ddod y ffordd hyn a chymryd yr eiddo yma, buasai gydag e'r eiddo arall ar ôl. Ardderchog! Cynllun ardderchog! A dyna'r peth mawr oedd yn ei feddwl e. Mae'r hanes yn cyflwyno'r peth yn eglur iawn. Yr eiddo. Sut oedd dal ei afael ar yr eiddo? A dyma fe'n rhannu'r ddwy fintai, ac yn mynd â'i wragedd a'i blant yn groes i'r afon, ac yna'n croesi nôl dros yr afon ac yn cael ei adael wrth ei hunan. A'r peth mawr oedd yn rheoli ei feddwl i gyd a'i ofnau oedd, faint fyddai gydag e ar ôl amser hyn yfory. Yr eiddo. Dyma'r peth mawr, dyma'r peth pwysig.

Ond fe gofiwch yr hanes. Dyma'r gŵr hwn yn dechrau ymgodymu ag e. A dyma'r peth sy'n cael ei ddatgan, yr hyn sydd fwyaf syfrdanol o bopeth: 'A'r angel a ddywedodd, Gollwng fi ymaith; oblegid y wawr a gyfododd.' Yntau a atebodd, 'Ni'th ollyngaf, oni'm bendithi.' Dyma'r angel yma, y gŵr yma a oedd yn ymdrechu ag e, yn dweud, 'Gad i mi fynd yn rhydd; mae'n dyddio.' A byddai Jacob yn meddwl am ddim byd, buasech yn meddwl, ond am gyfarfod ag Esau. Pan fyddai wedi dyddio, byddai'n mynd ymlaen ac Esau'n dod i'w gyfarfod. A dyma'r peth mawr buasech yn meddwl fyddai ar feddwl Jacob—yr eiddo, a chyfarfod ag Esau. Dim o gwbl. Erbyn hyn mae Jacob wedi anghofio am yr anifeiliaid a'r eiddo i gyd. Mae e'n glynu wrth yr angel. Cyn hyn, 'O! Gariad, na'm gollyngi'; yn awr, 'Ni'th ollyngaf'. Mae e wedi troi rownd yn gyfan gwbl. Pam? Mae e wedi dod i weld nad oes dim byd yn cyfrif yn y pen draw ond y fendith yma. 'Colled ennill popeth arall'.

Fel Saul o Tarsus wedi iddo ddod yn apostol Paul. Mor falch oedd ef o'i hunangyfiawnder, ac o'i allu, ac yn y blaen ac yn y blaen. Ond wedi dod yn Gristion mae'n cyfrif y cwbl yna yn dom ac yn golled, 'fel yr enillwyf Grist'. Ac os nad yw hwn y peth mwyaf yn eich bywyd chi, os nad yw'r pethau yma'n ganolog yn eich bywyd chi, does dim o'r gwir beth gyda chi, gyfeillion. Pan fydd dyn yn cael cipolwg ar Iesu Grist, yn cael cipolwg ar ei enaid ac ar ei dynged dragwyddol, ac ar Dduw yn ei ogoniant ac yn ei ras ac yn ei gariad, does dim byd arall yn cyfrif. Mae'n anghofio'r busnes, a'r anifeiliaid, a'r ffarm, a'r car, a'r cwbl i gyd. 'Ni'th ollyngaf, oni'm bendithi.' Mae e'n ddyn sy'n ceisio'r un peth yma yn fwy na phopeth arall gyda'i gilydd. 'Pa lesâd i ddyn, os ennill efe yr holl fyd, a cholli ei enaid ei hun?'

Nawr, dyma i chi beth syfrdanol, onid e, yn hanes Jacob, bod y dyn hwn a oedd hyd y foment olaf yn meddwl am ddim byd ond am yr eiddo, yn awr yn anghofio'r eiddo ac yn glynu wrth y gŵr yma a oedd yn abl i'w fendithio? Ydi hynny'n brofiad i chi? Os nad yw eich crefydd yn ganolog yn eich bywyd, os nad yw eich perthynas â Duw yn dod o flaen popeth arall, 'dyw'r wir grefydd ddim gyda chi. Dyma'r peth: 'Ei 'nabod Ef yn iawn/Yw'r bywyd llawn o hedd'. 'Dwed dy fod yn eiddo imi'. 'Ni'th ollyngaf, oni'm bendithi.'

Ac yna, i mi gael gorffen. Beth yw canlyniadau'r cwbl yma? Wel, mae'n amlwg, on'd yw e? Mae'r dyn sydd wedi cael y gwir brofiad yn ddyn newydd. Mae e wedi cael ei newid. Nid 'Jacob' mwyach—'Israel'. A bu Jacob, fel yr oeddwn i'n dweud ar y cychwyn, ddim yr un dyn wedi'r profiad hwn ym Mheniel. Roedd e wedi cael amryw brofiadau crefyddol cyn hyn, ond wedi aros yr un. Dim mwyach. Nawr, mae e wedi derbyn bendith. Fe gafodd y fendith. Ac wrth gwrs, mae hyn yn dilyn o angenrheidrwydd. Dyn yw'r Cristion sydd wedi cael ei fendithio gan Dduw. Mae e'n gwybod ei fod yn ddyn newydd. Mae e'n gwybod ei fod wedi cael

> . . . *heddwch cydwybod, a'i chlirio trwy'r gwaed,*
> *A chorff y farwolaeth, sef pechod, dan draed.*

Mae e'n cael profiadau o Dduw sydd uwchlaw'r byd i gyd—gwybod am dangnefedd ac am dawelwch, dod i adnabod Duw fel Tad, gwybod beth yw gweddïo, gwybod fod Duw'n gwrando ac yn ateb ei weddïau—yr holl brofiadau Cristnogol sy'n dod i saint Duw. Wel, mae'r cwbl yna wedi dod i Jacob, ac mae'r cwbl yna'n brofiadol i bob gwir Gristion. Mae yna lawenydd, mae yna ddedwyddwch, mae yna hapusrwydd, mae yna fodlonrwydd, mae e'n colli ofn angau a'r bedd, mae e'n gwybod i bwy mae'n perthyn—dyma'r bendithion.

Ond rwyf am bwysleisio un peth mewn ffordd arbennig cyn eistedd lawr. Mae yn amlwg yn yr hanes hwn. Dyma mae dyn yn ei ddarllen: 'A phan welodd na byddai drech nag ef, efe a gyffyrddodd â chyswllt ei forddwyd ef; fel y llaesodd cyswllt morddwyd Jacob, wrth ymdrech ohono ag ef.' Yn yr ymrafael hwn ac yn yr ymdrechu yma, dyma'r angel yn gwneud rhywbeth i *hip-joint*, i forddwyd Jacob. A'r canlyniad i hyn oedd fod Jacob yn ddyn cloff ar hyd ei oes wedi hynny. 'A'r haul a gyfodasai arno fel yr oedd yn myned dros Penuel, ac yr oedd efe yn gloff o'i glun.' Ac fe fu Jacob yn gloff ar hyd ei oes wedi'r profiad hwn, hyd ei farwolaeth. Fe gafodd ei gloffi gan yr angel a oedd yn ymwneud ag ef dros Dduw.

Ac rwyf am roi pwyslais ar yr ochr yma i'r gwir brofiad ysbrydol. Mae yna gloffni sydd yn perthyn i bob gwir Gristion. Ydych chi'n sylweddoli beth rwy'n ei feddwl, gyfeillion? Rwy'n ofni fod rhai ohonon ni'n llawer rhy iach, rhy ysgafn, rhy hunanfodlon. 'Dyw hynny ddim yn wir am y gwir Gristion. Mae yna ryw fath o gloffni yn dod i fewn i hanes y dyn yma.

Pam ydych chi'n meddwl bod hyn yn digwydd? Wel, rwy'n meddwl fod yr esboniad yn reit hawdd. Dyn hunanymffrostgar oedd Jacob, dyn a oedd yn ymddibynnu ar ei hunan ac yn ei allu oedd e, yn ei gyfrwystra ac yn ei ddeall ac yn y blaen. Ac roedd e wedi llwyddo, fel rwy'n dweud. Ac mae Duw yn ei gloffi. Pam? Wel, er mwyn ei atgoffa ei fod e'n ddibynnol ar Dduw. Roedd gydag e nawr rywbeth beunydd yn ei atgoffa o'i anallu, a'r ffaith fod yn rhaid iddo edrych at Dduw am nerth.

Mae hyn, fel y gwyddoch chi, wedi digwydd i bobl hyd yn oed mwy na Jacob. Fe gofiwch yr hyn mae'r apostol Paul yn ei ddweud wrthym amdano ei hun. Yn ei ail epistol at y Corinthiaid ac yn y ddeuddegfed bennod, mae Paul yn dweud ei fod wedi cael profiadau mawr: 'Canys os ewyllysiaf ymffrostio, ni byddaf ffôl; canys mi a ddywedaf y gwir: eithr yr wyf yn arbed, rhag i neb wneuthur cyfrif ohonof fi uwchlaw y mae yn gweld fy mod, neu yn ei glywed gennyf.' Roedd e wedi cael y profiad mawr o gael ei gipio i fyny megis i baradwys, ac wedi clywed geiriau anhraethadwy. Ond dyma a ddigwyddodd: 'Ac fel na'm tra-dyrchafer gan odidowgrwydd y datguddiedig-aethau, rhoddwyd i mi swmbwl yn y cnawd, cennad Satan, i'm cernodio, fel na'm tra-dyrchefir.' Hyd yn oed yr apostol Paul, roedd yn rhaid ei ddarostwng, rhaid oedd ei gadw megis ar y llawr, 'fel na'm tra-dyrchefid'—rhyw gloffni, rhyw anallu, sy'n gwneud i'r dyn sylweddoli ei fod yn gyfan gwbl ddibynnol ar nerth ac ar allu ac ar ras ac ar drugaredd Duw.

Rwy'n cofio rhai o'r hen dadau, gyfeillion, yr hen bregeth-wyr, yn dweud peth fel hyn. (Doeddwn i ddim yn ei ddeall ar y pryd, ond rwy'n ei ddeall erbyn hyn.) Roedd rhyw bregethwr ifanc wedi codi'n sydyn, bachgen athrylithgar, siaradwr huawdl, pregethwr da, ac yn dod yn boblogaidd. Ond roedd yr hen ddynion oedd wedi bod drwy Ddiwygiad '59 yn teimlo braidd yn anhapus amdano. A dyna oedden nhw'n ei ddweud amdano: 'Dyw e ddim wedi cael ei ddarostwng eto.' Doedd y cloffni yma ddim wedi dod i mewn—rhy hunanhyderus, rhy hunanfodlon. Credwch chi fi, gyfeillion, dyn yw'r Cristion sydd wedi cael cipolwg ar uffern, dyn yw'r Cristion sydd wedi cael cipolwg ar ogoniant Duw, ac mae e wedi ei lorio, mae e wedi ei ddarostwng, mae e wedi cael ei gloffi. Ac fel Jacob mae yna ryw gloffni yn perthyn i'w gerddediad e, mae yna ryw fath o fwyneidd-dra yn perthyn iddo.

Roeddwn yn darllen, ychydig amser yn ôl, am John Elias yn dweud yr hanes sut y cafodd ei dderbyn i'r seiat yn 1793 gan y Methodistiaid, a dyma ei ddisgrifiad o'r bobl a oedd yn perthyn i'r seiat yr oedd yn ymuno â hi: 'Pobl dduwiol iawn, tawel, caredig, a brawdol, tyner eu cydwybodau, a drylliog eu cal-onnau.' Mae'r Cristion yn ddyn hapus, mae e'n ddyn llawen. Eto, mae e'n dyner ac yn ddrylliedig ei galon. Mae'r cloffni hwn yn hanfodol i'r gwir brofiad ysbrydol.

Fe gafodd Eseia yr un profiad, chwi gofiwch, yn ei alwed-igaeth. Fe'i gwelodd ei hunan yn ddyn pechadurus. Ac y mae hwn yn wir am bawb sydd wedi cael cipolwg ar Dduw—y cloffni hwn. Ac mae e'n dal yn gloff. Mawr yn ei freintiau, mawr yn ei brofiadau, ac eto mae yna rywbeth yn perthyn iddo, rhywbeth hunanymwadol. Mae e'n ddyn sydd yn sylweddoli nad yw e'n ddim byd, ei fod e'n dibynnu'n hollol ar ras Duw: 'Trwy ras Duw yr ydwyf yr hyn ydwyf.'

Ydych chi wedi cael eich darostwng, gyfeillion? Un peth yw cael gwybodaeth o'r ffeithiau ac o'r ddiwinyddiaeth a'r athroniaeth, ac yn y blaen. Ond mi fedr y dyn anianol gael y cwbl yna. Ond pan fydd Duw yn ymwneud â dyn, mae yn ei ddarostwng, mae e'n gwneud rhywbeth i'r morddwyd ysbrydol yma, ac mae'r cloffni yma yn para er gogoniant i Dduw. I Dduw y mae'r clod am y cwbl i gyd. Ac mae'r cloffni yma'n atgoffa'r dyn ei hunan am y ffaith hon, ac mae'n dysgu pawb arall fod y Cristion yr hyn ydyw, nid oherwydd ei alluoedd ef ei hunan na dim byd arall, ond oherwydd gras a mawredd a gallu a gogoniant Duw.

Gyfeillion annwyl, ydi'r Arall yma wedi ymyrryd yn eich bywyd chi? Ydych chi wedi cael eich ysgwyd? Ydych chi'n gwybod beth yw ceisio cael gwared o'r dylanwadau dwyfol, ac yna cael eich concro, cael eich llorio, cael eich darostwng, a cherdded â'r cloffni sanctaidd yna drwy gydol eich bywyd?

Bydded i Dduw roi sicrwydd i bawb ohonom o'r pethau yma sy'n hanfodol angenrheidiol mewn perthynas â'r bywyd ysbrydol, y bywyd gwir Gristnogol. Dyma'r bobl y mae eu heisiau yn ein gwlad ar hyn o bryd, pobl Dduw, pobl a marc yr Anfeidrol arnyn nhw, phobl na fedrwch chi mo'u hesbonio ond yn nhermau gweithgarwch Duw ac ymyrraeth Duw yn eu bywyd. Y cariad hwn sydd wedi gwrthod eu gollwng, y cariad hwn sydd wedi eu gwneud yr hyn ydyn nhw. Rhodded Duw y profiad yma i bawb ohonom os ydyn ni'n amddifad ohono hyd yr awr hon, ac ychwaneged Duw at y profiad i bawb sydd wedi ei dderbyn eisoes, er mwyn ei enw.

O! Dduw mawr, diolchwn i Ti am y gwirioneddau yma. Sylweddolwn yn fwy nag erioed mai Ti yn unig sy'n cyfrif. Sylweddolwn y byddai pawb ohonom wedi mynd ar ein pennau i ddifancoll ac i uffern, oni bai am y ffaith dy fod Ti wedi dod atom, ac wedi ymyrryd yn ein bywydau, ac wedi ein concro ni er ein ffolineb. Er ein bod wedi ymladd yn dy erbyn, er ein bod wedi ceisio cael rhyddid, er ein bod wedi ceisio cael gollyngdod, fe ddaliaist dy afael arnom. A'n gobaith y prynhawn yma yw fod 'yr afael sicraf fry'. Dal dy afael arnom, O! Dduw mawr, a thywys ni drwy gydol ein bywydau, fel y byddwn yn cerdded gyda'r cloffni hwn trwy'r byd a'r bywyd presennol, a byw i'th ogoniant ac er dy glod. O! Dduw, derbyn ein diolch ac amlyga dy Hunan i unrhyw un a all fod yn bresennol yn yr oedfa'r prynhawn yma sydd yn ddieithr i'r pethau hyn. O! Arglwydd, dyro afael ar y bywyd i bob enaid sydd ger dy fron. Gwrando arnom. Maddau ein holl bechodau i'th erbyn, am ein bod yn gofyn y cyfan yn enw ac yn haeddiant ein Harglwydd Iesu Grist.

Dr D. M. Lloyd-Jones: Llyfryddiaeth

E. Wyn James

Llyfryddiaeth o Gyhoeddiadau Cymraeg Dr Lloyd-Jones

Cymharol ychydig a gyhoeddwyd gan Dr Lloyd-Jones yn y Gymraeg, ond camgymeriad fyddai dehongli hyn fel arwydd o'i ddiffyg diddordeb yng Nghymru a'r Gymraeg. Arwyddocaol yw sylwi mai sgyrsiau radio neu gyfweliadau neu bregethau yw'r rhan fwyaf o'r eitemau a nodir isod. Dyn y gair llafar yn hytrach na'r gair ysgrifenedig fu Dr Lloyd-Jones erioed, ac fel sgwrsiwr, darlledwr, arweinydd trafodaethau, ac yn bennaf dim fel pregethwr, y mae mesur ei ddylanwad ar ei gyd-Gymry, a'i ofal drostynt.

1943

'Crefydd a Nodweddion Cenedlaethol' [Sgyrsiau radio], *Y Drysorfa*, Cyf. CXIII (1943), tt.72–76, 90–94, 113–117. [Adargraffwyd yn *Crefydd Heddiw ac Yfory* (1947).]

1947

Crefydd Heddiw ac Yfory [Sgyrsiau radio] (Llandybie: Llyfrau'r Dryw, 1947—Llyfrau'r Dryw, Rhif 34), 48tt. [Fe'i ceir hefyd—yn yr un gosodiad teip—yn *Cyfrol Omnibws y Dryw, Rhif V* (Llandybie: Llyfrau'r Dryw, 1957). Ymddangosodd 'Crefydd a Nodweddion Cenedlaethol' yn wreiddiol yn *Y Drysorfa* (1943).]

1948

'Y Ffydd Efengylaidd', *Y Cylchgrawn Efengylaidd*, Cyf. 1:1 (Tach.–Rhag., 1948), tt.2–8. [Adargr. yn *Ysgrif a Phregeth* (1957), a cheir talfyriad ohoni yn *Y Crynhoad*. Rhifyn 11 (Ion., 1952), tt.21–24.]

1950

'Fy Nymuniad am 1950', *Y Cylchgrawn Efengylaidd*. Cyf. 1:8 (Ion.–Ebrill, 1950), tt.1–2.

1952

'Newyn am Gyfiawnder' [Pregeth], *Y Cylchgrawn Efengylaidd*, Cyf. II:5 (Ebrill–Mai, 1952), tt.1–6. [Adargr. yn *Ysgrif a Phregeth* (1957).]

1957

Ysgrif a Phregeth (Y Bala: Y Wasg Efengylaidd, [1957]— Pamffledi'r Ffydd, Rhif 1), 16tt. [Adargr. o ysgrifau a ymddangosodd yn *Y Cylchgrawn Efengylaidd* yn 1948 a 1952.]

1963

'Yr Hyn a Gredaf' [Llythyr], *Barn*, Rhif 6 (Ebrill, 1963), tt.171–173.

'Yr Hyn a Gredaf' [Llythyr], *Barn* Rhif 8 (Meh. 1963), tt.236–237.

1965

' " Os wyt Gymro . . ." ' [Cyfweliad â Gaius Davies], *Y Cylchgrawn Efengylaidd*, Cyf. VI (1964–65), tt.106–109, 138–143, 149; Cyf. VII (1965–66), tt.13–17. [Cyhoeddwyd cyfieithiad Saesneg yn *The Evangelical Magazine of Wales*, Cyf. VIII:4 (Awst–Medi, 1969), tt.5–11, a rhan ohono yn *Span* (1970: Rhif 1), tt.13–17—sef cylchgrawn y 'Y Pan-African Ffellowship of Evangelical Students'.]

1967

'Pabyddiaeth' [Pregeth], *Y Cylchgrawn Efengylaidd*, Cyf. IX (1967–68), tt.17–20, 39–42, 54, 73–76, 91. [Ceir cyfieithiad o fersiwn diwygiedig o'r bregeth yn *Ar Gyfeiliorn* ([1971]).]

1970

Awdurdod (Port Talbot: Mudiad Efengylaidd Cymru, 1970), 100tt. [Cyfieithiad o *Authority* (Llundain: IVF, 1958).]

'Rhagair' yn Mari Jones, *Trwy Lygad y Bugail* (Port Talbot: Mudiad Efengylaidd Cymru, 1970; ail argr., Pen-y-bont ar

Ogwr: Mudiad Efengylaidd Cymru, 1973; adargr. 1976, 1989).
[Cyhoeddwyd cyfieithiad Saesneg yn Mari Jones, *In the Shadow
of Aran* (Pen-y-bont ar Ogwr: Mudiad Efengylaidd Cymru, 1972;
adargr. 1973, 1974, 1979, 1983, 1989 a 1993).]

1971
Ar Gyfeiliorn [Pregeth], (Port Talbot: Mudiad Efengylaidd
Cymru, [1971]), 16tt. [Cyfieithiad o *Roman Catholicism* (Llundain:
Evangelical Press, [1965]). Cyhoeddwyd cyfieithiad o fersiwn
cynharach ar y bregeth yn *Y Cylchgrawn Efengylaidd* yn 1967–68.]

'Efengylwr' [Detholiad o'i hunangofiant radio], *Y Gwrandawr*,
Meh., 1971, t.1–atodiad i *Barn*, Rhif 104 (Meh., 1971). [Gweler *Y
Llwybrau Gynt*, Cyf. 2 (1972).]

1972
'Martin Lloyd Jones' [Hunangofiant radio], *Y Llwybrau Gynt*,
gol. Alun Oldfield-Davies, Cyf. 2 (Llandysul: Gwasg Gomer,
1972), tt.26-56.

1975
'1950–75' [Cyfweliad â J. Elwyn Davies], *Y Cylchgrawn Efengylaidd,*
Cyf. XV:1 (Ion.–Chwef., 1975), tt.2–7. [Cyhoeddwyd cyfieithiad
Saesneg yn *The Evangelical Magazine of Wales,* Cyf. XIV: 2
(Ebrill–Mai, 1975), tt.8-9, a *The Banner of Truth 141* (Meh., 1975),
tt.17-21.]

Nodyn Golygyddol

Codwyd y llyfryddiaeth uchod o erthygl E. Wyn James ar
gyhoeddiadau Martyn Lloyd-Jones yn y Rhifyn Arbennig o'r
Cylchgrawn Efengylaidd 1981, Cyf. 19: Rhif 5, tt. 40-1, erthygl sydd
hefyd yn trafod rhai o'i gyhoeddiadau Saesneg. O'r erthygl
honno dyfynnwn y ddau baragraff a ganlyn:

Roedd Dr Lloyd-Jones yn gwneud yn fawr o'r etifeddiaeth
Gristnogol Gymreig, yn enwedig y Tadau Methodistaidd, ac
roedd yn awyddus i bobl y tu allan i Gymru gael gwybod
amdani ac elwa arni. Yn ei gyfres darlithiau yng Nghyn-
hadledd Westminster darlithiodd ar Williams Pantycelyn
(1968) ac ar Howel Harris (1973) a cheir llawer cyfeiriad at y

ffydd yng Nghymru yn ei ddarlithiau eraill, ac yn wir trwy weddill ei waith. Mae'n arwyddocaol bod eraill o ddarlithiau'r Gynhadledd hon wedi bod ar bynciau Cymreig—dyna un Geraint Gruffydd ar Forgan Llwyd, ac un Eifion Evans ar arwr mawr y Doctor, Daniel Rowland. Diddorol sylwi wedyn ar y lle a roddir i bynciau Cymreig mewn cyhoeddiadau megis *Bulletin* yr 'Evangelical Library' neu rai'r Banner of Truth.

Chwareuodd Dr Lloyd-Jones ran nid dibwys yn y gwaith o dynnu sylw Cristnogion yn gyffredinol at gyfoeth y traddodiad efengylaidd yng Nghymru. Anogodd Mrs Lloyd-Jones i gyfieithu *Drws y Society Profiad* Pantycelyn i'r Saesneg, a chyfrannodd gyflwyniad i'r gyfrol. Ysgrifennodd ragair wedyn i'r cyfieithiad Saesneg o *Blynyddoedd Cyntaf Methodistiaeth* (Richard Bennett), i *The Welsh Revival of 1904* (Eifion Evans), ac i gyfieithiad ei wraig o gyfrol Mari Jones, *Trwy Lygad y Bugail*, sef *In the Shadow of Aran*. Diddorol sylwi hefyd iddo chwarae rhan yng nghyhoeddi *Fy Mhererindod Ysbrydol* (E. Keri Evans), ynghyd â'r cyfieithiad Saesneg ohoni gan T. Glyn Thomas ymhen blynyddoedd wedyn. A cheir enghraifft o'i ddoniau amryddawn yn ei gyfieithiad mydryddol o 'Rho im yr hedd' (Elfed) yn *Bulletin* yr 'Evangelical Library' (Gwanwyn 1942).

Y Pregethwr

Emyr Roberts

Ysgrif a ymddangosodd gyntaf mewn rhifyn o'r Cylchgrawn
Efengylaidd *a neilltuwyd i goffáu Dr Lloyd-Jones yn 1981.*

Wrth grafu pridd ei fedd oddi ar f'esgidiau fore Sadwrn,
trannoeth yr angladd yng Nghastellnewydd Emlyn, yr
un chwithdod oedd hwn yn fy ngwddf, yn siŵr, ag a droes yn
'alar mawr' yn y dyrfa yn Llangeitho y bore Sadwrn hwnnw o
Hydref ddau can mlynedd namyn deg yn ôl pan glywsant am
farw yn y ficerdy gerllaw brif bregethwr diwygiad mawr y
ddeunawfed ganrif yng Nghymru. Roedd y pregethwr arall
hwn a faged yn Llangeitho yr ymadawem oddi wrth ei fedd yn
sŵn y canu 'Ar ei ben bo'r goron' yn union linach Daniel
Rowland a'r pregethu mawr a fu'n gymaint o ddylanwad er
daioni i'n cenedl trwy'r cyfnod efengylaidd. Gellir yn wir
ddweud mai iddo ef yn anad neb, a siarad yn ddynol, y mae'r
diolch na ddaeth y cyfnod efengylaidd yn llwyr i ben yn
nifaterwch diwinyddol a baster ysbrydol ein hoes ni.

Fel hwythau credai'n angerddol mewn pregethu, mai dyna'r
gwaith pwysicaf mewn bod, a'r hyn a ddylai reoli popeth yn yr
Eglwys. Fel hwythau eto, diwinyddol oedd sylwedd ei
bregethu. Llefaru wrth y deall a wnâi, i argyhoeddi ei wrand-
awyr o wirionedd yr hyn a draethai. Eithr er grymused ei allu
meddyliol a galluoced ei ddoniau ymresymiadol, ac er nas
gwerthfawrogid ef yn fwy yn unman nag ymhlith myfyrwyr y
colegau, pregethwr y bobl ydoedd fel ei ragflaenwyr mawr yn y
pulpud Cymraeg, oherwydd llwyddai'n ddi-ffael i lwyr ennill
clust pob gradd o wrandawyr. Mae'n debyg mai ef oedd
pregethwr mwyaf poblogaidd (yn ystyr orau'r gair) y ganrif
hon yn yr ynysoedd hyn. Tynnodd y tyrfaoedd am hanner can
mlynedd ym mhob congl o'r deyrnas. Cof gennyf fod yn

gwrando ar ryw frawd o efengylydd ar stryd yng Nghaeredin yn dyfynnu rhywbeth a ddywedasai'r Doctor, wrth ei enw, ar bregeth yn Glasgow rai misoedd ynghynt. Ac nid hyd at ffiniau'r deyrnas hon y cyraeddasai ei boblogrwydd ond dros y môr mewn mwy nag un wlad.

Diwinyddiaeth y Tadau Methodistaidd a Phiwritanaidd oedd yr eiddo. Y Duw mawr hollalluog, y Duw byw gogoneddus yn ei benarglwyddiaeth ddiamodol, y Duw dyrchafedig mewn cyfiawnder a sancteiddrwydd nad yw ein cyfiawnderau ni ond megis bratiau budron ger ei fron Ef; dyna'r cychwyn a'r pen draw. Yna Person y Gwaredwr bendigedig y mae lluoedd maith y nef yn rhedeg arno'u bryd, y Dyn a'r Duwdod ynddo'n trigo a fu farw yn ein lle ni bechaduriaid gwael. Dyna pam y ffolai efe gymaint ar emynwyr mawr Cymru—eu bod yn dyrchafu a gogoneddu enw yr Arglwydd Iesu Grist.

Wedyn, difrifoldeb trychinebus pechod yn ein dwyn dan ddigofaint Duw, yn ddallineb a chaethiwed, yn elyniaeth at Dduw ac yn ein cau'n llwyr o'i gymdeithas, ac nad oes dim oll ond haeddiant Calfaria pan gredir i'r Gwaredwr a all ddiddymu ei effeithiau marwol. Fel ym mhregethu mawr y Tadau efengylaidd, yr oedd argyhoeddi o bechod yn amcan amlwg yn ei bregethu yntau—mewn cyfnod pan yw'r pulpud bron wedi anghofio mai trwy borth cyfyng edifeirwch yn unig yr eir i mewn i Deyrnas Nefoedd. Clywais ddweud i'w bregethu ef ar drychineb pechod argyhoeddi a newid holl olygwedd athro diwinyddol adnabyddus o Brifysgol Llundain.

Roedd pob pregeth ganddo yn rhwym o ffitio i gyfundrefn gyfan o ddiwinyddiaeth feiblaidd, eithr nid diwinyddllyd mo'i bregethu, oherwydd nid diddori'r deall oedd ei amcan, ond cyfarch trwy'r deall y dyn cyfan, yn galon a chydwybod ac ewyllys, a'i hawlio i'w Arglwydd.

Er yr acen ddeallusol a diwinyddol oedd ar ei bregethu a'i wrthsafiad cyson yn erbyn pob teimladrwydd di-ddeall, fe roddai gymaint o le i brofiad ag a roddai'r Methodistiaid cynnar. Nid cydolygiad deallusol â gwirioneddau'r efengyl oedd ffydd gadwedigol yn ei bregethu ef, ond gwaith yr Ysbryd Glân yn agor ein llygaid i weld y gwirionedd ac i deimlo'i awdurdod i'r fath raddau nad oes gennym ddim i'w wneud ond credu. Ac yn ei lyfr sylweddol ar bregethu, *Preaching and*

Preachers, pwysleisir mai anhepgor mwyaf y neb a gyhoeddo'r Gair yw eneiniad yr Ysbryd Glân, ac y dylai pob pregethwr ddisgwyl amdano a'i geisio. Hynny, yn sicr, a wnâi ef ei hun, ac yn amlwg nid yn ofer.

Am ddull ei bregethu, yn gyntaf oll roedd yn esboniadol. Dehongli'r Ysgrythur i ddechrau a chymhwyso wedyn wirionedd adnod neu adnodau ei destun at gyflwr ein heneidiau ac at stad ein byd. Gair Duw iddo oedd y Beibl cyfan nad oedd angen byth ei amddiffyn mwy nag amddiffyn llew, dim ond ei ollwng yn rhydd i'w amddiffyn ei hun. Awdurdod y Gair yn gyntaf oll oedd awdurdod ei bregethu. Mor hawdd ydoedd gwrando arno! Y dyn cydnerth, ie, awdurdodol yma yn llefaru'n llithrig wrthym, yn ein cyfarch heb ddim arlliw o lais pregethwrol, heb ddim actio, dim gweiddi, chwaethach unrhyw fath o ganu, ond gydag angerdd ysgubol fel y twymai i'w neges. Nid oes yma ddim celfyddyd i'w weld, prin byth ystrydeb y tri phen, byth bythoedd y digrifwch o bennau'n dechrau â'r un llythyren, dim cysgod o strôc bregethwrol byth. Gallai'r anghyfarwydd dybio bron mai gwrando ar bregeth fyrfyfyr yr oedd. Byddai'n camsynio'n ddybryd. Bu chwys a llafur dibrin i gynhyrchu'r bregeth. I ddefnyddio'i gyffelybiaeth ef ei hun am lunio pregeth, i gynhyrchu'r bregeth berffaith-gwbl hon sy'n rhwymo'n clustiau wrthi, fel gof yn llunio pedol, yn rhoi'r deunydd yn y tân a'i guro a'i forthwylio a hynny dro ar ôl tro, felly y bu'r pregethwr cyn bodloni bod ganddo bregeth orffenedig. Celfyddyd cwbl o'r golwg oedd yr eiddo ef yn y pulpud heb yr awgrym lleiaf o fod yn ceisio creu argraff. Mae ei bregeth, fel ambell ddarn o farddoniaeth neu gyfansoddiad cerddorol, fel petai wedi bod erioed, yn ddarn o fyd natur a ddarganfuwyd gan y pregethwr.

Dawn naturiol hefyd oedd ei huotledd. Nid rhethregwr mohono, dyn wedi llunio'i frawddegau a dethol ei eiriau, eu hargraffu ar ei gof ac wedyn ei traethu mewn llais disgybledig—nid dyna oedd Dr Martyn Lloyd-Jones. Areithydd ydoedd. Gellir mi dybiaf ddysgu crefft rhethreg, eithr rhaid ichi fod wedi'ch geni yn areithydd, er nad oes wedyn, bid siŵr, ddim diwedd ar ddysgu'r grefft i wasanaethu'r ddawn.

Pa mor wych bynnag o feddyg oedd y gŵr mawr hwn, pregethwr oedd Duw am iddo fod. Fel y neilltuwyd Paul o groth ei fam i fod yn apostol, bod dichonolrwydd apostol yn y genynau, felly y neilltuwyd y gŵr hwn i fod yn bregethwr. Mawr ein diolch ddarfod i Dduw hefyd ei alw trwy ei ras: beth bynnag fo'r doniau naturiol 'does dim pregethwr argyhoedd-iadol o'r efengyl heb fod gras yr efengyl wedi ennill y galon.

Mi gredwn ni'n siŵr ddarfod defnyddio'r pregethwr mawr yma o Gymro i lenwi rhai o orielau'r nefoedd. Pan glywais am ei fynediad yno yr un diwrnod o'r flwyddyn ag yr aeth Dewi, fy ymateb cyntaf oedd meddwl bod y fflagiau allan yno i'w groesawu. Diolch am ei gael gyhyd mewn oes mor brin o'i debyg. Mi greda' i y bydd ei aml gyfrolau o bregethau ymhlith trysorau parhaol Eglwys Dduw yn y canrifoedd i ddod.

Dirwyn Pelen Ddiderfyn

Mari Jones

Bu Brynuchaf, fferm John a Mari Jones ger
Llanymawddwy, yn gyrchfan gwyliau cyson i Dr
Martyn Lloyd-Jones a'i briod dros y blynyddoedd. Mewn
erthygl goffa i Dr Lloyd-Jones yn *Y Faner* (20.3.81) adroddir
hanesyn amdano'n dychwelyd o daith bregethu lewyrchus
yn America un tro a'r Parch. Emyr Roberts yn ei holi am y
pleser o deithio mewn gwlad mor fawr. Ei ateb oedd,
'Byddai'n well o lawer gen i fod gyda John a Mari yn
Llanymawddwy.' Yn dilyn ceir erthygl a
ymddangosodd gyntaf yn rhifyn coffa'r
Cylchgrawn Efengylaidd (1981).

Cefais gais i ysgrifennu rhai atgofion am y ffordd yr
hamddenai Dr Martyn. Y gwirionedd yw nad ymlaciai cyn
belled ag yr oedd *darllen* yn y cwestiwn! Meddai ar allu medd-
yliol arbennig i sugno cynnwys llyfr i mewn. Câi yr un hyf-
rydwch o ddarllen llyfr anodd a dyrys ag a gaiff eraill o ddringo
mynydd, a'r un llawenydd o gyrraedd y nod. Câi yr un bodd-
had o gorlannu meddyliau awdur llyfr i'w gof ag a gaiff bugail
o gorlannu gyrr anhydrin o ddefaid ac ŵyn na fuont o fewn
terfynau o'r blaen. Meddai ar y math o ymennydd a alwai allan
am rywbeth i'w goncro—ym myd datblygiadau meddygol er
enghraifft, neu gyda llenyddiaeth o bob math.

'Gwrandewch! Gwrandewch beth sydd gan Jonathan
Edwards i'w ddweud ar hyn,' gyda phwyslais arbennig ar yr 'E'
yn Edwards. Llais Doctor ydoedd, yn chwilio amdanom yn y
gegin, a llawenydd lond ei wedd o ddarllen fel y tanlinellai y
gŵr mawr hwnnw ryw wirionedd neu'i gilydd.

Dro arall, a llyfr coch J. J. Morgan yn ei law, deuai allan o'r
parlwr. Darllenai hanes Diwygiad 1859 pan wisgwyd Dafydd

hun. *Dwyn* y gogoniant oddi ar ei Arglwydd fyddai hynny—yr Arglwydd a garai gymaint. Dyna'r cariad a gynheuodd ynddo pan ddatguddiwyd iddo i Dduw anfon ei Fab, ac i'r Mab ddyfod i'n byd, i gymryd pechod dyn—ei bechod ef—arno ei hun. Ni allai gadw'r clod oddi wrth ei Waredwr, rhag i ddim gymylu y berthynas rhyngddynt, a realiti y presenoldeb dwyfol.